国家社科基金
后期资助项目

苗族代耕农的文化适应与社会融入研究

A Study on the Cultural Adaptation
and Social Integration of Miao Substitute Peasants

温士贤 著

社会科学文献出版社
SOCIAL SCIENCES ACADEMIC PRESS (CHINA)

国家社科基金后期资助项目
出版说明

　　后期资助项目是国家社科基金设立的一类重要项目,旨在鼓励广大社科研究者潜心治学,支持基础研究多出优秀成果。它是经过严格评审,从接近完成的科研成果中遴选立项的。为扩大后期资助项目的影响,更好地推动学术发展,促进成果转化,全国哲学社会科学工作办公室按照"统一设计、统一标识、统一版式、形成系列"的总体要求,组织出版国家社科基金后期资助项目成果。

全国哲学社会科学工作办公室

代耕群体的跨界流动与社会融入
（代序）

  乡村社会的人口迁徙是一种普遍现象，也是社会科学研究的经典话题。早在20世纪30年代，费孝通先生便注意到乡村社会中的"外来户"现象。在《乡土中国》一书中，费孝通先生曾指出："我常在各地的村子里看到被称为'客边'、'新客'、'外村人'等的人物。在户口册上也有注明'寄籍'的。在现代都市里都规定着可以取得该地公民权的手续，主要的是一定的居住时期。但是在乡村里居住时期并不是个重要条件，因为我知道许多村子里已有几代历史的人还是被称为'新客'或'客边'的。"[①] 在费孝通先生看来，传统乡村社会是相对封闭的，外来移民群体取得村落社区的完全成员资格需要一个漫长的历史过程。

  传统乡村社会的人口迁徙依附在土地之上，并以获取土地这一重要生产资料为主要目的。改革开放以来，大量乡村人口进城务工，发生在乡村之间的迁徙模式通常被由乡村到城市的"主流"迁徙模式遮蔽。目前，学界对进入城市的农民工群体做了诸多研究，而对乡村社会中外来移民群体的研究相对有限。我经常说对"打工"的研究多，对"打农"的研究少。实际上，发生在乡村之间的人口迁徙现象普遍存在，但学界和政府部门对这类移民群体的关注非常有限。当今，工业化和城市化正在快速推进，农村的生活方式和社会结构发生了重大变化。在这一背景下，乡村外来移民特别是"打农"群体如何融入移居地社会？他们迁徙到异乡后能否被当地社会接纳？带有不同文化背景的民族群体如何相互适应以实现和谐共处？这类特殊的移民群体值得我们关注和研究。呈现在读者眼前的这部《苗族代耕农的文化适应与社会融入研究》，即是乡村移民研究领域的代表性成果之一。

  该书作者温士贤硕士毕业于中山大学人类学系，硕士毕业后进入广

---

  ① 费孝通：《乡土中国》，人民出版社，2008，第90页。

东省民族宗教研究院从事民族研究工作，2012年考入中山大学人类学系，跟随我攻读民族学专业博士学位。珠三角及其外围地区有很多"打农"群体，研究者通常将他们称为"代耕农"。其中，来自云南省文山壮族苗族自治州的苗族代耕农群体引起了我们的注意。经过讨论，我们确定以分布在阳江的苗族代耕农为对象进行博士学位论文的写作。2016年，温士贤的博士学位论文《离乡不离土：阳江苗族代耕农的土地交易与家园重建》通过答辩。该书即是在其博士学位论文基础上几经修改和补充完成的。阅读其书稿，我仿佛回到了十多年前对广东耕地抛荒和异地代耕问题进行调查研究的时光。

一 大转型背景下的异地代耕现象

早在15年前，我曾带领中山大学华南农村研究中心科研团队对广东的耕地抛荒和异地代耕问题进行调查。从那时开始，我对广东的耕地抛荒和异地代耕有了较为全面的了解，并认识到这是一个非常具有学术研究价值的社会现实问题。代耕现象不仅反映了中国农民对农业生产态度的转变，同时也折射出改革开放以来中国社会的人口流动与乡村社会的重大变革。

20世纪八九十年代，珠三角地区的工业化迅速推进。在工业经济的巨大引力下，珠三角地区的部分农民逐渐放弃农业生产活动，倾向进入城市工业体系从事工业生产活动。在这一历史时期，全国的粮食供应仍非常紧张，农民在自主经营农业生产的同时要完成国家下达的公购粮任务。为保障城乡社会的粮食供应，国家在政策层面高度重视农业生产，并通过各种政策禁止农民的抛荒弃耕行为。在这一背景下，珠三角及其外围田地富余的农村从偏远山区招来大量农民以补充当地劳动力的不足，由此产生了"代耕农"这一特殊移民群体。温士贤在书中对代耕的历史过程进行了翔实的资料梳理和政策分析，为我们生动再现了改革开放初期广东乡村社会农业生产领域的重要变革。

据不确切统计，广东珠三角地区的代耕农群体曾有数十万人。由于代耕农群体具有流动性特点，这一数据并不精准，但由此可见代耕现象在昔时的广东农村地区相当普遍。实际上，代耕现象并非广东特有，湖北、浙江、四川、广西、新疆等省区都不同程度地存在。异地代耕是实现人地资源优化配置的有效途径，它不仅有效完成了当时的农业生产任务，也解决了部分贫困农民面临的土地不足和温饱问题。时过境迁，随着国家农业税的全面取消，异地代耕在某种程度上失去了原初意义。

在特殊的时代背景下，偏远山区的农民通过代耕的形式，迁徙至条件较好的农村地区定居。代耕农的经历和费孝通先生早年的判断是一致的，这些乡村外来移民即便是经过了两三代人的时间，依然未能取得移居地社会的户籍身份和完全成员资格。在当今的珠三角及其外围地区，仍有相当数量的代耕农尚未取得移居地的户籍身份，他们在移居地社会处于一种"合而未融"的阈限状态。这是当前乡村社会治理中亟待解决的现实问题，同时也需要从学术角度对其进行深入研究。这些代耕农群体若要成为基层"社会治理共同体"的成员，需要地方政府给予关注和支持。与此同时，乡村户籍管理制度也需要进一步完善，以从制度层面解决移民群体在跨界流动中遇到的现实问题。

二 迁徙流动中的苗族社会

与珠三角地区的汉族代耕农不同，该书研究的是由云南文山迁入广东阳江代耕定居的苗族移民。在民族学的研究中，苗族经常被描述为一个具有迁徙传统的山地民族。在长期的迁徙流动中，苗族人形成了自己的迁徙文化和迁徙习性，这与汉族群体"安土重迁""落叶归根"的文化心理有显著差异。温士贤在书中指出："定居农耕仅是诸多生活方式中的一种。中国边疆少数民族群体的游耕、游牧、游猎等具有较强流动性的生活方式，为我们审视定居农耕生活提供了另一个参照系。"（第1页）迁徙流动赋予了苗族群体一种特别的能动性，他们可更为灵活地利用更多的土地资源。

苗族群体拥有自身的文化传统，这决定了他们在迁徙定居的过程中面临文化与社会的双重适应。苗族代耕农在定居异乡时，一方面积极融入主流文化，另一方面努力维持自身的民族文化。2015年2月，我和温士贤一同到阳江进行田野考察，充分感受到苗族代耕农身上多元文化的杂糅，热情质朴的苗族代耕农给我留下了深刻的印象。这些苗族代耕农既保持着自身的语言文化和风俗习惯，同时也能讲流利的普通话和阳江方言，妇女们仍穿苗族传统服饰。苗族社会中的各种传统仪式活动，如诞生仪式、婚姻仪式、葬礼仪式、治疗仪式等，均被很好地传承下来。这些苗族移民社区和其家乡的苗族村寨有相似的文化形态和文化景观。鲜明的民族特色，是苗族代耕农区别于其他代耕农群体的重要特征。如果不考虑地域，我会感觉自己置身于云南山地的苗族村寨之中。

温士贤在书中用黏合性文化适应对苗族代耕农的文化适应进行解释。黏合性文化适应不仅是一种特殊的文化适应模式，同时也是移民群体进入异质社会的一种文化建构策略。苗族代耕农的黏合性文化适应策略，使得他们能够在两套不同的社会文化体系中进退自如。从学理上来说，这种黏合性文化适应模式，超越了传统文化适应理论中非此即彼的同化论模式，更能解释当前各民族群体跨界流动中出现的文化共生现象。与个体化的移民不同，苗族代耕农属于群体性移民，他们在移居地社会形成了一个联系紧密的移民社群，这使他们避免了被边缘化的尴尬境遇。[①]这种文化适应策略背后有其社会结构作为载体，苗族代耕农的家庭观念与亲属网络为他们的文化适应提供了强有力的社会支持。

我国是一个多民族的国家，各民族群体的跨界流动有效促进了各民族间的交往交流交融，并助推各民族群体从文化适应向文化自觉转型。在费孝通先生看来，"文化自觉"是指生活在一定文化中的人对其文化有"自知之明"，明白它的来历、形成过程、所具有的特色和它的发展趋向。"自知之明"是"为了加强对文化转型的自主能力，取得决定适应新环境、新时代对文化选择的自主地位"。[②] 就苗族代耕农群体的案例来看，他们在迁徙流动过程中对自身文化做出积极调适，从而能够更好地融入移居地社会。苗族代耕农积极地进行文化适应，反映出他们开放包容的心态。这种开放包容的心态，即是在不同文化价值取向中找出共同的、相互认同的文化价值取向，从而使不同文化群体能够彼此交流、

---

① 参见温士贤《走出边缘：阳江苗族代耕农的文化适应与社群重构》，《广西民族研究》2016 年第 5 期。
② 费孝通：《费孝通全集》（第十七卷），内蒙古人民出版社，2009，第 525～526 页。

和谐共生。① 唯有如此，各民族群体之间才能实现平等的交往交流，并构建出各民族群体团结友爱、互帮互助、和谐共生的社会局面。

三 苗族代耕农的社会融入

在传统农业社会中，村落是一个相对封闭的血缘共同体和利益共同体。所以，外来移民群体融入移居的村落社会非常困难。近百年来，中国城乡社会发生急剧转型，乡村的社会结构和生产生活方式也发生了根本性变化。特别是改革开放以来，城乡间的人口流动已成为普遍现象，大量乡村人口转移到城镇务工或定居；同时也存在农村人口的梯次迁徙现象，即农民群体由欠发达地区的农村流向较发达地区的农村。在这一背景下，村落社会的边界变得日益开放，乡村社会的人员构成也越发多元和复杂。借助苗族代耕农案例，该书对当前乡村社会中土地和房产的民间交易行为进行了分析。

与一般的流动人口不同，苗族代耕农并非移居地的匆匆过客，他们要在移居地落地生根。在人口流动日益频繁的今天，"他乡"与"故乡"、"本地人"与"外地人"的边界也变得日益模糊。移民群体在迁徙定居的过程中，会把"他乡"建构为自己的"故乡"，其自身也会由"外地人"逐步转变为"本地人"。苗族代耕农是这一方面的典型，他们在移居地社会长期定居的过程中建构起新的地方归属感和地域认同感。

不同社会中的移民群体具有不同的生存境遇，他们在社会融入过程中也存在多种路径选择。对扎根农村的苗族代耕农而言，他们通过购置旧宅和买地建房的形式从空间上融入异乡村落社会。与城市移民群体购买商品房的行为不同，苗族代耕农在购置旧宅和买地建房的过程中面临土地制度和户籍制度的双重壁垒。农村土地和宅基地归村集体所有，国家的法律政策禁止对农村土地进行买卖交易。然而，在快速城镇化的背景下，农村土地和住宅的民间交易行为日益普遍。特别是在部分"空心村"，外来移民群体的入驻为村落注入了新活力，同时也是实现人地资源

---

① 参见麻国庆《费孝通先生的第三篇文章：全球化与地方社会》，《开放时代》2005年第4期。

优化配置的重要途径。乡村外来移民群体的住房需求和落户需求是迫切需要解决的现实问题。

在城镇化和市场化的社会环境中，农民也在试图"破土而出"①，这主要体现在农民的土地观念的变化上。当前，农民所追求的是更为现实的物质财富，而不再是抽象的土地占有关系。在这一观念的转变下，许多农民做出"土地变现"的选择，这也为外来移民群体融入村落社区提供了机会。苗族代耕农面临的困难与问题，为我们思考乡村社会土地制度和户籍制度的进一步改革提供了新的视角和切入点。

当前，中国已全面进入小康社会，中国社会也实现了由"乡土中国"到"城乡中国"的转变，但农民的生计与发展一直是中国社会的核心话题。对相当一部分的农民而言，他们在摆脱生存危机之后，往往又无奈地在乡村与城市的夹缝中谋求发展空间。在当前中国社会快速转型的背景下，实施乡村振兴战略对乡村建设和乡村发展具有重要意义。我在《乡村建设，实非建设乡村》一文中曾指出，全球化背景下的乡村建设，要着力探讨乡村地区不同要素之间的流动与融合，探讨基于社会转型视角的不同乡村"类型—特征—模式—人地系统协调"的研究。② 当前的乡村建设和乡村振兴事业，必须摆脱传统"现代性"理论的束缚，充分尊重地方社会的自然生态、人文生态和心态秩序在乡村建设中的基础性地位。

四　跨界流动中的制度变革

当前，各民族群体跨界流动日益频繁，各种人口流、商品流和信息流混合在一起，造成各民族社会文化边界的模糊。在乡村社会，由于国家在场以及工业下乡、资本下乡、信息下乡等多重因素的影响，乡村空间表现出多元文化与多元社会杂糅的特点。在不同民族群体的跨界流动过程中，乡村空间正以不同的形式进行文化重构与社会再生产。我认为，不管是着眼于国内的流动还是着眼于跨国的流动，一个全新的领域——

---

① 参见麻国庆《破土而出：流动社会的田野呈现》，北京师范大学出版社，2020。
② 参见麻国庆《乡村建设，实非建设乡村》，《旅游学刊》2019年第6期。

跨界的人类学将成为 21 世纪全球人类学的核心。①

改革开放 40 多年来，我们充分感受到人口跨界流动给中国社会带来的活力。城乡关系也从原来的二元结构发展为城乡融合发展的新型关系。尽管流动已成为当前中国的显著特征，但人口在跨界流动时仍受到诸多制度性因素的束缚。其中，最为核心的便是户籍管理制度。李强曾指出，户籍制度是影响中国城乡流动的最为突出的制度障碍，它使中国的人口流动不再遵循一般的推拉规律。② 户籍制度并非简单的人口登记制度，而是一种人员划分和资源分配制度。个人的成员资格与成员权利，在很大程度上受制于个人的户籍身份。

苗族代耕农在定居异乡的过程中，也面临户籍制度带来的困扰。他们虽然在移居地建立了稳定的生存家园，但在户籍身份上仍属于外地人，在移居地入籍落户成为困扰他们的最大难题。③ 对移民群体而言，他们只有取得移居地的户籍身份，才能在移居地安居乐业并享受到当地政府提供的各项公共服务。

温士贤对阳江苗族代耕农的研究为当前的移民研究提供了一个新视角。当前，各地政府在努力推进城镇化，鼓励并引导农民进入城镇定居落户。而在乡村之间迁徙的广大移民群体，由于缺少相关政策指引，往往处于尴尬的状态。正如温士贤在该书结论中所做的思考："当前，乡村之间的人口迁徙现象日益频繁，如何解决此类移民群体的户口迁移诉求，如何理顺户籍、土地权利与成员资格之间的关系，需要我们在理论上和制度上进一步探索。"（第 210 页）可以预见，随着城镇化的推进，发生在乡村之间的人口流动将更加普遍，这需要各级政府对户籍制度、土地制度进行改革，从制度层面最大限度地满足不同群体的生存与发展诉求。

云南文山苗族群众进入广东阳江农村地区定居代耕，使当地的一些村落社区由单一民族社区逐步发展成为名副其实的多民族互嵌社区。面对地方社会民族构成的转变，地方政府部门应积极引导苗族代耕农的社

---

① 参见麻国庆《跨界的人类学与文化田野》，《广西民族大学学报》（哲学社会科学版）2015 年第 4 期。
② 参见李强《影响中国城乡流动人口的推力与拉力因素分析》，《中国社会科学》2003 年第 1 期。
③ 参见温士贤《阳江苗族代耕农的生存策略与制度困局》，《民族研究》2017 年第 6 期。

会融入，着力促进各民族交往交流交融，推动建立各民族相互嵌入式的社会结构和社区环境。苗族代耕农的案例提醒我们，民族互嵌社区具有多种类型和多元形态，也面临一定的制度性障碍。基层政府在构建民族互嵌社区过程中，要注意消除各种具有阻碍作用的制度性因素，为各族群众友好交往与和谐共生创造良好的制度环境。

最后，我想强调的是，该书也是对费孝通先生乡村人口迁徙模式思考的延续。费孝通先生将20世纪八九十年代的乡村人口迁徙概括为"离土不离乡"与"离土又离乡"[①]两个阶段。围绕"乡"和"土"，中国农民在不同历史时期做出了不同的选择。苗族代耕农是"离乡不离土"的移民群体，其在现代移民研究中具有丰富的理论价值，可以在此基础上进一步与帕克的"边缘人"、列斐伏尔的"空间生产"以及布迪厄的"社会空间"等理论展开对话。希望学界对乡村之间的人口迁徙给予更多的关注，也希望这类移民群体面临的困境与问题能够从制度上予以解决。

麻国庆
2023年3月于北京

---

① 费孝通：《费孝通全集》（第十五卷），内蒙古人民出版社，2009，第30~31页。

目 录

导　论 ·· 1
　　一　乡土中国的人口迁徙 ·· 1
　　二　作为外来户的代耕农 ·· 6
　　三　乡村外来户的入住权 ··· 10
　　四　山地苗族的迁徙行动 ··· 16
　　五　田野工作与研究方法 ··· 20

第一章　代耕引发的苗族迁徙 ·· 24
　　一　公购粮任务下的农业负担 ····································· 24
　　二　寻找土地的山地苗族 ··· 30
　　三　苗族移民的迁徙策略 ··· 36
　　四　一个家庭的迁徙历程 ··· 39
　　五　移民网络与链式迁徙 ··· 42

第二章　田地代耕与居住权利 ·· 48
　　一　永久性田地代耕模式 ··· 48
　　二　限期性田地代耕模式 ··· 53
　　三　居住用地的集体购置 ··· 56
　　四　移民社区的准入机制 ··· 60

第三章　社区内外的经济活动 ·· 65
　　一　代耕初期的生存危机 ··· 65
　　二　公购粮任务到农户地租 ·· 70
　　三　山地资源的开发利用 ··· 73
　　四　山地经济与就业选择 ··· 78

第四章　移民社区的文化建构 …… 82
　　一　自我隔离的生存空间 …… 82
　　二　移民社区的建筑景观 …… 85
　　三　黏合性文化适应策略 …… 89
　　四　自主办学与子女教育 …… 95

第五章　家庭策略与社会结合 …… 100
　　一　人口压力下的分家策略 …… 100
　　二　生存压力下的联合家庭 …… 107
　　三　残缺家庭的重新组合 …… 111
　　四　祖先信仰下的家族整合 …… 116

第六章　婚姻选择与族群边界 …… 122
　　一　传统规约下的婚姻选择 …… 122
　　二　姻亲网络中的家族联结 …… 125
　　三　社会变迁下的婚姻缔结 …… 128
　　四　单向流动的族际通婚 …… 133

第七章　生命仪式与文化传承 …… 137
　　一　诞生仪式中的生命观 …… 137
　　二　成年仪式与社会资格 …… 141
　　三　葬礼仪式与社会网络 …… 144

第八章　多元医疗与文化整合 …… 153
　　一　疾病治疗中的文化信任 …… 153
　　二　神灵信仰下的多元医疗 …… 156
　　三　神灵庇佑下的行医实践 …… 160
　　四　医疗实践中的文化整合 …… 165

第九章　制度变革下的土地纠纷 …… 170
　　一　免税之后的"公粮"之争 …… 170

  二　地权归属的主客纠纷 …………………………………… 172
  三　失地移民的再次定居 …………………………………… 176

第十章　土地交易下的社会融入 ………………………………… 181
  一　购置旧宅与村落定居 …………………………………… 181
  二　买地建房与家园重建 …………………………………… 188
  三　户籍限制与生活困境 …………………………………… 195
  四　社会融入与制度壁垒 …………………………………… 198

结　语 ……………………………………………………………… 203
  一　土地交易下的家园重建 ………………………………… 203
  二　移民群体的社会整合 …………………………………… 206
  三　制度束缚下的融入困境 ………………………………… 208

参考文献 …………………………………………………………… 211

后　记 ……………………………………………………………… 227

导 论

一 乡土中国的人口迁徙

在传统农业社会，稳定的人地关系被认为是一种理想的社会状态，而人口的迁徙流动则被认为是异常的社会状态。对封建时代的国家治理来说，大规模的人口迁徙会给国家带来巨大的风险与不稳定因素。[①] 因此，传统儒家思想将定居农耕视为一种理想的生存状态，而为人口的迁徙流动赋予悲惨凄凉的情感色彩。对移民群体的表述往往采用"背井离乡""居无定所""寄人篱下""人离乡贱"等词语。从历史维度来看，人类一直处于迁徙流动之中，但把人口固定在某个地方一直是国家权力的目标所在。可以说，将农民与土地捆绑在一起，既是传统农业社会的主要特点，同时也是封建时代进行国家治理的一种有效手段。

在诸多农耕文明中，人们赋予土地某种社会属性和文化属性，而并非将土地视为一种纯粹的自然资源。如法国社会学家 H. 孟德拉斯（H. Mendras）所指出的："所有的农业文明都赋予土地一种崇高的价值，从不把土地视为一种类似其他物品的财产。"[②] 传统农民往往将自身的人生意义与地方归属感寄托在土地之上。实际上，定居农耕仅是诸多生活方式中的一种。中国边疆少数民族群体的游耕、游牧、游猎等具有较强流动性的生活方式，为我们审视定居农耕生活提供了另一个参照系。有学者曾指出："中国向来不是一种用生硬的'乡土'概念能解释的文化。"[③] 长期以来，中国社会一直存在较为尖锐的人地矛盾，即便在定居农耕社会，也无法避免乡村人口的向外迁徙与拓展。当乡村土地上承载的人口达到饱和时，过剩的人口就面临离开故土另外寻找土地的生存选

---

① 参见池子华《中国近代流民》（修订版），社会科学文献出版社，2007，第 3 页。
② H. 孟德拉斯：《农民的终结》，李培林译，社会科学文献出版社，2010，第 42 页。
③ 王铭铭：《西学"中国化"的历史困境》，广西师范大学出版社，2005，第 181 页。

择。可以说，人口与土地的结合不是静态恒定的，而是一个动态流动的过程，其中也伴随对土地资源的开发、分配与竞争。如何化解人地矛盾，实现人地资源的优化配置，是农民群体需要面对和思考的问题。

英国历史学家理查德·H. 托尼（Richard H. Tawney）认为，除改良农业耕种方法之外，缓解人地矛盾的途径主要有三种：移民、开发农业以外的生活来源以及对家庭规模进行人为限制。[①] 可以说，迁徙是人类谋求生存的重要方式，同时也是化解人地矛盾的一条有效途径。在中国历史上，既有政府组织的移民实边、军事屯垦、招民垦荒等迁徙行动，也有为解决生存压力自发形成的走西口[②]、闯关东[③]、下南洋[④]等大规模的人口迁徙浪潮。特别是在战乱、饥荒、瘟疫暴发的动荡时期，人口的迁徙流动则成为常见的社会现象。[⑤] 历史学家对移民史的梳理使我们看到，中国社会既有安土重迁的乡土特性，同时也有历史久远的迁徙传统。[⑥] 在这一迁徙传统中，既有汉族群体由中心向边缘的迁徙流动，同时也有少数民族群体由边缘向中心的迁徙流动。在各民族群体频繁的迁徙流动过程中，中国形成了"多元一体"的民族分布格局[⑦]，同时也产生了诸多各民族相互嵌入式的村落社区。

传统农业社会既有稳定性，同时也有流动性。费孝通在分析中国社会时，建构出"乡土中国"这一观念中的类型（ideal type）。[⑧] "乡土中国"意象，既来源于农业生产空间的稳定性，同时也来源于农民对土地的情感依恋。费孝通指出："一直在某一块土地上劳动，一个人就会熟悉这块土地，这也是对土地产生个人感情的原因。人们从刚刚长大成人起，

---

① 参见理查德·H. 托尼《中国的土地和劳动》，安佳译，商务印书馆，2014，第109页。
② 参见段友文《走西口移民运动中的蒙汉民族民俗融合研究》，商务印书馆，2013。
③ 参见高乐才《近代中国东北移民研究》，商务印书馆，2010。
④ 参见陈达《南洋华侨与闽粤社会》，商务印书馆，2011。
⑤ 参见卫才华《社会变迁的民俗记忆——以近代山西移民村落为中心的考察》，中国社会科学出版社，2013；梁勇《移民、国家与地方权势——以清代巴县为例》，中华书局，2014。
⑥ 参见葛剑雄主编《中国移民史》（第一卷），福建人民出版社，1997；池子华《中国近代流民》（修订版），社会科学文献出版社，2007；安介生《民族大迁徙》，江苏人民出版社，2011。
⑦ 参见费孝通主编《中华民族多元一体格局》（修订本），中央民族大学出版社，1999。
⑧ 参见费孝通《乡土中国》，人民出版社，2008，"旧著《乡土中国》重刊序言"第3页。

就在那同一块土地上一直干到死,这种现象是很普通的。如果说人们的土地就是他们人格整体的一部分,并不是什么夸张。"① 可以说,农民将自己的情感与意义寄托在其经营的土地之上,除非迫不得已,农民不会轻易离开其经营的土地。人文主义地理学家段义孚(Yi-Fu Tuan)将人对自身所处物质环境的依恋之情称为"恋地情结"(topophilia),其创造这一概念是为了广泛且有效地定义人类对物质环境的所有情感纽带。② 当人们对土地的依恋之情日益强烈时,土地即成为人们生活、情感和意义的重要载体。

虽然人们对耕作的土地会有"恋地情结",但这并不意味着产生恒久不变的人地关系。在强调乡土社会稳定性的同时,费孝通也注意到乡土社会具有流动性。他指出:"我们把乡土社会看成一个静止的社会不过是为了方便,尤其在和现代社会相比较时,静止是乡土社会的特点,但是事实上完全静止的社会是不存在的,乡土社会不过比现代社会变得慢而已。"③ 可以说,中国社会的人口分布格局是在定居与流动两种传统的交互作用下形成的。

在传统农业社会,人口的迁徙流动并非简单的转换生存地点,在这一过程中伴随着土地资源的重新配置和族群关系的重新调适。一般而言,移民群体获取土地主要通过两种途径:一是对偏僻的无主土地进行占有和开发;二是通过租佃、购置或抢占等方式从当地居民手中获取土地。在前一种情况下,移民群体可以较为容易地获得土地,却面临开垦荒地以及生存家园重建等问题。在后一种情况下,移民群体可以获得开发或半开发状态的土地,但要妥善处理与当地居民的关系。总之,移民群体离开故土到异乡寻找土地资源和新的生存空间并非易事。他们不仅面临文化适应和社会融入问题,同时也会遭遇地方政府的干预以及当地居民的社会排斥。④ 虽然迁徙活动伴随着各种风险与危机,但处于生存边缘的群体却愿意为之一搏以换取新的生存空间和发展机会。

---

① 费孝通:《江村经济——中国农民的生活》,商务印书馆,2005,第161页。
② 参见段义孚《恋地情结》,志丞、刘苏译,商务印书馆,2018,第136页。
③ 费孝通:《乡土中国》,人民出版社,2008,第95页。
④ 参见梁肇庭《中国历史上的移民与族群性:客家人、棚民及其邻居》,冷剑波、周云水译,社会科学文献出版社,2013,第79页。

相关研究表明，新中国成立初期（1949年至1958年）存在较为频繁的人口迁徙，仅1954年到1956年，迁徙人数就达7700万。其中包括城镇向城镇的迁徙和农村向农村的迁徙（沿海向内陆和边疆移民垦荒），但也有不少人口由农村流向城镇。① 然而，由于当时城镇的人口承载力有限，大量农村人口涌入城镇，对当时粮食供应和就业保障造成较大冲击。1956年底至1958年初，国务院连续四次发出关于防止、制止农村人口盲目外流的指示。② 1958年《中华人民共和国户口登记条例》的颁布，标志着中国政府对人口迁徙政策的重大调整，中国社会由此进入城乡二元分割的户籍管理模式。此后，基于这种户籍管理制度出台了一系列相配套的制度。

在这一政策背景下，农民被紧紧束缚在他们的土地之上，中国社会由此进入"无流动"的封闭模式，以寻找土地为目的的人口迁徙活动也被禁止。直到20世纪80年代，随着改革开放的深入推进，中国社会城乡分立的封闭模式逐渐被打破，人口的自由迁徙流动才得以逐渐恢复正常。尽管如此，移民群体的种种权利仍受到户籍制度的严格限制。诸多研究表明，户籍制度成为移民群体社会融入的主要制度壁垒。③ 实际上，一个健康的社会必然是一个具有流动性和开放性的社会。

20世纪80年代以来，中国的工业化迅速推进，农村人口被大量吸纳进工业体系中，城乡之间大规模的人口流动遂成为中国社会的显性问题。然而，并非所有的农村劳动力都有机会进入城市务工，城市社会也绝非农村剩余劳动力转移的唯一出路。时至今日，仍有相当数量的农村人口迫于生存压力，要远赴异乡寻找新的生存空间。近年来，原本生活在西部山区的苗族、羌族、彝族、土家族等少数民族群体开始自发迁徙，

---

① 参见肖冬连《中国二元社会结构形成的历史考察》，《中共党史研究》2005年第1期。
② 国务院：《关于防止农村人口盲目外流的指示》，1956年12月30日；国务院：《关于制止企事业单位盲目招收工人和职员的通知》，1957年1月12日；中共中央、国务院：《关于制止农村人口盲目外流的指示》，1957年12月18日；国务院：《关于制止农村人口盲目外流的指示的补充通知》，1958年2月25日。参见《中华人民共和国中央人民政府大事记》，第4卷第134、142、349页，第5卷第24页。
③ 参见李强《影响中国城乡流动人口的推力与拉力因素分析》，《中国社会科学》2003年第1期。

到条件相对较好的农村地区寻求生存出路。① 这一现象在西北地区也普遍存在，如宁夏回族群众的自发迁移人数达 20 多万。② 相关研究表明，人口迁徙是解决环境恶化和贫困循环问题的有效手段，可以从根本上改变贫困人口的生存环境，为他们彻底摆脱贫困、迈向小康铺设了一条新路，同时也能促进迁入地的经济发展和迁出地的生态恢复。③

在传统农业社会，安土重迁的观念根植于农民的头脑之中，加之户籍制度的种种限制，农民不会轻易离开自己的家乡。然而，在当前城镇化、工业化、市场化的合力作用下，农村人口的流动日益频繁，安土重迁的观念也逐渐被农民的"城市梦"和"致富梦"打破。当今中国的广大城乡社会广泛分布着为数众多、类型多样的移民群体。不同类型的移民群体，面对的社会情境和遭遇的生存困境也存在较大差异。

总体来看，当前中国乡村人口迁徙趋向可分为两种：一方面，大量乡村人口离乡离土进入城市社会定居生活，造成广大乡村社会出现"空心村"现象；另一方面，贫困地区的乡村人口离乡不离土，通过购买房屋或置地建房的形式进入条件相对较好的乡村地区定居。这两种人口迁徙趋向非常吻合英国人口学家拉文斯坦（E. G. Ravenstein）提出的人口"梯次迁徙"理论，即"农村向城市的人口迁徙呈梯次逐级展开，城市吸收农村人口的过程，先是城市附近地区的农民向城市聚集，由此城市附近农村出现空缺，再由较远农村人口迁来填补，这种连锁影响逐次展开以至波及更远的农村"④。当前学界对由乡村到城市的人口迁徙给予高度关注，而在一定程度上忽视了由乡村到乡村的人口迁徙现象。

---

① 参见张曦、虞若愚等《移动的羌族——应用人类学视角下的直台村与文昌村》，学苑出版社，2012；辛允星、赵旭东《羌族下山的行动逻辑——一种身份认同视角下的生存策略选择》，《广西民族大学学报》（哲学社会科学版）2013 年第 4 期；季涛《积极构建自我矛盾体：川西农村凉山彝族移民的生计变迁与社会流变》，《云南民族大学学报》（哲学社会科学版）2016 年第 3 期；田阡、李虎《人往低处迁：武陵山区土家族自愿搬迁移民的理性选择——基于重庆石柱县汪龙村的调查》，《思想战线》2015 年第 5 期；陶琳《云南边疆民族地区自发移民的社会网络与文化融合》，团结出版社，2018。
② 参见杨永芳《自发移民与社会治理：宁夏的实践和经验》，社会科学文献出版社，2018，第 5 页。
③ 参见李培林、王晓毅主编《生态移民与发展转型——宁夏移民与扶贫研究》，社会科学文献出版社，2013，第 7 页。
④ E. G. Ravenstein, "The Laws of Migration: Second Paper," *Journal of the Royal Statistical Society*, 1889, 52 (7): 241 - 301.

随着城镇化的推进，发生在乡村之间的自发迁徙已成为一种普遍现象。特别是生活在西部贫困山区的农民，为从根本上改善自身的生存状况，往往通过投亲靠友、购买房屋、异地代耕等途径向条件相对较好的农村地区迁徙。可以说，发生在乡村之间的人口迁徙，是贫困人口摆脱贫困的一种路径选择，同时在一定程度上减轻了国家层面的贫困治理任务。然而，在当前的国家治理体系中，这类普遍而又特殊的移民群体受到的关注较少。通过各地的研究案例来看，乡村外来移民在入籍落户、成员资格、土地权利、社会融入、地方认同、生存发展等方面遭遇诸多制度性和非制度性障碍。赋予乡村外来移民群体合法的成员资格，需要各级政府在政策层面和治理理念上做出调整。乡村外来移民群体所涉及的问题如得不到有效解决，将会对国家的贫困治理和民族关系造成一定的负面影响。

二 作为外来户的代耕农

在20世纪八九十年代，中国农村实行了家庭联产承包责任制，但农村土地仍然属于集体公有，农民仍要承担地方政府下达的公购粮任务。在当时的农业政策下，农业生产不仅是农民个体的一种生计手段，同时也是国家赋予农民的一项政治任务。对地方政府来说，组织农民进行农业生产、防止田地抛荒并按上级政府要求征收公购粮，是当时工作的首要任务。

在这一历史时期，广东珠三角地区的工业化迅速推进。在工业化和市场化的刺激下，珠三角地区的农民率先洗脚上田，进入工业体系务工或开展商业活动。而在这一时期，中国农民仍需承担一定的农业税赋任务。在与工业经济的对比下，农业生产活动逐渐受到冷落，农村田地大面积抛荒，土地上承载的公购粮任务遂成为农民面临的一大难题。为确保农业生产的顺利开展，各级政府相继出台政策鼓励农业生产，并极力禁止抛荒弃耕的行为。为完成地方规定的农业生产任务，一些田地较多而又缺少劳动力的村落，通过招徕外部劳动力代耕以确保完成土地上承载的税赋任务。[①] 代耕农的义务则是承担农业税赋任务，而无须向转让

---

① 参见黄志辉《无相支配：代耕农及其底层世界》，社会科学文献出版社，2013，第46页。

土地的农户和集体缴纳土地租金。

20世纪八九十年代,大量来自偏远山区的农民到珠三角农村地区寻找田地代耕。据不完全统计,分布在珠三角地区的代耕农曾高达20余万人,广州、深圳、珠海、佛山、中山、东莞、惠州、江门等地均分布有相当数量的代耕农群体。① 从代耕农的来源看,不仅有来自广东省内的山区农民,也有来自云南、广西等省区的贫困农民。可以说,改革开放初期出现的代耕现象,是中国社会工业化进程所带来的连锁反应。代耕农群体的出现,不仅保障了农业生产活动的正常开展,也间接地为工业生产提供了劳动力。即便今日,一些学者仍认为,异地代耕是"缓解人地矛盾,优化资源配置"②的有效形式。

实际上,代耕现象并非珠三角地区所特有,其他省(区、市)的农村地区同样普遍存在代耕现象。相关研究表明,湖北京山③、湖北武汉④、四川仁寿⑤等地的农村地区均有相当数量代耕农群体。

代耕现象可以说是一种隐性的土地转让行为,这种形式的土地转让未产生额外的地租费用,仅是由承包者承担土地上承载的农业税赋任务。之所以出现这种情况,是因为当时的农业生产经济效益过低,一些农户更倾向于将土地无偿转包给他人。代耕农承担的公粮任务,在某种意义上可视为土地承包的地租费用。对缺少土地资源的山区农民来说,以承担土地上的公购粮任务来换取土地是一笔划算的交易。然而,在现行的

---

① 参见黄晓星、徐盈艳《双重边缘性与个体化策略——关于代耕农的生存故事》,《开放时代》2010年第5期;杨小柳、史维《代耕农的社会空间及管理——来自广东南海西樵的田野调查》,《广西民族大学学报》(哲学社会科学版)2011年第5期;申群喜等《珠三角代耕农的生存境况及相关问题研究》,《云南财贸学院学报》(社会科学版)2006年第1期;陈海真、李颖新、商春荣《"代耕农"现象的经济分析——以广东惠州市博罗县石湾镇铁场村为例》,《华中农业大学学报》(社会科学版)2007年第6期;向安强等《珠三角农业流动人口中的"代耕农":困境、问题与破解》,《西北人口》2012年第1期;黄志辉《珠三角"代耕农"概念廓清:历史、分类与治理》,《华中农业大学学报》(社会科学版)2013年第4期。
② 向安强、吴慧萍、马骏:《珠三角农业流动人口"代耕农"及其相关问题透析——以广东省开平市长沙区民强大队"代耕农"为中心》,《湖北民族学院学报》(哲学社会科学版)2013年第1期。
③ 参见贺雪峰《新乡土中国》,北京大学出版社,2013,第165页。
④ 参见孔海娥、王贤锋《"超邻里"的邻里关系的发生及建构——武汉市黄陂区油岗村的四川外来移民关系透视》,《中南民族大学学报》(人文社会科学版)2007年第2期。
⑤ 参见季涛《支配与逃逸:川西农村凉山移民的生成情状》,知识产权出版社,2018。

土地制度下，农村土地归集体所有，农户只是享有土地的承包经营权。这与传统乡村社会"地底权"和"地面权"分离的双层土地占有制有相似之处①，即农村土地的"地底权"归农民集体所有，作为土地承包者的个体农户仅享有"地面权"。从产权的视角来看，农村土地产权归属是清晰的。但农村土地产权的主体——"农民集体"具有很大的模糊性，这也导致了诸多土地纠纷。严格来说，这种特殊的土地交易形式已经超出当时的法律框架，这为代耕农群体日后的土地权利和定居生活埋下了隐患。

在20世纪八九十年代，代耕农为移居地的农业生产贡献了力量，同时也为工业生产提供了间接的劳动力支持。随着国家减免农业税，代耕农逐渐失去了存在的价值。特别是在城镇化和市场化的推动下，农村土地价值日益凸显，外来的代耕农群体遭到当地部分村民的排斥，代耕契约中的道义承诺被金钱摧毁殆尽。代耕农和当地村民之间围绕土地权属问题产生了诸多矛盾纠纷。当地村民为获取土地收益，不惜违反当初的道义承诺，以各种理由强行收回转包给代耕农的土地。对代耕农来说，土地是他们的生存根基，失去土地无疑意味着失去了基本的生存保障。代耕农群体以签订的合同据理力争，有时甚至以命相搏，力图保住赖以维生的土地。与珠三角地区数百万的农民工群体相比，代耕农群体的人数微不足道，但代耕现象引发的土地问题和户籍问题非常突出。

对于涉及代耕农群体的矛盾纠纷，地方政府往往根据现行的法律政策进行调解处理。法律人类学强调采取"延伸个案分析"的方法来分析案件，即在处理具体案件过程中"不仅要收集和调查个案本身，而且要将个案产生的社会脉络或情景也纳入考察的范围"②。解决涉及代耕农群体的矛盾纠纷也应采取"延伸个案分析"的视角，不能仅从现有的法律条文出发对其进行裁判，而要将其还原到特定的历史时空中进行解释。如若剥离当时特殊的社会情境，单纯按照现行的土地管理制度加以裁判，无疑会将代耕农群体置于不利地位。实际上，地方司法系统在审理有关代耕农的土地纠纷案件时，往往依照现行的土地管理政策进行裁判，代

---

① 参见傅衣凌《明清农村社会经济》，生活·读书·新知三联书店，1961，第20~59页。
② 朱晓阳：《罪过与惩罚：小村故事：1931~1937》，天津古籍出版社，2003，第37页。

耕农群体也由此失去了占有代耕土地的"合法"依据。

除土地问题外，代耕农群体的户籍问题也较为突出。虽然他们在移居地定居近30年，但其户口大多保留在迁出地。从当前的户籍管理制度来看，户籍准入制度只是单向度向城镇开放，而农村的户籍准入制度则日趋收紧。对移民群体来说，落户农村要比落户城镇难度更大。受当前户籍管理制度的限制，地方政府未将代耕农纳入地方行政管理体制进行服务管理。也正因如此，代耕农群体被视作外地人，难以享受移居地的各种福利和保障。

需要特别指出的是，代耕农群体不仅有汉族群体，还有相当数量的苗族、彝族、壮族、瑶族等少数民族群体。少数民族群体进入汉族农村地区代耕，不仅丰富了汉族农村地区的族群景观，也给区域社会的民族关系带来一定影响。

近年来，学界对农民工以及政府组织的政策性移民进行了较多研究，而对乡村社会自发性的人口迁徙活动关注较少。村落社会是联系紧密的血缘共同体和利益共同体。因此，与进入城市相比，进入异地乡村的移民群体面临的情况更为复杂。由于户籍制度的壁垒，乡村外来移民往往成为"边缘化"的群体[1]，更难得到各种制度的保护，潜在的危机和问题也更为严重[2]。乡村外来移民群体难以获得移居地社会的成员资格，也无法获得对异乡土地的原生性权利。他们在社会的夹缝中艰难维生，并受到国家、市场和当地村民等多重力量的制约。乡村外来移民群体如何取得异乡的土地？他们能否融入移居地社会并真正成为村子里的人？在异乡他们能否摆脱边缘化的生存困境？他们的户籍问题如何解决？在快速推进的城镇化过程中，由农村到农村的迁徙问题将会日益凸显，这些问题值得我们加以关注和研究。

20世纪90年代，云南省文山壮族苗族自治州（以下简称"文山州"）的苗族群众进入广东阳江农村地区代耕。尽管他们在阳江农村生活近30年时间，但其户口仍然保留在迁出地。对阳江本地居民而言，这些苗族代耕农属于名副其实的"外来户"。在异乡定居的过程中，苗族

---

[1] 参见杨永芳《自发移民与社会治理：宁夏的实践和经验》，社会科学文献出版社，2018。
[2] 参见张杭、栾敬东等《农村发达地区外来劳动力移民倾向影响因素分析》，《中国人口科学》1999年第5期。

代耕农遇到不同程度的土地纠纷，但他们并没有就此离开移居地，而是通过各种途径在移居地定居下来，并且获得了相对稳定的生存空间。本书对分布在阳江的苗族代耕农群体进行研究，借此探讨当前农村外来移民群体的生存策略以及他们面临的制度困局。通过调查研究发现，苗族代耕农群体表现出较强的生存能力与适应能力，他们延续自身文化传统的同时也在努力融入移居地社会。然而，在这一过程中，他们却面临来自土地制度和户籍制度的双重制度壁垒。

三 乡村外来户的入住权

在传统农业社会，村落是一个边界清晰且相对稳定的人群共同体。法国历史学家马克·布洛赫（Marc Bloch）把村落社区界定为具有经济和感情联系的共同体，"许多个人，或者许多在同一块土地上耕作、在同一个村庄里建造房屋的家庭，在一起生活。通过经济的、感情的联系而形成的这些'邻居'，组成了一个小社会：'乡村共同体'"①。在他看来，"乡村共同体"是一个通过土地的界线确定的，具有治安保卫、生产生活、宗教信仰等多元功能的集团。可以说，村落社区是相对独立的经济单元和社会单元，这决定了村落社区具有封闭性和排外性特点。与村落社区缺少血缘联系的外部人员，很难进入村落共同体内部定居生活。

早在20世纪30年代，费孝通便注意到村落社区中的外来户现象。在村落共同体的排斥下，外来户难以获得村落中的土地，只能作为佃户租种土地或从事其他特殊职业。② 寄居异乡村落的外来户承担着特殊的经济职能，且与当地村民有鲜明的文化差异。③ 也正因如此，村落中的外来户往往被当地村民视为身边的"他者"。在费孝通看来，传统村落社会是血缘社会，外来户若要融入村落社会，真正成为村子里的人，需要具备两个条件："第一是要生根在土里，在村子里有土地。第二是要从

---

① 马克·布洛赫：《法国农村史》，余中先、张朋浩、车耳译，商务印书馆，1991，第189～190页。
② 参见费孝通《乡土中国》，人民出版社，2008，第90～94页。
③ 参见费孝通《江村经济——中国农民的生活》，商务印书馆，2005，第38页。

婚姻中进入当地的亲属圈子。"① 这两个条件看似容易，在现实生活中却难以实现。尽管有经济史学家强调中国传统农村土地市场的自由性②，但农村土地交易会受到"同族四邻先买权"③的限制，大部分土地交易在村级土地市场④（村级土地市场包括和本村人的交易，以及和邻村人的交易）完成。与此同时，因存在社会文化上的差异性，村落社会中的外来群体不易与当地村民发生通婚关系，进而在很大程度上失去从血缘上融入当地社会的机会。

民国时期的《户籍法》详细规定了"户籍的籍制，以县、市为单位"，在一县、市内有住所三年以上，即以该县、市为本籍。⑤ 但就村落层面而言，村落共同体有一套自身的准入机制。尽管有些外来户在村落社区中生活长达两三代人之久，但村民仍能清晰地区分哪些是本村人、哪些是外来户。在费孝通看来，对本村人及外来户做出区别"已经具有广泛的社会意义"⑥。杜赞奇（Prasenjit Duara）对华北乡村的研究也注意到外来户的社会融入问题。杜赞奇指出："一些在某村居住 10 年的人家，在保甲册中仍被称为'寄居'，那些租赁房居住的人家，甚至未被登记入册。一般情况下，这些人无权参加集体活动，有时甚至无权拥有房屋和土地等不动产。"⑦ 这些外来户受到本村人的排斥，无权利用村落的公共资源，同时也被剥夺了平等地参加公共活动的权利。

特别是在宗族力量较强的华南地区，乡村土地资源多为宗族集体所掌控，外来户很难取得移居村落的入住权。英国人类学家莫里斯·弗里德曼（Maurice Freedman）通过对福建、广东宗族组织的研究发现，宗族

---

① 费孝通：《乡土中国》，人民出版社，2008，第 90 页。
② 参见赵冈《中国传统农村的地权分配》，新星出版社，2006，第 6 页。
③ 张佩国：《地权·家户·村落》，学林出版社，2007，第 159~160 页。"同族四邻先买权"是指在传统乡村社会土地和房产交易中，出卖土地房屋须先遍问亲邻，亲邻有优先购买权。如亲邻不愿购买，方可卖与他姓和他人。
④ 赵晓力：《中国近代农村土地交易中的契约、习惯与国家法》，《北大法律评论》1998 年第 2 辑。
⑤ 参见《户籍法》（1931 年 12 月 12 日），内政部编《内政法规汇编》第 2 辑，1934，第 369~387 页。
⑥ 费孝通：《江村经济——中国农民的生活》，商务印书馆，2005，第 39 页。
⑦ 杜赞奇：《文化、权力与国家：1900—1942 年的华北农村》，王福明译，江苏人民出版社，2008，第 172 页。

组织在很大程度上与村落共同体重叠。在土地占有形式上，宗族组织占有大部分土地，而个体农户只占有少量的土地。这决定了乡村社会的生产关系。个体农户虽然对他们占有的土地拥有广泛的权利，但在土地交易方面却受到一定的限制。其一，土地要么只能在宗族范围内转让，要么在宗族成员选择之后才能转让给族外人。其二，任何一个拥有土地的男人都对他的儿子负有义务，任何土地的出卖都需要其儿子同意。[1] 可以说，即便在土地私有的传统农业社会，个体农户的土地交易也会受到村落共同体的诸多限制。杨国桢对明清时期土地制度的研究，也注意到民间土地交易中存在"产不出户"，"先尽房族"的惯例。[2] 中国传统乡村社会的土地所有权，并不是完全的、自由的土地所有权，其内部结构是国家、乡族两重共同体所有权与农户私人所有权的结合。

可以说，入住权是区分外来户与本地人的重要标志，获得入住权是外来户融入村落社区的重要环节。只有取得村落社区的入住权，才有权利开发利用村落社区范围内的公共资源。科大卫（David Faure）将入住权（settlement right）界定为在一指定疆域内享用公共资源权利，包括"开发尚未属于任何人的土地的权利、在荒地上建屋的权利、在山脚拾柴火的权利、从河流或海边捕捞少量鱼类及软体动物以改善伙食的权利、进入市集的权利、死后埋葬在村落附近土地的权利。这些权利，并不是每个住在同一村落的人都拥有的。村民们很清楚哪些人拥有、哪些人没有这些权利"[3]。在科大卫看来，入住权根源于村落开基祖先所获得的地根权，并由开基祖先流传给后世的宗族成员。因此，外来移民群体不能天然地享有村落中的入住权。只有获得入住权，外来移民群体才可能合法占有土地并成为国家的纳税人，进而成为当地居民认可的"村民"，并享受相应的成员资格与权利待遇。科大卫同时也指出，村落社会虽是受限的共同体，但并不是绝对封闭的，村外之人可以通过婚姻、雇用、

---

[1] 参见莫里斯·弗里德曼《中国东南的宗族组织》，刘晓春译，上海人民出版社，2000。
[2] 参见杨国桢《明清土地契约文书研究》（修订版），中国人民大学出版社，2009，"修订版序"第1页。
[3] 科大卫：《皇帝和祖宗——华南的国家与宗族》，卜永坚译，江苏人民出版社，2010，第5页。

诉讼甚至是武力的方式进入村落并取得相应的入住权。① 科大卫同时注意到，入住权的开放程度，对乡村社区的发展有重要影响。他指出："凡是对于外来人口采取开放策略的社区，就会发展为市镇；凡是把入住权局限于本地人的社区，则始终是乡村。"②

费孝通将获得土地视作外来户进入社区的重要资格。③ 然而，对乡村外来户来说，占有土地仅是融入村落社区的第一步。乡村外来户的社会融入，并非单纯的经济问题，而是复杂的社会问题。张佩国从村落社会的共同体意识入手考察村籍与地权的关系。他将村籍视作一种地方性制度，即成为"村子里的人"是在村落里占有土地的前提条件。从本质上讲，村籍意识在深层次上蕴含着族群关系，当面对村外之人侵占村落公共财产时，村民会表现出强烈的村落共同体意识。特别是在人地关系紧张的情况下，村外之人取得村落社区成员资格就意味着从有限的蛋糕中分取一份，村籍就必然成为一项严格的地方性制度。④ 此外，村落成员身份和社会关系网络根植于村民的意识，并构成村籍制度的基本条件，因此村外之人获取村落社区的入住权面临重重障碍。

虽然乡村外来户存在融入困境，但这并不意味着他们永远被排斥在村落共同体之外。实际上，外来户群体会采取各种策略主动融入移居的村落社区，并最终被当地村民接受，甚至会在经济条件和社会地位上超越当地村民。有学者指出，外来移民群体要真正地融入地域社会，还得打破与当地居民之间的交流和沟通障碍。只有跨越两者之间的障碍，展开深入的文化互动以及社会互动，才能避免移民群体与当地居民的对立带来的再次迁徙。⑤ 要实现这一点，除了要在语言、风俗习惯等方面进行调适，较为便捷的互动方式就是建立移民和当地居民之间的血缘联系。张爱明通过对山西乡村外来户的研究发现，外来户通过雇用、租佃、借

---

① 参见 David Faure, *The Structure of Chinese Rural Society: Lineage and Village in the Eastern New Territories*, Hong Kong, Oxford University Press, 1986, pp. 2-44.
② 科大卫：《皇帝和祖宗——华南的国家与宗族》，卜永坚译，江苏人民出版社，2010，第6页。
③ 参见费孝通、张之毅《云南三村》，社会科学文献出版社，2006，第72页。
④ 参见张佩国《近代江南乡村地权的历史人类学研究》，上海人民出版社，2002，第95页。
⑤ 参见杨洪林《明清移民与鄂西南少数民族地区乡村社会变迁研究》，中国社会科学出版社，2013，第148页。

贷等与当地户形成依附关系，通过投亲靠友、过继、入赘等与当地户结成亲缘关系，逐渐获得了村庄的"入住权"。[1] 在乡村生活实践中，外来户积极参加当地公共活动、参与当地的礼物交换和其他互惠往来也是弱化外来户身份的重要策略。[2] 王君通过对清水江流域的历史人类学考察注意到，外来户群体在移居地拥有坟山成为他们争取到入住权的重要且十分关键的一步。[3]

黄宗智利用20世纪上半叶的满铁农村调查材料，对华北村落进行历史人类学研究。黄宗智在其研究中注意到，村落中的自耕农和外来的长工有重大差别。这种差别不仅体现在经济地位上，同时也表现在文化生活中。在传统乡村社会，长工多是村庄的边缘分子，他们不被纳入村落的亲属结构之内。"无论是在打工地点，还是在其原籍地，他们都不具有完全的成员资格。"[4] 与此同时，黄宗智也注意到，近代以来乡村社会经历了快速的分化与变迁，村落传统的社会结构与社会秩序也正在逐步瓦解，传统意义上的乡村入住权问题也正在发生变化。由于人口压力、商品化、自然灾害和城市就业机会等因素，部分以自耕农为主的村落变成以半无产化的小农为主的村落。不少村民被迫把土地卖给任何出得起价钱的人，传统土地交易过程中"同族四邻先买权"习俗遭到破坏。土地出卖给村外之人，不仅反映出村落共同体解散的趋势，也更深刻地反映出宗族关系的崩溃。[5] 乡村土地的自由出售导致村落成员的迁入与迁出，所谓的村落共同体也因之瓦解，乡村社会的入住权也失去了原本的意义。

20世纪80年代以来，受市场化和工业化进程的影响，中国乡村社会急遽分化。有学者指出，当前的中国，已不存在统一所指的农民和统一所指的农村土地，甚至已不存在统一的农村。[6] 因此，讨论乡村社会

---

[1] 参见张爱明《试论近代山西乡村外来户的"入住权"——以〈阶级成分登记表〉为中心》，《史林》2018年第3期。
[2] 参见胡亮《产权的文化视野：雨山村的集体、社群与土地》，社会科学文献出版社，2012，第192页。
[3] 参见王君《入住权：清水江流域开发过程中的人群互动与区域权力结构——以加池及其周边村寨为中心的讨论》，《原生态民族文化学刊》2015年第3期。
[4] 黄宗智：《华北的小农经济与社会变迁》，中华书局，2000，第265页。
[5] 参见黄宗智《华北的小农经济与社会变迁》，中华书局，2000，第273~279页。
[6] 贺雪峰：《地权的逻辑——中国农村土地制度向何处去》，中国政法大学出版社，2010，第75页。

问题不能一概而论,必须分析当地村落社会的具体情况。实际上,不同的村落社区的土地和入住权也存在较大差异。在发达地区且靠近城镇的村落,土地升值和人口聚集会使村落入住权问题更为敏感。而贫困且位置偏僻的村落会因人口大量流向城镇而成为空心村,其后果则是在地的乡土社会解体[1],致使乡村社会的入住权成为虚无的存在。

相关研究表明,即便是已经融入村落社会的外来户,他们在土地权利上也低人一等,难以像当地村民那样享有对土地的原生性权利。[2] 特别是当与村落外来群体发生土地争执时,当地村民会以"祖业权"这一地方性概念来声明自身对土地的天然权利。[3] 张小军用"象征地权"概念来解释土地产权的名义规定与实际运用中的差异,他指出:"地权的关键不只是实物地权归谁所有,还要看象征地权归谁所有,谁在操控地权的象征资本生产过程。"[4] 可以说,正是缘于各种象征地权的普遍存在,乡村土地问题变得极为复杂,外来户的土地权利也因此具有较强的不确定性。

随着城镇化的快速推进,乡村社会的人口流动日益频繁,村落社会的传统边界也被打破。折晓叶对城镇化进程中出现的"超级村庄"进行研究时,注意到这类村庄的边界呈现多元化的特点,即经济边界开放与社会边界封闭共存。[5] 一方面,"超级村庄"已不是以社区为边界的封闭型经济组织,而往往包括了村域外的经济合作伙伴或投资入股者,同时它自己也往往是其他公司的合作者或投资者,它的经济网络的边界是开放的。另一方面,传统的、封闭性的村落社会边界仍然存在,并且为控制外来人口流入和防止村庄利益外流而发展为更严格的村籍制度。虽然许多外来人员希望在村庄落户,但严格的村籍制度成为他们难以逾越的

---

[1] 参见吴重庆《无主体熟人社会及社会重建》,社会科学文献出版社,2014,第187页。
[2] 参见胡亮《产权的文化视野:雨山村的集体、社群与土地》,社会科学文献出版社,2012,第183页。
[3] 参见陈锋《"祖业权":嵌入乡土社会的地权表达与实践——基于对赣西北宗族性村落的田野考察》,《南京农业大学学报》(社会科学版)2012年第2期。
[4] 张小军:《象征地权与文化经济——福建阳村的历史地权个案研究》,《中国社会科学》2004年第3期,第135页。
[5] 参见折晓叶《村庄边界的多元化——经济边界开放与社会边界封闭的冲突与共生》,《中国社会科学》1996年第3期。

鸿沟。

乡村社会秩序处在变动之中，农民群体也有自己的生存理性和生存智慧。在波普金看来，农民群体会努力实现自身利益的最大化。在乡村社会的生存实践中，农民群体具备了解决资源分配、矛盾冲突等复杂问题的能力。① 在"理性小农"的逻辑中，村庄则被视为松散的开放体，各农户相互竞争、自行其是以增加收入和达到最高收益。村庄中存在的不信任、忌妒、摩擦、竞争和冲突使村庄制度不可能像"道义经济学家们"预期的那样运作良好。② 特别是在市场化的社会环境中，农民的行为逻辑更多地以经济利益为权衡标准。对很多村落的农民而言，他们更愿意将自己闲置的土地和住宅转化为现实的经济收益。相关研究表明，宅基地使用权的商品化导致村落成员权丧失③。这为外来移民群体融入乡村社会创造了机会。

四　山地苗族的迁徙行动

苗族被认为是典型的山地迁徙民族，其发展史上存在较为频繁的迁徙活动。苗族的迁徙习性引起了民族研究者的广泛关注。早在 20 世纪初，法国传教士萨维纳（F. M. Savina）就对苗族社会做过颇为细致的描述，并于 1924 年出版《苗族史》一书。萨维纳认为，苗族迁徙习性源于生态环境的压力。他论述道："原始的苗人也会随处散居于高山之上，多半不会建立自己的村落。他们的住地多半是临时性的，或为歇脚，或为短期停留，因为他们更倾向于在山中流浪。"④ 在萨维纳看来，苗族人没有故土的观念，他们在迁徙过程中丝毫没有表现出对故土的眷恋。实际上，苗族人并非没有故土的观念，在其民族记忆中，其始终把黄河中下游和长江中下游一带视作自己的故土和发源地。

---

① 参见 Samuel L. Popkin, *The Rational Peasant: The Political Economy of Rural Society in Vietnam*, University of California Press, 1979。
② 参见郭于华《"道义经济"还是"理性小农"：重读农民学经典论题》，《读书》2002 年第 5 期。
③ 参见朱冬亮《社会变迁中的村级土地制度——闽西北将乐县安仁乡个案研究》，厦门大学出版社，2003，第 226 页。
④ 萨维纳：《苗族史》，立人等译，贵州大学出版社，2009，第 204 页。

澳大利亚人类学家格迪斯（W. R. Geddes）将苗族视为山地的移民。格迪斯曾在泰国北部的蓝苗群体中进行调查，他认为，苗族是一个具有迁徙性，不断向外拓展的民族。"苗族惊人的现代迁徙并不单单是从一地到另一地的旅行，而是从继续有人居住的基地去开拓新的地区。"① 与萨维纳的观察基本相同，格迪斯也认为苗族迁徙习性的形成源自自身所依存的生态环境。

一些苗族学者将苗族的迁徙活动归结于历史上的族群冲突。苗族学者梁聚五认为，苗族发源于黄河流域，由于历史上的族群冲突，苗族由中原地区逐步迁徙到西南诸省以至东南亚各国。② 石朝江将苗族历史上的迁徙活动划分为五次大的迁徙波，这五次大的迁徙波均由历史上的族群冲突所引致。③ 历史上的族群冲突是苗族迁徙的一个重要因素，但这种说法夸大了族群冲突对苗族迁徙活动的影响。从历史的维度来看，任何一个民族群体都处于迁徙流动之中，其背后的深层次根源则是不同族群对生存资源的开发与竞争。在土地资源有限的情况下，迁徙成为苗族人摆脱生存困境的一条重要途径。

王慧琴从生产方式的角度对苗族社会的迁徙活动进行分析，她将苗族迁徙的原因归结为刀耕火种生产方式和人口增长带来的压力。④ 苗族刀耕火种是与汉族定居农耕截然不同的农业生产体系。这种特殊的生产方式决定了苗族人并不固守固定的土地，而是在广袤的西南山地间自由地迁徙流动。在斯科特（James Scott）看来，这无疑是一种"逃避统治的艺术"，迁徙流动可以使他们逃避国家的强制负担即战争。⑤ 斯科特注意到，从生存资源的维度来看，山地较之谷底有一定的优势，可以产生更为多样的生活方式和文化类型。对苗族人而言，迁徙流动并非"逃避统治的艺术"，而是通过对无主土地的开发获得自身的生存资源。随着无主土地逐渐消失，苗族的迁徙活动也受到极大的限制。缺少土地的苗族

---

① W. R. Geddes, *Migrants of the Mountains: The Cultural Ecology of the Blue Miao (Hmong Njua) of Thailand*, Clarendon Press, 1976, p. 7.
② 参见梁聚五《苗族发展史》，贵州大学出版社，2009。
③ 参见石朝江《中国苗学》，贵州大学出版社，2009，第 26～38 页。
④ 参见王慧琴《苗族迁徙原因新探》，《思想战线》1993 年第 3 期。
⑤ 参见詹姆士·斯科特《逃避统治的艺术：东南亚高地的无政府主义历史》，王晓毅译，生活·读书·新知三联书店，2016。

人，只能迁徙到其他族群生活的土地上，这使他们的迁徙活动变得更为复杂。①

迁徙成为苗族人摆脱生存困境和谋求生存的一条重要途径。在频繁的迁徙活动中，苗族人形成了一种固有的"迁徙文化"。"迁徙文化"的形成，进一步助推其向外迁徙流动的步伐。苗族人从中国不断向外离散，进而成为一个分布广泛的世界性民族②，其亲属网络在地理空间的分布上比其他族群更为广泛。离散在世界各地的苗族群体并未走向原子化的生存状态，相反，他们仍保持着密切的社会联系和较强的民族认同感。③也正因如此，苗族成为一个典型的离散族群。④ 实际上，苗族社会从来不是封闭的社会，他们与周边的民族群体存在频繁的往来。在频繁的迁徙流动过程中，苗族人与外部社会进行人、物、信息与文化的交流互动，并逐步形成今天的民族分布格局和民族文化形态。

20世纪50年代之后，国家通过行政手段推广定居农耕的生存模式，并认为边疆少数民族群体实现定居农耕是生产力发展的一种表现。在这种政治背景下，具有迁徙传统的苗族人被限制在固定的土地上从事农业生产活动。

实际上，在20世纪50年代中后期，仍有大量的苗族人想通过迁徙活动来摆脱生存困境。1958年，雷广正等人对云南屏边苗族进行社会历史调查时发现，苗族的迁徙问题仍是地方政府面临的一个突出问题。⑤在集体主义的政治语境中，苗族人的迁徙活动无疑意味着对集体和政治统治的背离，而基层政府对这种迁徙行为也采取了明确的制止措施。20世纪80年代以后，中国社会的集体化运动结束，苗族人又迈出了迁徙的步伐，向外寻找自己的生存出路。台湾学者王乃雯通过对云南文山苗族的研究指出，苗族人的文化特质与其土地所有形态形成一种辩证关系。

---

① 实际上，苗族是一个庞大而复杂的群体，并非所有的苗族群体都采取刀耕火种的游耕方式。分布在湖南、贵州等地的苗族群体，已有相当长的定居农耕历史。
② 参见吴晓萍、何彪《穿越时空隧道的山地民族——美国苗族移民的文化调适和变迁》，贵州人民出版社，2005年。
③ 参见张晓《美国社会中的苗族家族组织》，《民族研究》2007年第6期。
④ 参见段颖《diaspora（离散）：概念演变与理论解析》，《民族研究》2013年第2期。
⑤ 参见云南大学历史研究所民族组编著《云南省金平屏边苗族瑶族社会调查》，内部资料，1976，第51页。

在其文化特质中，其以家为宇宙观的中心，使得家不是代表一个地点，而是一种"行动"（action）。正因如此，对苗族人而言并不存在空间上的边界或迁徙的问题，相反，以家为中心的宇宙观，使得只要有家的建立即可发展苗族文化。[①]

苗族内部支系庞杂，各支系间文化差异较大，并非所有苗族群体都有迁徙传统和迁徙习性。分布在贵州[②]、湖南[③]、四川地区的苗族已有相当长的定居农耕历史，而分布在云南境内的一些苗族群体至今仍保留着较强的迁徙习性。杨渝东通过对一个定耕苗族村落的研究发现，苗族虽然过上了定居农耕的生活，但他们的神话、信仰体系和宗教仪式中仍然保留着迁徙的记忆，苗族群体在定居的农业文明当中仍能感受到一种"飘泊的心态"[④]。分散在世界各地的苗族人，通过这种"整体性的社会记忆"来保持自身的民族认同与文化认同。

实际上，苗族的游耕与汉族的定居农耕是两种不同的生产体系和文化体系。新中国成立后，政府按照现代民族国家的秩序理念来建设国家，在一定程度上忽视了不同民族群体生存方式与文化体系的多样性问题。随着国家推行严格的户籍管理制度，苗族社会的游耕传统也戛然而止，以前在山地中可获取的免费资源也因行政规划而受到诸多限制。

直到最近几年，生活在云南山地中的苗族人仍在四处寻找生存的土地。陆海发从社会治理的角度对云南苗族的自发迁徙现象进行了研究。其研究发现，迁徙他乡的苗族群体虽然在一定程度上改善了生活，但作为乡村外来户他们却居于社会边缘，在权利行使、公共服务共享等方面无法获得基本的保障。[⑤] 尽管如此，处于生存边缘的苗族人仍愿意通过迁徙他乡摆脱生存困境。苗族移民群体要在不同的生活空间频繁转换，寻找立足的土地并重新建构自身的归属感。

[①] 参见王乃雯《漂泊中的依归：从"家"看苗族人的社会关系》，硕士学位论文，台湾大学文学院人类学研究所，2008，第71页。
[②] 参见吴泽霖、陈国钧等《贵州苗夷社会研究》，民族出版社，2004。
[③] 参见于鹏杰《城步苗族：蓝玉故里的宗族与族群认同》，社会科学文献出版社，2013。
[④] 杨渝东：《永久的飘泊：定耕苗族之迁徙感的人类学研究》，社会科学文献出版社，2008。
[⑤] 参见陆海发《云南K县苗族自发移民问题治理研究》，博士学位论文，云南大学，2012。

五　田野工作与研究方法

调查数据显示，截至 2021 年，阳江农村地区的苗族代耕农有 400 余户，共计 2500 余人[①]，他们零散地分布在当地村落的边缘地带，并发展成 20 多个大大小小的移民社区。珠三角地区的代耕农问题成为敏感而突出的社会问题，并引发了学界和社会的广泛关注。与珠三角地区的代耕农不同，分布在阳江的苗族代耕农能够与当地村民和谐共居，并建立起相对友好的社会关系。由于苗族代耕农的迁入定居，阳江一些农村社区逐步形成各民族相互嵌入的社会结构和社区环境。

2013 年夏，笔者曾到阳江市红十月农场进行调查。该农场是一个大型国有农场，以种植、经营橡胶为主业。割橡胶要在夜间进行，当地人大多不愿从事这一辛苦的工作，来自云南省文山州的苗族移民则成为农场的主要劳动力。据统计，2013 年红十月农场有苗族员工 800 余人。该农场曾被民族工作部门授予"民族团结进步模范社区"称号。红十月农场的苗族员工与一名叫杨金义[②]的苗族男子关系密切。杨金义于 1992 年带领亲友进入红十月农场割橡胶。现在，杨金义成为红十月农场的一位中层领导（生产科科长），同时也是农场中苗族员工的带头人。在调查过程中，杨金义为笔者讲述了他带领苗族同乡在农场艰苦创业的过程。在与他的交谈中，笔者得知，阳江的农村地区也有不少来自云南省文山州的苗族移民。

杨金义无意中透露的信息激发了笔者的兴趣。在他的介绍下，笔者走进了分布在阳江农村的各个苗族移民社区。在偏僻的移民社区中，苗族代耕农仍保留着传统的文化与生活习惯。当时，相当数量的苗族代耕农仍居住在简陋的油毡房和铁皮房中。了解到他们的迁徙经历以及他们面临的生存困境，笔者意识到这是一个值得深入研究的群体，于是将其作为笔者博士学位论文的研究对象。

2013 年 7 月至 2015 年 10 月两年多的时间里，笔者前后 30 余次前往

---

① 数据为笔者调查所得。这一统计数据包括已经放弃代耕身份或终止代耕活动但仍在阳江定居的苗族移民。

② 为保护研究对象隐私，本书中涉及人物均已做化名处理。

阳江对苗族代耕农群体进行调查，累计田野调查时间 200 余天。在其后的几年，笔者每年都会到阳江进行跟踪调查数次，对这一群体的关注和研究前后已有 8 年之久。通过和苗族代耕农朝夕相处，笔者切身感受到他们生活的艰辛以及面对未来不确定性产生的焦虑感。苗族代耕农淳朴热情，非常配合笔者的调查工作，也非常愿意向笔者倾诉自身的艰辛与不幸。记得第一次接触苗族代耕农群体时，陶文进为笔者讲述了他漂泊的一生，情到深处不禁潸然落泪。笔者被他们遭受的苦难以及顽强的生存毅力深深感动。

在阳江调查期间，笔者住在乐安村①云南队②杨发民家中。杨发民开朗健谈，热情好客。他是当初组织文山州苗族群众迁至阳江的主要带头人，在苗族代耕农群体中有较高的声望。他对分布在阳江境内的苗族代耕农非常熟悉，难能可贵的是，他一直保留着早年做"村长"时的账务记录。这些记录，事无巨细地记录着当时发生的每一件事情，这对还原他们代耕之初的情景起到了重要作用。

实际上，每个代耕农、每个移民社区，都有艰辛而曲折的故事，这些故事都值得研究者细心品味和解读。他们希望笔者能为他们解决一些现实的困难，诸如他们面临的土地纠纷和入籍落户等问题。在面对一些矛盾纠纷时，他们也愿意向笔者征询意见。苗族代耕农对笔者的信任和期待，使笔者在进行学术研究的同时，更多了一份帮他们解决现实困难的责任感和使命感。

在人口流动日益频繁的现代社会，人们生存空间的边界也变得日益模糊，静态、孤立、封闭的社区已不复存在，人类学的田野点已成为一个个流动的社区。特别是对移民群体来说，他们的生活社区可能随时处于流动状态。实验民族志的主要倡导者乔治·马尔库斯（George E. Marcus）强调将人类学的田野点置于世界体系中加以研究，并要求民族志作者"走出习惯上民族学研究计划的单个现场和当地环境，着眼于研究文化意

---

① 1999 年改为乐安村，此前称为乐安管理区。为方便行文，除相关契约、合同等外，文中将其统一表述为乐安村。
② 因云南队定居的地方在当地称为东门屋，因此"云南队"也被称作东门屋村。为统一地名称谓，文中将其统一称为"云南队"。

义、文化物件、文化特点的传播"[1]。可以说，这些探索和尝试是对传统田野工作的进一步完善。在田野调查过程中，笔者试图将人类学研究的新方法和新理念融入其中，对苗族代耕农群体进行追踪式调查。

苗族人口分布地域广泛，其内部产生了众多的苗族支系。不同支系的苗族群体文化差异较大，其生存方式和生存境遇也存在较大差异。为了对苗族代耕农的历史与文化体系有一个整体认识，笔者于2015年11月到文山州广南县进行短期的田野调查。广南县是一个典型的山区县，山区、半山区占全县总面积的94.7%。在其境内生活着壮族、汉族、苗族、彝族、瑶族、回族、蒙古族、仡佬族等民族群体，少数民族人口占总人口的62%。[2] 在广南县的山地环境中，不同的民族群体占据了不同的生态区位，当地流行着"汉族住街头，壮族住水头，瑶族住菁头，苗族住山头"的说法。苗族群体大多生活在海拔较高的山区地带。广南县境内的苗族主要是白苗和汉苗（当地又称"偏苗"）两个支系[3]，本书所研究的苗族代耕农均属苗族中的白苗支系[4]。从族群称谓的来源角度看，白苗是按服饰特征对苗族支系的一种称谓。民国时期《马关县志》记载："男妇衣装用白色，以青色镶领口、袖口者，称之为白苗。"[5] 苗族各支系在文化特征上存在些微差异，但同时也有较多共同的文化特质。

在广南县调查时，笔者走访了曙光乡马堡行政村下辖的老沙底村、水淹塘村、龙街坝子村，牛泥塘行政村下辖的营盘村、高山村，以及者太乡大田行政村下辖的未马槽村等自然村。这几个村落，是阳江苗族代耕农的主要迁出村落。一路翻山越岭使笔者对苗族代耕农的生存环境以及迁徙动因有了更深刻的领悟。从广南县城出发，要历经三四个小时的山路才能到其乡镇所在地。从乡镇到大山深处的苗族村寨，路途崎岖，

---

[1] George E. Marcus, *Ethnography through Thick and Thin*, Princeton University Press, 1998, p. 80.
[2] 广南县民族宗教局2015年统计数据。
[3] 参见云南省广南县地方志编纂委员会编《广南县志》，中华书局，2001，第219页。
[4] 白苗人口约150万左右。在国内主要分布在贵州省的毕节市、遵义市、安顺市、黔西南的部分县（市）；四川省的宜宾市；云南省的文山壮族苗族自治州、红河哈尼族彝族自治州的部分县（市），昭通市威信县、镇雄县；广西壮族自治区百色市的隆林、西林等县。参见王万荣《苗族历史文化探考》，云南民族出版社，2014，第163页。
[5] 何廷明、娄自昌校注《民国〈马关县志〉校注》，云南大学出版社，2012，第67页。

颠簸不堪，只能乘坐摩托车前往。

广南县的苗族村寨人口规模较小，人口最多的是大田行政村下辖的末马槽村，全村有60余户，是者太乡最大的苗族村。人口最少的为马堡行政村下辖的水淹塘村，全村仅有6户。这些白苗村寨并未形成大规模的聚居区，而是与汉族、壮族、彝族等民族相嵌在一起。从民族关系史的维度来看，苗族是在一个开放的社会环境中发展起来的，他们与周边民族存在广泛而频繁的交流互动。人类学家王富文（Nicholas Tapp）指出，苗族等族群与汉族有频繁的交流，其主体性存在于更大的诠释背景之中，也就是说只有全面考察汉族与苗族之间的关系，才能真正理解苗族社会。①

迁徙到广东阳江的苗族代耕农具有较强的流动性，他们并没有将自身局限在移民社区之中，而是在阳江的农村和城市、田地和山野间四处流动以寻求各种生存资源和生存机会。在田野调查过程中，笔者经常跟随他们参加各种活动。通过这种跟踪调查的方式，笔者在短时间内与苗族移民熟悉起来，同时也从中发现了他们的亲属网络和社会联系。

通过长期的跟踪调查，笔者对苗族代耕农的认识逐渐深入。实际上，苗族代耕农的故事是一个正在进行中的故事。在笔者接触苗族代耕农的八年时间里，苗族移民社区经历着生老病死、婚丧嫁娶、迁徙流动以及土地纠纷。很难预料，在接下来的时间里，苗族代耕农的故事将如何发展。因此，目前很难对他们的生存故事做出一个结论性的判定。近年来，阳江市政府相关部门开始着手解决苗族代耕农的入籍落户和生存保障问题。希望在地方政府的帮助下，苗族代耕农能够解决入籍落户问题，进而从心理上和制度上成为名副其实的本地人。

---

① 参见 Nicholas Tapp, *The Hmong of China: Context, Agency, and the Imaginary*, Brill Academic Publishers, 2003。

第一章　代耕引发的苗族迁徙

在传统农业社会,农民根植于土地,人地关系具有较高的稳定性。费孝通在《乡土中国》一书中形象地描述道:"种地的人却搬不动地,长在土里的庄稼行动不得,侍候庄稼的老农也因之像是半身插入了土里。"[①] 实际上,在中国历史上,战争、灾害、人口压力等因素造成的人口迁徙现象非常普遍。对具有游耕、游牧传统的少数民族群体来说,人口迁徙成为他们的生存策略和社会常态。苗族被认为是一个典型的山地迁徙民族,在其民族发展史上,"大幅度、远距离、长时期的迁徙,是一个相当突出的问题"[②]。民族学者从族群冲突、生计类型、生存环境等维度对苗族的迁徙传统进行解释。若从人地关系的维度来看,苗族的迁徙活动则是费孝通所说的乡土社会"细胞分裂"过程的典型形式。[③] 在土地资源有限的情况下,迁徙成为苗族人摆脱生存困境的一条重要途径。

一　公购粮任务下的农业负担

20 世纪 80 年代,中国农村开始实行家庭联产承包责任制,农户可以独立安排农业生产活动。但在这一时期,国家仍在延续 20 世纪 50 年代形成的农业税制度,农民仍要承担上级政府下达的公购粮任务。1958 年通过的《中华人民共和国农业税条例》第二十四、二十五条规定:"农业税以征收粮食为主。对于缴纳粮食有困难的纳税人,可以改征其他农产品或者现款。纳税人缴纳的粮食,必须晒干扬净。""纳税人应当按照规定的时间,将应缴纳的粮食或者其他农产品和现款,送交指定的机

[①] 费孝通:《乡土中国》,人民出版社,2008,第 3 页。
[②] 《苗族简史》编写组:《苗族简史》,贵州民族出版社,1985,第 6 页。
[③] 参见费孝通《乡土中国》,人民出版社,2008,第 88 页。

关；征收机关收到以后，应当发给收据。"① 在计划经济体制下，农民必须按照国家规定的收购品种、收购数量及收购价格，将农产品按期出售给国家，以保证国家掌握必需数量的农产品的同时，将一部分农业剩余转移到工业部门，为实现工业化进行资本积累。②

从这一意义上说，农业生产不仅是农民的个体行为，同时也是国家赋予农民的一项政治任务。农民必须将粮食按额度缴纳或出售给国家，而不能擅自出售自己生产的农产品。当国家的公购粮任务超出土地的收益时，作为生存资源的土地就会沦为农民的负担。

阳江地处广东西南沿海地带，水土资源较为丰沛，阳江的农民所拥有的田地也较为充裕。在笔者所调查的双捷镇乐安村，全村现有人口642户2930人，占有耕地面积5500亩（其中水田2050亩，旱地3450亩）③，人均占有耕地面积达到1.9亩。在当时沉重的公购粮任务下，充裕的田地并没有给农民带来财富，反而成为农民的负担。20世纪八九十年代，每亩田地的公购粮任务在数十斤到百余斤不等，田地较多的农户每年要承担上千斤的公购粮任务。在当时，缺少化肥和农药，加之农业技术水平有限，稻谷亩产只有500斤左右。许多农户因田地过多，劳动力不足，无法完成上级政府下达的公购粮任务。由于部分村民外出务工，无法完成相应的公购粮任务，村干部经常遭到上级领导的批评。贺雪峰指出："在土地负担比土地收益还高的背景下，土地权利就是假问题。"④ 在外出务工的可观收入刺激下，田地富余的农民宁愿放弃多余的田地，也不愿意承担相应的公购粮任务。乐安村瓦窑头村的余友福已年近六旬，他家现有4亩田地自己耕种，有8亩田地早年转让给苗族代耕农耕种。回忆当时的公购粮任务时，余友福如是讲："以前我家有8口人，共有田地12亩，每年的公购粮任务要2000多斤。本来省里下达的公购粮任务不重，但到市里、镇里逐级加码，最后到我们农户头上，公购粮任务就

---

① 参见《中华人民共和国农业税条例》。该条例由中华人民共和国第一届全国人民代表大会常务委员会于1958年6月3日第九十六次会议通过，2005年12月29日，十届全国人大常委会第十九次会议决定，自2006年1月1日起废止《中华人民共和国农业税条例》。
② 参见梁睿《论中国城乡二元体制的变迁》，《行政论坛》2011年第5期。
③ 数据来源于乐安村委会2015年统计资料。
④ 贺雪峰：《地权的逻辑——中国农村土地制度向何处去》，中国政法大学出版社，2010，第177页。

太重了。一亩田要承担200斤的公购粮任务。以前我们都是种老品种稻谷，产量很低，种两造稻谷一亩地才产1000多斤。以前小孩读书，还要缴教育粮，一个学期要缴600斤稻谷。我们这里田地多，种又种不完，即使不种也照样要完成公购粮任务。所以，外地人过来找田地耕种我们自然都很欢迎，他们可以帮我们完成公购粮任务嘛，这样是一举两得。"

广东作为改革开放的前沿阵地，工业化、市场化和城市化迅速推进。在与工业经济的对比中，农业生产逐渐受到冷落，农村田地出现大面积抛荒现象。相关研究表明，改革开放以后，"农民弃田抛荒的现象是从1984年南方某些省份开始的，以后逐渐蔓延"[1]。到20世纪八九十年代，田地抛荒现象在全国范围内普遍出现。在田地资源相对丰富的阳江，田地抛荒弃耕现象更为突出。1994年的一份调查数据显示，当时阳江农村劳动力已出现严重的外流趋势，从而导致粮食播种面积逐年减少。如在阳西县的溪头镇，外出打工劳动力达28000人，占总劳动力的70.6%。[2]在当时，出去做工一个月有几百元的工资收入，但在家种田则很难有额外的经济收入。因此，一些家庭宁愿缴纳罚款，也不愿留在家里耕种田地。

20世纪八九十年代，政府对农村土地实行严格管理，并严令禁止土地抛荒行为。1984年中共中央1号文件规定，"荒芜、弃耕的土地，集体应及时收回"[3]。1987年中共中央5号文件再次强调，"弃耕荒芜的，要给予经济处罚，直至收回承包地"[4]。基层政府为鼓励农民开展农业生产，也制定了相应的奖惩措施。阳江市各级政府对田地抛荒进行了积极的查荒灭荒复耕工作，并对拾耕者给予一定物质奖励。通过《阳江日报》1994年6月16日、6月17日刊载的两篇新闻报道，可以清晰地看到当时的农业生产情况以及基层政府的农业政策。

---

[1] 王俊祥、王洪春：《中国流民史》，安徽人民出版社，2001，第48页。
[2] 参见《粮食问题必须引起足够的重视》，阳江市档案馆，阳江市农业局档案，全宗号：19，目录号：A12.2，档案室编号：62，顺序号：006，1994。
[3] 《中共中央关于一九八四年农村工作的通知》（中发〔1984〕1号）。
[4] 《把农村改革引向深入》（中发〔1987〕5号）。

早宣传　早发动　早落实：双水工作队协助查荒

驻阳西县溪头镇双水管理区工作队积极协助当地及早做好晚造查荒灭荒工作，采取各种措施，发动群众拾荒复耕，落实晚造插秧面积。

该工作队队员和管理区干部一起，大力宣传《土地法》，向群众讲明复耕的必要性，并于6月4日召开了党员和村长会议，要求党员、村长带头，不但要自己彻底消灭丢荒田，积极拾耕，而且要发动群众、带领群众、鼓励群众跨村、跨管理区拾耕。还组织村长全面检查各村耕地情况，弄清各家各户丢荒面积及其原因，管理区分片包干、责任到人，采取奖罚措施：拾耕不用增缴公粮，拾耕5亩者，奖励200元；拾耕10亩者，奖励500元；全村消灭丢荒田的，给村长一定的资金奖励。通过努力，一种丢荒可耻，复耕、拾耕光荣的思想正在群众中形成，为晚造的灭荒复耕工作争得了主动。现在该项工作已进入逐家逐户落实阶段。①

溪头全力复耕丢荒田　不能再让良田长满野草

今年早造，阳西县溪头镇不少管理区出现农田大面积丢荒弃耕现象。这一情况引起了县委、县府领导的高度重视和关注，并受到上级领导和新闻单位的批评。镇委、镇政府于是及时制定了切实可行的改进措施，决心把丢荒的农田在今年晚造恢复耕作，挽回早造农业生产的损失。

这个镇今年早造农田大面积丢荒的主要原因，一是镇的主要领导致力搞外向型经济开发，对农业虽然口讲重视，但缺乏具体的领导和措施，部分管理区基层组织涣散，放弃对农业生产的直接领导，放任自流；二是原有的一些水利工程，如小型水库、陂头、渠道多年失修，加上天气干旱，致使一些较好的农田无水耕种；三是农作物经济价值低，影响了农民种田的积极性；四是劳动力不足，农村青年人大都外出打工，在家的老人、小孩都种不了田。

---

① 刘孔权：《早宣传　早发动　早落实：双水工作队协助查荒》，《阳江日报》1994年6月16日。

镇委、镇政府经过多次开会讨论，决定采取如下几项措施，抓好丢荒田的复耕工作。一、切实加强对农业的领导，党政一把手亲自抓复耕工作，各管理区要迅速查清丢荒农田面积，进行造册登记，定出复耕时间；二、镇干部分工包干，任务到人，层层落实，包干的干部要下农村，确保复耕任务完成；三、在全镇开展一场大规模的宣传活动，对农民进行形势和政策教育，鼓励农民耕好田，种好粮，积极发展"三高"农业，使丢荒农田迅速恢复耕作；四、抓好农田水利设施修复，通过多种渠道筹集资金，增加农业投入，对失修的水利设施要尽快组织力量抢修；五、对那些长期外出打工的弃耕户留下的丢荒田，动员他们的亲友代耕，或发动农民拾耕，农业税由原耕户缴纳。

目前，这个镇的农民在各级干部的带领下，正在加紧做好早造丢荒田的复耕和晚造的备耕工作，争取今年晚造农业丰收。[①]

面对劳动力外流和田地抛荒现象，阳江市委、市政府出台了一系列政策文件制止田地抛荒行为。1995年，中共阳江市委办公室下发《关于切实做好查荒灭荒复耕工作的通知》（阳办发〔1995〕16号），对查荒灭荒复耕工作做了具体要求："各级党政领导要充分认识查荒灭荒复耕的重要性和紧迫性，认真把查荒灭荒复耕作为当前农业和农村工作的重点来抓。……对查荒灭荒复耕工作抓得好的单位要进行表彰，差的要通报批评。凡超过期限仍未实现灭荒复耕的，要追究单位党政主要领导的责任；县（市、区）所属各镇丢荒面积超过50亩的，取消该县（市、区）参加粮食工作责任制考核资格。"[②] 为确保完成土地耕种和粮食生产任务，阳江市政府将任务下达到各县（市、区），并将其作为考核地方领导的一个重要指标。1994年阳江市粮食工作责任制考评指标见表1-1。

面对上级政府的要求，基层村干部和普通群众也采取了一些巧妙的

[①] 莫介锋：《溪头全力复耕丢荒田 不能再让良田长满野草》，《阳江日报》1994年6月17日。

[②] 《关于切实做好查荒灭荒复耕工作的通知》（阳办发〔1995〕16号），阳江市档案馆，阳江市农业局档案，全宗号：19，目录号：A12.3，档案室编号：18，顺序号：006，1995。

抵抗策略。个别地方集中精力抓公路沿线的复耕,忽视对其他丢荒田的复耕;一些边远田、山坑田、低产田,一些外出户、缺劳力户、困难户的责任田丢荒现象仍很严重;一些村干部和村民以形式主义应付检查,对田地作物采取种而不管的策略。① 村干部虽然采取各种形式来应对上级的检查,但到政府征收公购粮时则变得无计可施。据乐安村的村干部讲,以前每到缴公粮的时候,村干部都会因无法完成国家的公粮任务而被上级领导批评。为完成上级政府的考核指标任务,阳江市的一些基层政府对抛荒田采取了请人代耕、转包他人、收回转包等措施。②

表1-1 阳江市粮食工作责任制考评指标(1994年)

县(市、区)	粮食生产指标 播种面积(万亩)	粮食生产指标 总产量(万吨)	粮食合同收购任务指标(万公斤)	粮食储备任务指标(万公斤)
全市总计	240	70.8673	8137	2200
阳春市	99.792	33.1309	3340	647
阳西县	49.392	13.0047	1250	274
阳东县	65.124	16.3523	2060	273
江城区	21.846	7.1546	580	673
海陵岛试验区	3.846	1.2248	152	113
市直			755	220

资料来源:《关于印发〈阳江市粮食工作责任制考核办法〉的通知》,阳江市档案馆,阳江市农业局档案,全宗号:19,目录号:A12.2,档案室编号:59,顺序号:001,1994。

在当时的政策背景下,农民被国家政策紧紧地束缚在土地之上。为应对基层政府的农业生产政策,一些劳动力不足的村落把招人代耕作为解决当时土地抛荒问题的一条途径。阳江市下辖的江城区、阳东县、阳西县等主要粮食产区分布有大量来自云南、广西山区的代耕农群体。代耕农的到来,不仅缓解了当地农民的农业生产压力,同时也有效保障了

---

① 参见《全市查荒复耕情况通报(第三号)》(阳办发〔1995〕55号),阳江市档案馆,阳江市农业局档案,全宗号:19,目录号:A12.3,档案室编号:18,顺序号:008,1995。
② 《市经委、市科委与春城镇开展粮食创高产活动的情况汇报》,阳江市档案馆,阳江市农业局档案,全宗号:19,目录号:A12.2,档案室编号:62,顺序号:003,1994。

国家的公购粮任务顺利完成,地多人少的村落都希望招徕代耕农解决农业生产和公购粮问题。在当时,政府部门也默认了这种民间的土地"转让"行为。在代耕之初,一些新闻媒体对阳江的代耕农进行了大量的宣传报道。① 在当时新闻媒体的报道中,这些代耕农已被视作当地社会的新成员。

可以说,代耕是实现土地和劳动力优化配置的一种有效的制度安排。特别是对处于生存边缘的农民群体来说,获取异乡的田地为他们摆脱生存困境提供了一个难得的机会。正如乐安村干部秦德纪所讲:"当时采取代耕的办法对三方都有利。代耕可以减少田地抛荒,顺利完成国家的公购粮任务,对国家和政府有利;代耕农可以帮助当地农户搞农业生产,减轻了当地农户的生产负担,对当地农户也有利;代耕农从贫困山区来到我们这里,分到了田地有饭吃,对他们也有利。"有学者认为,代耕农是工业化、城市化、市场化等共同作用的结果。② 但就个体生存而言,代耕农群体的迁徙行动更多的是自身生存选择的结果。对代耕农群体而言,他们并不是生存压力下的被动行动者,其迁徙行动背后蕴含着一整套生存理念与价值体系。

二 寻找土地的山地苗族

1991年腊月二十四,阳江市双捷镇乐安村的村民已经沉浸在春节的愉悦与慵懒之中。一群来自文山州广南县的苗族移民,在其村落的不远处紧张忙碌地搭建棚屋。直到新年的鞭炮声响起,他们的棚屋仍未建好。这些远道而来的苗族移民,在异乡的旷野中度过了一个难忘的春节。

文山州苗族群众迁徙到阳江的行动,肇始于一名叫唐海荣的汉族男子。唐海荣为广东省茂名市电白县人士,在20世纪80年代到文山州广南县开办了一家小酒厂,并娶了当地一位苗族姑娘为妻。后来,酒厂经

---

① 参见《阳东风土人情好,云南苗胞迁进来》,《南方日报》1997年9月10日;《阳东有个苗族村》,《南方都市报》1997年9月25日;《孤独的吹笙者,一个远离家乡的苗族村落》,《广州日报》1997年10月5日;《苗胞,老乡看你们来了——文山日报记者来阳江采访苗族移民村》,《阳江日报》1997年11月30日。
② 参见黄志辉《无相支配:代耕农及其底层世界》,社会科学文献出版社,2013,第36~40页。

营失败，唐海荣带着妻子和妻舅前往广东阳江代耕。当时，阳江农村地区有大面积田地抛荒。唐海荣找到 200 余亩田地代耕，计划用来种植辣椒、香蕉等经济作物。由于代耕的田地面积较大，仅靠三人之力难以经营，三人便计划从文山州招徕苗族同乡亲友前来阳江代耕田地。

唐海荣找到广南县曙光乡马堡村的亲友，将阳江田地抛荒且需要招人代耕的消息散布开来。马堡村山多地少，土地石漠化严重，可耕作的土地资源非常有限，村民尚未解决基本的温饱问题。早在 1990 年，马堡村就有村民到邻近的广西壮族自治区西林县境内寻找土地定居。只因当时未找到合适的土地，最终不得不放弃迁徙异乡的计划。唐海荣的消息无疑给他们带来了新的希望，马堡村的几个年轻人便组织起来前往阳江实地考察。如能找到合适的田地代耕，他们就可以通过迁徙他乡摆脱当时的生存困境。

1991 年 10 月 22 日，马堡村的杨发民、杨发龙、李元光、李国胜、侯朝霖一行五人从广南县出发，一路波折，来到阳江寻找田地代耕。一踏上阳江的土地，他们便被这里广阔的田地和丰富的水源吸引。杨发民如是讲："我们云南老家是山区，到处都是山地，水源也很少，每户人家只有一两分水田，基本上是看天吃饭。我们那些村子都很干旱，有的村子要到几公里之外的地方去挑水。我们来到阳江这个地方，看到这个地方水多，田地又宽又平，条件比我们云南老家好太多了。所以，我们下定决心搬过来生活。"对渴望田地的山地苗族来说，阳江丰富的水土资源成为他们迁徙的直接动因。

在唐海荣的引介下，杨发民等人找到当地的村干部协商代耕田地事宜。乐安村的村民和村干部对他们的到来非常欢迎，并承诺转让 100 亩田地给他们永久耕种使用。取得田地的代价是承担田地上承载的公购粮任务。达成代耕协议后，杨发民等人便返回家乡组织亲友迁徙至阳江代耕。实际上，双方当时只是达成口头承诺，而并未签订具体的土地转让协议，这为后续的迁徙行动留下了隐患。

杨发民等人将阳江的田地情况介绍给亲友后，渴求土地的苗族人开始憧憬远方的田地。当时，有迁徙意愿的农户有 60 多户。因代耕的田地有限，无法接纳过多人口，迁徙行动的组织者需要对有意迁徙的农户进行挑选。考虑到迁徙异乡代耕定居将会面临诸多困难，他们挑选了那些年富力强而又勤劳朴实的农户。谈到挑选的标准时，杨发民如是讲："习惯小偷小摸的人不要，爱喝酒、爱闹事的人不要，爱抓鸟打猎的人不要，身体不好的人不要。搬迁到外地生活是要冒很大风险的，我们必须保证自己能生存下去。"最后，根据100亩田地所需的劳动力，他们选定24户前往阳江代耕。苗族人的迁徙组织策略无形中契合了"健康移民假说"（healthy migrant hypothesis），即"在迁出地居民中，具备必要健康条件的人往往更易于迁移，也即，迁移者的健康状况选择性地优于迁出地其他居民和一般人群"[①]。年富力强的迁徙队伍能够应对迁徙过程中的艰苦环境，以及未来定居过程中可能遭遇的各种风险。

1991年12月，决定迁徙的24户每户先派出一两个年轻人，组成一支移民先遣队前往阳江。迁徙给人们带来新的生存希望，但迁徙活动也伴随着风险和诸多不确定性因素。考虑到异乡生活可能存在的困难，他们不敢贸然举家迁徙，而是派出生存能力强的年轻人先行探路。"要看这批年轻人能不能生活下去，如果他们能生活下去，再把老人孩子接过来生活。如果年轻人无法生活下去，老人孩子就没必要再过来了。"在谈及当时迁徙的顾虑时，杨发民如是说。这种渐进式的人口迁徙策略，可以在很大程度上减少迁徙失败所造成的损失。

第一批苗族移民迁徙到阳江后，首要工作便是搭建棚屋，建立自己的安身之所。在他们稳定下来之后，后续的移民开始陆续前往。看到迁徙活动的可行性，许多人做出了破釜沉舟的迁徙打算。他们变卖了牲畜和房产，将土地分给留下的苗族亲友耕种，将有限的家产处置变卖之后即准备动身前往阳江代耕。

1991年12月底，杨发民、李正灵组织24户举家向阳江迁徙。苗族人生活在大山之中，扶老携幼的举家迁徙尤为艰辛。在20世纪90年代，文山州大山中的苗族村寨尚未修通公路，仅是从村寨走到山下公路便需要三四个小时。当时许多家庭把衣物、柜子、农具等常用器具都一起带到阳江，未迁徙的亲友用骡马把他们的行李运送下山。

正当他们乘上汽车，对异乡土地满怀憧憬之时，广南县曙光乡政府

[①] 齐亚强等：《我国人口流动中的健康选择机制研究》，《人口研究》2012年第1期，第103页。

工作人员把他们拦截下来。曙光乡政府的工作人员担心他们上当受骗，要他们出具移居地的接收证明和所在地村委会的同意证明才同意放行。刚刚搬上车的行李又被搬了下来，准备迁徙的人们无所适从，只能返回家中等候消息。

迁徙行动的组织者杨发民、李正灵等人未曾预料到会出现这种情况，他们为此事商量了几天，仍未能想出解决办法。当时，李正灵想就此放弃迁徙计划。但第一次组织前往阳江"看田"花费了一笔不小的费用，如果就此放弃，前期的相关花费及辛苦奔波就会白白浪费。无奈之下，杨发民再次跑到阳江找乐安村干部开具相关证明。好在这次行动比较顺利，乐安村干部为他们开具了土地转让证明。拿到土地转让证明后，杨发民即刻返回云南老家，并让马堡村委会开具了放行证明。有了这两份证明材料，曙光乡政府最终同意了他们的迁徙行动。

证明

兹有我管理区瓦窑头村、茅田村水田壹佰多亩，经研究同意永远割划给云南广南县民（杨发民等）耕种，请有关方面配合为盼。

双捷镇乐安管理区（盖章）

1992 年 1 月 10 日

证明

兹有我马堡村公所水淹塘自然村杨发民等人，因家里土地少，现经落实，需要到广东省阳江市双捷镇乐安管理区承包土地种。在路途中请有关单位和部门不要干涉他们为盼。

广南县曙光乡马堡村公所（盖章）

1992 年 1 月 27 日

1992 年 2 月，准备迁徙的人们再次踏上迁徙的路途。三天后，几十人的迁徙队伍抵达阳江乐安，并在一个名为东门屋的山坳中安营扎寨。因这批苗族移民来自云南，当地村干部将其命名为"云南队"。在土地的联结下，两个相隔千里、具有不同传统的人群有了交集。在其后的几年时间里，文山州的苗族群众通过链式迁徙的方式陆续迁徙至阳江代耕定居。

苗族人迁徙至阳江代耕的行动貌似一次偶然事件，然而其背后有更深层次的文化根源和社会根源。法国传教士萨维纳将苗族人描述为"伟大的、永不歇脚的漫游者。他们总是在迁徙的路上"①。的确，在苗族的发展史上，迁徙活动十分频繁。云南一些苗族地区流传着"乌鸦无树桩，苗家无地方"②的说法。苗族的迁徙活动，既与历史上的族群冲突有关，同时也与其刀耕火种的游耕生产方式相关。在广南县流传着"桃李开花，苗族搬家"的说法："每逢春天来临，桃李开花时节，苗族便用几只背篓背着全部家当，赶着黄牛迁徙，当找到一片灌木林或一片有水草、能开垦出土地之处便停下来，用树木茅草搭起简易房住下来。"③苗族人不固守于某块固定的土地，而是不断迁徙流动以寻找、开发新的土地资源。频繁的迁徙活动虽然给苗族人蒙上了凄凉的族群意象，但同时也应看到，自由的迁徙可以使他们拥有更多的生存资源和生存空间。

地处滇桂黔三省交界处的广南县是一个典型的山区县，山区、半山区占总面积的94.7%，坝区仅占总面积的5.3%。④与此同时，广南县的石漠化现象非常严重。受历史因素的影响，分布在这一区域的苗族多居住在山区地带，当地流传着"汉族住街头，壮族住水头，瑶族住菁头，苗族住山头"的说法。高山为苗族人提供了自由的生存空间，然而，恶劣的环境和贫瘠的土地使他们的生活陷入困顿。即便到20世纪八九十年代，苗族人仍苦苦挣扎在生存的边缘，生活的艰辛与食物的匮乏成为人们对过去最深刻的记忆。原居住在广南县曙光乡马堡村的李正明说："我们老家在文山州广南县曙光乡，那里是山区，山上都是石头，石漠化非常严重，能够耕种的土地非常少。一户人家一般只有两三亩地，粮食产量又低得可怜。我们村70%的人家粮食都不够吃，一年有三四个月要饿肚子，要到亲戚朋友家去借粮食吃。有的人家秋天收获的粮食都不够还

---

① 萨维纳：《苗族史》，立人等译，贵州大学出版社，2009，第231页。
② 《文山壮族苗族自治州概况》编写组：《文山壮族苗族自治州概况》，民族出版社，2008，第31页。
③ 云南省广南县地方志编纂委员会编《广南县志》，中华书局，2001，第224页。
④ 参见云南省广南县地方志编纂委员会编《广南县志》，中华书局，2001，第1页。

债的。我们老家那里的山太高了，有多少钱都没办法发展，所以才逼得我们这帮人想办法往外迁徙。"

广南县曙光乡马堡村苗族民居

　　面对生存压力，苗族人将迁徙作为摆脱生存危机的重要途径。相关研究表明，在西南山地中，苗族的自发移民现象非常普遍，他们在选择上有偏好山地的路径依赖[1]，并在一些地区发展出苗族移民聚居的村落[2]。可以说，迁徙不仅是苗族人寻求生存的重要手段，同时也成为一种文化习惯植根于他们的思维之中。即便到20世纪八九十年代，生活在西南山地中的苗族人仍在较为频繁地迁徙流动。

　　有限的土地资源、恶劣的生存条件迫使苗族人不断迁徙，不断寻找新的生存空间。对苗族移民来说，迁徙并非简单的从一地到另一地的旅行，而是其作为拓荒者不断寻找新的土地以实现长期定居。苗族人对土地的渴求，如同费孝通所描述的"患土地饥饿症者"[3] 渴望获得土地来

---

[1] 参见陆海发《西部边疆地区少数民族自发移民问题及其治理——基于对云南红河哈尼族彝族自治州开远市的调查与思考》，《宁夏社会科学》2011年第5期。

[2] 参见陆海发《云南K县苗族自发移民问题治理研究》，博士学位论文，云南大学，2012。

[3] 费孝通：《费孝通全集》（第二卷），内蒙古人民出版社，2010，第294页。

摆脱生存危机。从其发展历史来看，苗族社会正是通过不断迁徙和不断开拓新的土地来维持自身生存发展的。

三　苗族移民的迁徙策略

苗族移民属于典型的生存型移民，他们难以承担迁徙失败造成的损失，因此必须对迁徙行动进行审慎考量和策略性安排。王慧琴在探讨苗族迁徙原因时指出："苗族农民一旦决定长途迁徙，便事先派人寻找，待获得某种信息而确定某处为丰饶的地区以后，才决定举族动身移动。"[①]移民群体迁徙异乡定居，需要克服诸多困难以及应对诸多不确定性因素。托马斯·索威尔（Thomas Sowell）在《移民与文化》一书中指出："迁移人群通常要付出很多沉重的代价。这些代价超出单纯的交通费用，也超出寻找新的工作和新的居住地的费用。最沉重的代价之一就是切断熟悉环境里的个人牵绊，人们需要面对陌生土地上新的经济不确定性和社会不确定性。"[②] 特别是对生存型移民群体来说，他们的经济能力和社会资源有限，在迁徙定居过程中面临的困难和不确定性更为突出。

除了担心异地定居的各种生存危机，未婚子女的婚配问题也成为他们迁徙前担心的问题。特别是家中有成年未婚儿子的父母，担心迁徙到汉族地区后儿子的婚配问题会受到影响。为此，在迁徙之前，一些家长会匆匆物色合适对象，为儿子完成婚姻大事。云南队的李正文、李正武兄弟，即在迁徙至阳江之前匆匆完婚。在迁徙至阳江的那年，李正武只有 15 岁，用他自己的话说："那时候我还是个孩子，什么都不懂。父母担心我们来到广东娶不到老婆，便安排我和大哥在老家娶妻。婚礼非常简单，也没有按我们苗族结婚的仪式搞。刚结婚几天，我们一家人就迁来阳江。"解决了子女的婚配问题，就在很大程度上解决了他们迁徙异乡的后顾之忧。

在生存理性的考量下，苗族移民的举家迁徙行动并非一步到位，而是采取了渐进式的家庭迁徙策略。格迪斯通过对泰国北部苗族人的迁徙

---

① 王慧琴：《苗族迁徙原因新探》，《思想战线》1993 年第 3 期，第 63 页。
② 托马斯·索威尔：《移民与文化》，刘学军译，中信出版社，2020，第 4 页。

行动的研究发现："当家庭的部分成员迁徙到新的地方并且建立自己的家庭之后，家庭的其他成员通常会受到鼓舞继而跟随而至。"① 在迁徙行动中，广南县的苗族移民也遵循着这一迁徙法则。一些家庭最初只安排了年轻劳动力前去"打底"，不具备劳动能力的老人和孩子则暂时留在家中。年轻劳动力生存能力和适应能力较强，一旦迁徙行动失败，他们可以随时返回家中。如若扶老携幼迁徙，无疑会降低移民群体的生存能力，同时也会将自身置于巨大的生存风险之中。迁徙行动造成许多家庭成员分隔两地，进而拉大了家庭成员之间的空间距离。② 从以下两个案例可以看出苗族人的迁徙行动对家庭生活造成的冲击。

陶金富家庭迁徙案例

云南队的陶金富、熊美英夫妇于1992年迁来广东阳江代耕。当时，陶氏夫妇有四个未成年的子女，长子只有13岁，幼子刚刚3岁。他们担心无法适应新的生存环境，众多未成年子女一同迁移会给家庭生活带来负担，为此，只带了两个年幼的孩子前往，两个较大的孩子则托付给堂弟一家抚养。陶金富送给堂弟三头水牛和三头猪，算作小孩的抚养费用。陶金富计划生活稳定之后再将两个孩子接过来一起生活。但迁来阳江代耕之后，生活一直没有起色，家庭团聚的计划也迟迟未能实现。2002年，陶金富在车祸中丧命，其后妻子熊美英也改嫁他人，剩下两个尚未成年的孩子。两个孩子处境艰难，甚至连基本的温饱都难以保障，移民社区中的亲友对他们给予了较多关照。两个大儿子曾来阳江看过他们，但觉得在阳江的生活也并不理想，于是便放弃了迁徙至阳江定居的打算。

吴朝财家庭迁徙案例

吴朝财原籍广南县曙光乡，家中有兄弟姊妹五人，人多地少成

---

① W. R. Geddes, *Migrants of the Mountains: The Cultural Ecology of the Blue Miao (Hmong Njua) of Thailand*, Clarendon Press, 1976, p. 53.
② 参见杨菊华、何炤华《社会转型过程中的家庭的变迁与延续》，《人口研究》2014年第2期。

为他们面临的生活难题。在干旱的年份,连基本的温饱都难以保障。在生存的压力下,吴朝财于1992年与杨发民等人一起迁移阳江代耕。两年后,吴朝财在阳西县程村镇荔潭村找到一块田地开始单独代耕定居。在移居地的生活稳定之后,吴朝财便回云南老家接家人来阳江生活。当时,其父母担心难以适应新环境而不愿迁徙。吴朝财给父母做了几天的思想工作,最终说服父母一同前往阳江生活。1994年12月,吴朝财带着父母和兄弟姊妹来到广东阳江。到现在,他们已在阳江生活20余年。在吴朝财看来,在阳江的代耕生活还算顺利,虽然在经济上仍存在一些困难,但比在云南老家已有很大改善。

在迁徙问题上,家庭成员可能存在意见分歧。年轻人希望通过迁徙来改善生存条件,而家庭中的长者出于生活稳定的考虑往往倾向于固守家乡。尽管存在意见分歧,但他们渴求土地的心态是一致的。当他们对迁徙具有一定把握时,这种意见分歧会很快化解。尽管迁徙使一些家庭经历了空间上的分离,但这一过程并没有削弱苗族社会原有的亲属关系。有学者指出,家庭成员通过血缘或婚姻相互联系,家庭的预算、财产和利益密不可分,即使是分成不同的户、居住在不同的地方,也同样如此。[①] 先期迁徙的个体或家庭在移居地站稳脚跟之后,会陆续把留在家乡的父母、兄弟和子女接过来居住。这种渐进式的家庭迁徙策略,为移民群体提供了一种相对稳妥的迁徙方式,并且在很大程度上降低了移民群体在迁徙和定居过程中遇到的各种风险。

苗族人在迁徙行动中表现得谨小慎微,但他们一旦决定通过迁徙来摆脱生存困境,其态度则毅然决然。在迁徙行动中,他们会带上能够带走的所有衣物和家什,不能带走的房屋和牲畜则会卖掉,以凑出迁徙行动所需的费用。他们在村里的承包地,则分给留在老家的亲友耕种。对有游耕传统的苗族人来说,他们并没有安土重迁的思想观念,其迁徙行动也很少背负离乡背井的思乡之苦。可以说,苗族人所具有的漂泊的心

---

① 参见 Yuen-Fong Woon, "Family Strategies of Prosperous Peasants in an Emigrant Community in South China: A Three Year Perspective (1988 – 1991)," *Canadian Journal of Development Studies*, 1994, 15 (1): 10 – 13。

态，使他们更容易做出迁徙异乡的决定。

四 一个家庭的迁徙历程

实际上，在迁徙至阳江代耕之前，文山州的许多苗族家庭早就有过迁徙异地谋生的经历。现今在阳西县程村镇红光村牛岭自然村代耕定居的杨永贵，早在1981年便带领家人从广南县迁徙到邻近的广西壮族自治区西林县寻找土地谋生。在近40年的时间里，杨永贵带领家庭成员及同乡亲友先后进行了三次长距离的迁徙行动。① 通过对其生命历程进行梳理，不仅可以感受到鲜活的个体生命，同时也可以更为清晰地看出苗族人漂泊动荡的生活经历。美国社会学家G. H. 埃尔德将生命历程界定为："一种社会界定的并按年龄分级的事件和角色模式，这种模式受文化和社会结构的历史性变迁的影响。"② 可以说，个人的生命历程成为洞见个体能动性和宏观社会结构的一个重要维度。

杨永贵，1947年生，籍贯为文山州广南县珠琳镇西基德村。其所在村落当时仅有十余户，其中绝大部分为杨氏家族成员。杨永贵为家中长子，下有三个弟弟和一个妹妹。云南山区的基础教育较为落后，杨永贵读完小学便回家务农。在20岁时，杨永贵结婚生子，完成了一个苗族男子的成年礼。

1969年，杨永贵参军入伍并在部队加入中国共产党，这成为他人生中最值得回忆和骄傲的经历。1973年，杨永贵从部队退伍回乡，地方政府安排他到文山州砚山县政府工作。此时，他本有机会成为一名地方干部，实现人生的重大转变。但当时其父亲刚刚过世，为了照顾年幼的弟妹，杨永贵放弃了这一工作机会，最终选择回家务农以便照顾家庭。回到村里后，杨永贵任村支书兼民兵营长。文山州为石漠化山区，耕地资源非常匮乏。他所在的村民小组，水田仅有10亩，旱地不足50亩，每年粮食产量难以解决基本的温饱问题。在几经努力之后，杨永贵发现无力改变当地的落后面貌，便开始尝试向外寻找新的生存空间。

---

① 参见温士贤《流动中的家与社会：一个苗族家庭的迁徙史研究》，《贵州民族研究》2018年第8期。
② G. H. 埃尔德：《大萧条的孩子们》，田禾、马春华译，译林出版社，2002，第421页。

1980年夏，杨永贵带领几个年轻人到滇桂黔三省区交界处的深山中猎捕野猪。途经广西壮族自治区西林县古障镇境内时，他们发现当地人口稀少，大量土地无人耕种，便打算迁至此地定居。杨永贵等人找到当地村干部协商来此地定居事宜。当时，这一区域野猪活动猖獗，村民所种作物多被野猪践踏。当地村干部见他们擅长狩猎，便同意他们迁来定居，其职责是猎捕野猪以保障当地作物安全。当地村干部给他们划拨了土地，并承诺将他们的户口也迁入本村。1981年初，杨永贵率领17户苗族亲友踏上迁徙的征程。

在其迁徙之初，广南县尚未推行家庭联产承包责任制。然而，就在他们迁至西林县定居不久，广南县便开始推行家庭联产承包责任制。广南县的县乡干部曾多次动员杨永贵等人返回原籍参与土地承包工作。在权衡利弊后，杨永贵等人觉得新的定居点更适合生存，便放弃了原籍村落的土地权利。杨永贵带领亲友在深山中烧荒种地、放牧牲畜，温饱问题得到基本保障。当时，杨永贵家每年可收获玉米5000余斤，此外还饲养了大量牛、马。

西林县境内多是山地，杨永贵等人在此采用传统游耕的耕作方式，土地耕作三年便要抛荒。经过多年游耕之后，可耕种的土地资源日益紧张，移民群体内部也发生了矛盾纠纷。在此情境下，一部分人便想再次迁徙以寻找可耕种的土地资源。于是，杨永贵便提出迁徙至西双版纳傣族自治州（以下简称"西双版纳"）勐腊县的计划。

1989年，杨永贵租了一辆卡车，载着10户人家从广西壮族自治区西林县迁往云南西双版纳的勐腊县。迁徙至西双版纳并未事先筹划，但也并非漫无目的的迁徙。杨永贵早年曾在西双版纳服兵役，熟知当地的情况并有战友在当地。西双版纳属热带气候，土地肥沃，降水丰沛，作物生长周期较短，良好的自然条件非常适合生存。杨永贵说："我们苗族人迁徙不是哪里都敢去的，要看当地环境是否适合生存。如果一个地方种粮食三四个月能够成熟，我们就能活下来。如果三四个月不能成熟收获，那么我们迁过去就很难生存。"总体来看，苗族人的迁徙行动大多遵循这一生存法则。

迁徙至西双版纳的另一个因素是，杨永贵有战友在勐腊县做基层干部。抵达勐腊县之后，杨永贵找到在当地的战友。在战友的联系介绍下，杨永贵等人在勐伴镇勐伴村承包了 60 亩山地。利用这 60 亩山地,杨永贵等人开启了香蕉种植生活。此外,当地村委会还为他们划拨了 200 余亩山地用于种植香蕉。从生存角度来说,西双版纳是个好地方,杨永贵至今仍怀念在西双版纳的生活。

勐腊县地处中老边界,一些苗族人由西双版纳至老挝境内谋生。老挝北部人烟稀少,杨永贵也曾计划带领亲友迁徙至老挝谋生。在当时,西双版纳边境一带毒品交易猖獗。考虑到下一代的生存安全,杨永贵准备带大家迁离此地。在 1996 年前后,杨永贵通过电视、报纸等媒体报道了解到广东省最先实行改革开放。当时,已有一些苗族亲友迁徙到广东阳江代耕。借助这些信息,杨永贵便计划带领亲友前往广东阳江寻找田地代耕。

1997 年 1 月,杨永贵带领两个年轻人到广东阳江寻找田地代耕。经人介绍,他们找到阳江市阳西县程村镇的红光村。红光村为沿海村落,当地村民以养蚝、捕鱼为主业,农业生产一直不受村民重视。据说,红光村村民从来没种过田,每家分的田在哪里都不知道。当时,农民尚需承担公购粮任务,红光村的村民无法完成公购粮任务,可以用海产品来冲抵。为将闲置的土地资源充分利用起来,红光村急需外部劳动力为他们代耕并承担公购粮任务。在这种情况下,苗族代耕农得以顺利进入村落代耕。

杨永贵等人的到来,无疑帮助当地村民摆脱了农业生产的负担。当地村干部拟定土地转让合同,拟将 160 亩田地永久性转让给他们承包代耕。土地转让合同签订之后,杨永贵立即返回西双版纳组织亲友迁至阳江。1997 年 5 月,杨永贵带领亲友 60 多人从云南西双版纳来到广东阳江。待他们在红光村安顿好后,杨永贵把田地转让合同拿到程村镇政府盖章公证,以期得到地方政府的认可和支持。然而,镇政府的干部指出,永久性的土地转让不符合法律规范,必须重新签订具有明确承包期限的土地承包合同。无奈之下,他们重新签订为期五年的土地承包合同,合同期满后再续签。从 1997 年至今,杨永贵等人与红光村之间的土地承包合同已经签过三次。其土地承包合同具体内容如下:

边远批田合同

红光：西边、东边、东光生产队，称为甲方

迁安户代表：陶学民、杨天保，称为乙方

为了发展农业生产，经过两方协商，将边缘耕种田发包给乙方耕种。

一、西边生产队耕种农田面积 14.8 亩（土名：牛岭、十二坑）。

二、东边生产队耕种农田面积 18.5 亩，东光生产队耕种农田面积 11 亩（土名：木头田牛坑、大背山）。

三、甲方共有耕地面积 44.3 亩，由乙方自行耕种，每年每亩缴纳稻谷 130 市斤，一次过在秋收缴纳完成。

四、发包给乙方耕种五年，但如有耕种农田需要生产发展或变更，甲方有权收回耕田权属，乙方不得干涉，乙方一定交回甲方处理。从签名日起生效，一式四份，各一份为凭。

甲方签名：谢景雷（西边）　谢民响（东边）　谢强万（东光）

乙方签名：陶学民　杨天保

红光村委会
2013 年 2 月 22 日

在阳江定居的 20 余年间，杨永贵从年富力强的带头人成为一个耄耋老者。杨永贵带到阳江的苗族移民由最初的 60 余人，发展到今天的 30 余户 200 余人。他们在当地村落的边缘发展成为一个相对独立的移民社区。尽管他们在阳江定居 20 余年，但户籍仍然保留在云南省文山州的迁出地。从现行的户籍管理制度来看，他们缺少在移居地定居的合法依据，这成为这些苗族移民心中的隐忧。实际上，他们签订的土地承包合同也只涉及代耕的田地，并不包括他们建房生活用地。一旦合同到期，当地村民很可能收回田地不再续签，那将意味着这些苗族移民会失去在此地定居的合法性。

五　移民网络与链式迁徙

早在 19 世纪末，人口学家拉文斯坦就在《移民的法则》（"The Laws

of Migration")一文中对人口迁徙的一般规律进行了探讨。① 拉文斯坦从结构性、外部性因素出发对迁徙现象进行解释,后继学者在此基础上总结出了著名的"推拉理论"。20世纪50年代末,博格(D. J. Bogue)对推拉理论做出具体阐释,即迁入地有利于改善生活条件的因素是人口迁徙的拉力,而迁出地不利的生活条件则是人口迁徙的推力,人们的迁徙决策是两种来自不同方向的力量相互作用的结果。② 这种分析框架从宏观结构上把握了移民群体的迁徙动因,但在一定程度上忽视了个体在迁徙行动中的能动性和主体性,同时也忽视了社会适应、文化认同和个体选择等社会文化因素。其后,李(E. S. Lee)在推拉理论中补充了人的因素,他认为,个体的特质会影响人口外出的选择。③ 但他更多地将人口迁徙归因于脱离个体主观选择的外在因素,并努力寻找个体能动性之外的人口迁徙规律。

实际上,迁徙决定并非由独立的个体行动者做出,而是受更大范围的相互关联群体的影响。移民研究的新经济学理论认为,家庭、家族以及其他由文化规定的生产和消费单位,应该是进行移民研究的分析单位,而不应将社会个体视作独立分析单位。④ 诸多移民群体的迁徙实践表明,迁徙活动往往是家庭决策、群体行动、宏观社会背景等因素共同作用的结果。

在迁徙过程中,移民网络发挥着重要作用,进而使迁徙活动发展成为一个前赴后继的持续过程。美国社会学家查尔斯·蒂利(Charles Tilly)将这种类型的迁徙行动称为"链式迁徙",即"通过一套社会架构,由迁徙目的地的人口为后来的新移民提供援助、信息及鼓励,进而促成一系列相关的个人或家庭从一个地方迁徙到另一个地方"⑤。链式迁

---

① 参见 E. G. Ravenstein, "The Laws of Migration," *Journal of the Statistical Society of London*, 1885, 48 (2): 167 – 235。
② 参见 D. J. Bogue, "Internal Migration," in Duncan Hauser (ed.), *The Study of Population: An Inventory Appraisal*, University of Chicago Press, 1959。
③ 参见 E. S. Lee, "A Theory of Migration," *Demography*, 1966, 3 (1): 47 – 57。
④ 参见李强、刘精明、郑路主编《城镇化与国内移民:理论与研究议题》,社会科学文献出版社,2015,第 6~7 页。
⑤ Charles Tilly, "Migration in Modern European History," in William H. McNeill and Ruth S. Adam (eds.), *Human Migration: Pattern&Policies*, Indiana University Press, 1978, p. 53.

徙活动得以发生，首先要有移民网络为潜在的移民群体提供迁徙信息以及一定物质援助。与孤立的个体迁徙相比，链式迁徙不仅降低了迁徙风险，同时也在很大程度上增强了移民群体的生存能力。随着移民数量的增多，移民网络得以进一步扩展。移民网络是一种社会资本，是一系列人际关系的组合，通过血缘、地缘、业缘以及族群认同等关系，将迁出地的移民群体及非移民群体紧密联系在一起。移民网络一旦形成一定规模，迁徙行为便会成为一个自我延续的过程，从而使迁徙活动不断接续下去。

　　文山州苗族群众寻找土地的迁徙，是一种典型的链式迁徙模式。在迁徙之前，他们从先行的同乡亲友那里打探消息，然后派人前去寻找土地，通过同乡牵线搭桥找到合适的土地之后，再组织家族成员进行迁徙。如迈伦·韦纳（Myron Weiner）所指出的："如果存在一个统一移民'法则'的话，那便是移民潮一旦开始，便会自我促进。先期的移民群体会为家乡的亲友提供信息和经费使他们能够迁徙，并帮助他们寻找工作和住房。"[①] 基于这种互助性的迁徙策略，移民群体才得以在移居地立足，并使移民规模不断扩大。当第一批苗族移民在阳江落脚之后，潜在的移民群体借助亲属网络源源不断地进入阳江寻找田地代耕。正是在这种亲属网络的联结下，文山州苗族群众的移民网络得以不断扩大。

　　在广西壮族自治区西林县定居的陶文进最早做出反应。陶文进原籍云南省文山州丘北县，由于生活贫困，在20世纪70年代从云南省文山州丘北县迁徙到广西壮族自治区西林县定居。在陶文进看来，"在西林县虽然解决了温饱问题，但那里也是山区，连车都开不进去，以后都没有发展机会。广东最早实行改革开放，又多是平原地区，以后的发展肯定会很好"。陶文进迁到阳江是在杨发民的帮助下进行的。二人之间有密切的姻亲关系，陶文进妻子杨氏为杨发民姑母，而杨发民的妻子又是陶氏家族的女儿。

　　1992年7月，陶文进、杨开法从西林县来到阳江"看田"。苗族移民在寻找代耕田地的过程中，要综合考虑田地位置、田地面积、承包年

[①] Myron Weiner, *The Global Migration Crisis: Challenge to States and to Human Rights*, Harper Collins, 1995, pp. 21 – 28.

限等多种因素。因此，找到一块合适的代耕田地并不容易。在杨发民的介绍安排下，陶文进在乐安村山仔村找到一处田地代耕，山仔村愿意将富余的田地转包出去并即刻开具了土地承包证明。凭借这份土地承包证明，陶文进带领家族亲友由西林县来到阳江乐安定居代耕。

证明

兹有我阳东县双捷镇①乐安管理区山仔村水田五十多亩，因劳动力较少，不能全部耕种，经承包户主意见和经济合作社的协定，愿意把水田转让给广西壮族自治区西林县古障镇周约村管理区石拉屯陶文进、杨开法等同志承包。

乐安管理区山仔村经济合作社
1992 年 8 月 12 日

链式迁徙为移民群体提供了一种相对安全和稳妥的迁徙方式，并且在很大程度上降低了移民群体在迁徙和定居过程中遇到的各种困难和风险。先到的移民群体可以为后来者提供物质上和精神上的支持，进而为后来的移民群体的社会适应提供诸多便利。云南队虽然刚刚建立，但已经成为文山州苗族群众迁徙至阳江的一个重要的接待站和中转站。陶文进等人进入阳江代耕，得益于杨发民等人的大力支持。在其定居之初，云南队即组织人员前去帮他们搭建房屋，并为他们送去稻谷和一些生活必需品。当地村民不了解陶文进等人的迁徙经历，只知道他们由广西壮族自治区西林县迁徙到阳江代耕，所以将他们定居的社区称作"广西队"。广西队定居的地名为"麦垌"，故当地人也称他们的移民社区为"麦垌村"。②

在定居之初，广西队的苗族代耕农经历了同样的生存困境，先于他们到来的云南队为他们提供了较多帮助。杨发民说："我们 1992 年的时候以 660 元价格买了一头黄牛，第二年以 640 元的价格便宜卖给他们。

---

① 2003 年 11 月，阳东县白沙镇、双捷镇划归江城区管辖，白沙镇改称白沙街道。由于行政区划调整，后文一些行政区划表述可能存在差异。

② 为统一地名称谓，文中将其统一称为"广西队"。

本来我们养了一年都要涨100块,但大家都是哥兄弟,人家有困难的时候要帮一把。没有我们的帮助,他们很难有今天。我们刚迁来阳江的时候,大家都很困难,单靠个人努力很难生存。只有大家团结起来,我们这些外地人才能战胜困难在这里生活下去。"可以说,正是苗族代耕农彼此之间的团结互助,使他们在移居地逐步站稳了脚跟。

苗族移民的迁徙行动犹如接力赛,一批刚刚落脚,一批又接踵而至,原本个体化的迁徙行动演变成一种集体行动。在这场集体性的迁徙行动中,个体或家庭的迁徙决策并非来自纯粹的经济理性考量,而是更多地被裹挟进集体行动的洪流中。对移民群体来说,最担心的是不能在移居地安稳定居。既然有苗族同乡成功迁徙到阳江找到田地实现定居,那么就意味着后继的移民群体也能够在此生存下去。可以说,早期迁徙者对后继的潜在移民群体起到巨大的鼓舞和示范作用。

尽管苗族代耕农远离家乡,但他们与迁出地的亲友保持着千丝万缕的联系。在亲属网络的联结下,不断有后续的苗族移民进入阳江寻求生存机会。苗族群体的链式迁徙行动,从20世纪90年代初一直延续到现在。只不过,后期进入阳江的苗族移民不再寻找田地代耕,而是寻找工作机会和更好的生存环境。苗族代耕农建立的移民社区为后来的苗族移民提供了栖身之地,同时也为后来的苗族移民提供了相关的就业信息和强大的社会支撑。

后来的苗族移民在进入阳江之前,便从在阳江代耕的亲友那里了解到移居地的相关信息。迁徙到阳江之后,他们得到代耕亲友的诸多关照,因而遭遇的生存困境和文化障碍也相对较少。塔玛·戴安娜·威尔森(Tamar Diana Wilson)指出:"先期到达的移民所从事的工作类型不仅会影响到后来移民的就业选择,而且可能对未来谁会成为移民造成影响。"[①] 正是缘于庞大的亲属网络,来阳江务工的苗族移民,才得以顺利加入其阳江代耕亲友的经济活动。

笔者在苗族移民社区进行田野调查时,经常会遇到一些陌生的面孔。询问之后得知,这些人是在阳江务工的苗族移民,他们与移民社区中的

[①] 塔玛·戴安娜·威尔森:《弱关系、强关系:墨西哥移民中的网络原则》,赵延东译,《思想战线》2005年第1期,第48页。

苗族移民大都有或远或近的亲属关系。后来的苗族移民缺乏经济基础和稳定的住所，因此，他们在生活上要依靠早期到来并已实现定居的苗族亲友。移民社区成为后至苗族移民群体的落脚点和根据地，甚至，一些后来的苗族务工者长期寄居在早期到来并已实现定居的苗族亲友家中。

从迁徙人员的性质看，后来的苗族移民与早期的苗族代耕农具有完全不同的性质，但二者实质上属于同一群体，而且彼此之间有密切的亲属关系。在亲属关系的联结下，后来的移民群体被整合到既有的苗族移民社区之中。后来的苗族移民也愿意寄居在苗族移民社区的亲友家中，他们不仅能从中获得亲友的帮助，同时还能从中找到自己的族群归属感和文化认同感。无法寄居在亲友家中的苗族移民，则选择在移民社区的周边村落租房居住。苗族移民的持续到来，不仅给移民社区注入新的活力，同时也进一步丰富了移民群体的劳动力市场。

对苗族移民来说，亲属网络是维系生存的重要社会资本。苗族代耕农之所以能在异乡生存下来，在很大程度上得益于亲属网络的强大支撑作用。美国社会学家马克·格兰诺维特（Mark Granovetter）强调社会网络对个体行动的重要性，他指出："行动者既不是像独立原子一样运行在社会脉络之外，也不会奴隶般地依附于他/她所属的社会类别赋予他/她的角色。他们具有目的性的行动企图实际上是嵌在真实的、正在运作的社会关系系统之中的。"[①] 看似个体化的迁徙行动，实际上是个体、集体与社会网络共同作用的结果。

---

① 马克·格兰诺维特：《镶嵌：社会网与经济行动》，罗家德译，社会科学文献出版社，2015，第7页。

第二章 田地代耕与居住权利

通过移民网络，苗族移民得以源源不断地向阳江迁徙。随着代耕农逐渐增多，当地村民对代耕农的需求逐渐达到饱和。到20世纪90年代末期，国家逐步取消了统购统销的粮食政策，代耕引发的人口迁徙活动逐渐平静下来。实际上，只有1993年之前进入阳江的苗族移民取得了永久性的代耕田地。在1994年之后进入阳江的苗族移民，多是签订数年到数十年不等的限期性代耕协议。签订永久性代耕协议的苗族移民获得了相对稳定的田地耕作权，他们可以过上较为稳定的定居代耕生活。签订限期性代耕协议的苗族移民仅是获得了短期的田地耕作权，在土地承包协议到期之后他们必须退还田地另谋出路。苗族代耕农建立移民社区后，其内部也制定了相应的准入规则，以防止移民社区中有限的土地资源被他人挤占。

一 永久性田地代耕模式

对传统农民来说，转让土地被认为是家产的流失，一般情况下农民不会轻易转让自己的土地。然而，经过国家集体化运动，农村土地成为村集体的公共资源，个体农户不再直接拥有土地的所有权。农村土地的集体公有，导致农民与土地之间的天然情感被割裂。作为公共品的土地一旦成为负担，农民自然会放弃对它的权利。实际上，在当时的制度背景下，国家并不允许农民对土地进行交易和转让。1982年颁布的《中华人民共和国宪法》第十条明确规定："农村和城市郊区的土地，除由法律规定属于国家所有的以外，属于集体所有；宅基地和自留地、自留山，也属于集体所有。……任何组织或者个人不得侵占、买卖、出租或者以其他形式非法转让土地。"虽然在稍后的几年时间里，政府开始对农村土地政策进行改革，并逐步"允许土地使用权依法有偿转让"[①]，但一般来

---

① 参见1993年中共中央十四届三中全会通过的《关于建立社会主义市场经济体制若干问题的决定》。

说，土地使用权只能在村落成员内部转让，而不能向村落之外的人员转让。

可以说，阳江农民与苗族代耕农签订的永久性土地转让协议，完全逾越了当时的法律界限。部分当地村民对这种永久性土地转让持质疑态度，他们隐约感觉到土地的永久性转让并不符合法律规范。但为了留住这些苗族代耕农，当地村干部只能答应他们的要求。在他们看来，只要经全体村民同意，这种土地转让行为就应该是被允许的，并且土地转让背后的逻辑是完成国家的公购粮任务，于公于私都是一件好事。这种民间的土地转让实践，不仅有效化解了当地村民的公购粮压力，同时也为缺少田地的苗族人提供了一个新的生存空间。

签订永久性代耕协议的有云南队、广西队、大更村、高桥村、灯心塘五个苗族移民社区。在2002年《中华人民共和国农村土地承包法》颁布之前，法律对农村土地承包经营权并未做出详尽的规定，这导致土地转让的双方在权利和义务上出现多种类型。最早到来的云南队、广西队，在其迁徙之初并未签订具体的协议，当时的乐安村只是出具了简单的"证明"。实际上，按照2018年修正的《中华人民共和国农村土地承包法》对土地承包合同的要求，简单的"证明"不能算作有效的土地承包协议。[①] 时隔数年之后，这两个苗族群体意识到这两份"证明"的模糊性，他们与当地村民补签了较为正式的合同文本。

水田承包合同书

山仔村经济合作社、各农户（简称甲方）

麦垌广西队各农户　　　　　（简称乙方）

乐安管理区山仔村经济合作社因劳动力较少，无法耕种多余的水田，经甲乙双方协商同意，把多余的水田永远转让给乙方承包耕种，为进一步稳定土地承包关系，订立本合同。

一、承包内容

乙方承包甲方水田总34.51亩。

[①] 2018年修正的《中华人民共和国农村土地承包法》规定，土地经营权流转合同一般包括以下条款：1. 双方当事人的姓名、住所；2. 流转土地的名称、坐落、面积、质量等级；3. 流转期限和起止日期；4. 流转土地的用途；5. 双方当事人的权利和义务；6. 流转价款及支付方式；7. 土地被依法征收、征用、占用时有关补偿费的归属；8. 违约责任。

二、承包期

甲方把承包期内的水田转让乙方承包即日起，由乙方永远承包耕种。甲方不得以各种借口和强行性收回该承包水田，除非国家或集体建筑规划和依法征用土地，不得改变承包合同协议的规定。

三、承包方的权利和义务

承包方的权利：从甲乙双方签订合同起，除国家或集体规划和依法征用土地以外，乙方永远有耕种甲方水田的权利。承包方的义务：分年完成甲方转让给乙方的水田的公购粮任务，转让承包水田的公购粮任务如国家有增减由乙方负责，与甲方无关。

四、甲乙双方的权利

如果甲方以各种借口或强行收回该份水田，甲方必须给乙方赔偿一切损失，负责安排乙方的定居事宜。如果乙方自己不愿耕种甲方的该部分承包水田，乙方赔偿甲方的一切损失。

五、承包期内，若国家要征用土地建设，要服从国家需要，终止合同，土地征用费归甲方，作物赔偿费归乙方。

六、甲方与乙方因承包水田权属不清引起争议纠纷，由山仔村村长余新和，见证人余信中、余东和负责解决。

七、本合同从签订日起有效，一式三份，甲方乙方各执一份，发包方（村长）一份。

甲方各农户姓名水田亩数如下：余显忠 3.8 亩，余大和 0.58 亩，余爱和 0.5 亩，梁荣飞 2.2 亩，梁荣耀 5.51 亩，余信忠 1.95 亩，梁荣忠 2.79 亩，余新和 1.99 亩，余尚和 2.65 亩，余加和 0.5 亩，梁荣光 1.46 亩，余旭芳 0.59 亩，余建和 1.36 亩，余安 5.13 亩，余旭来 3.5 亩。

发包方意见：同意各农户转包

甲方代表：余新和

见证人：余信中　余东和

二〇〇〇年十二月四日

苗族代耕农集体代耕的土地面积有限，随着代耕生活日渐稳定和家庭人口的增长，一些苗族代耕农以个人名义与当地村民签订了永久性代耕协议。可以说，在原有代耕关系基础之上，又附加了一层苗族代耕农个体与当地村民个体之间的关系，从而使苗族代耕农与当地村民之间的代耕关系更加复杂。通过以下两份土地承包合同，可以洞见当时苗族移民个体土地承包代耕的基本情况。

承包水田合同书

甲方：广东省阳江市双捷镇乐安管理区山仔村余显中、余新和

乙方：云南省文山州广南县黑支果管理区坪寨村张发德、杨顺荣

由于劳动力少，不能完成水稻种植生产任务，我们需要转让出部分水田给云南人耕种。经双方多次协商，一致同意并订出如下合同。

一、甲方余显中、余新和分别有水田面积壹拾亩陆分玖厘（10.69亩）、柒亩零伍厘（7.05亩），经双方协商一致同意永远转让给乙方耕种。

二、乙方耕种时间。由甲方交出水田时间（即1993年1月1日）起，水田使用权永属乙方。甲方不得以任何理由或借口收回乙方的土地（国家政策除外），乙方也不得丢荒弃耕。

三、乙方耕种水田面积壹拾柒亩柒分肆厘（17.74亩），此部分水田公粮任务壹仟玖佰零贰市斤（1902斤）、购粮任务壹仟玖佰伍拾市斤（1950斤）。其中，余显中公粮任务壹仟壹佰肆拾肆市斤（1144斤）、余新和公粮任务柒佰伍拾捌市斤（758斤），由乙方缴纳给国家。以后如有增减由乙方负责，与甲方无关，乙方不得拖欠国家公购粮。

四、乙方不得买卖土地，不得损坏土地，不得在此水田建房屋和进行有关腐蚀土壤的行为。

五、如果国家需要征收此部分水田，乙方需无条件交出水田，征地款由甲方领取，与乙方无关。乙方不得以任何理由或借口去阻止、抗拒国家征收工作。

六、如果乙方要在甲方的水田建房，需经过国土部门批准才能建房。

七、要遵守国家法令和有关规则。

八、本合同一式两份，签订之日起生效，双方不得违约。如甲方违约，则要赔偿乙方的搬迁费；如乙方违约，则要交此部分水田公购粮三年任务，如无钱则以物谷抵顶。

甲方：余显中　余新和

乙方：张发德　杨顺荣

1993年1月1日签订

（双捷镇乐安管理区山仔经济合作社公章）

承包合同

今有阳东县双捷镇乐安管理区新兴村村民陈培强因责任田多余，劳动力少，需要承包给广西壮族自治区西林县古障镇陇正村陶文兵永远耕种。经双方协商同意定出如下协议：

一、陈培强称为甲方，陶文兵称为乙方。

二、甲方承包出水田4亩5分，地点是白坑牛角田，每亩公粮93.5斤，总合计420.75斤；购粮每亩60斤，合计270斤。

三、此承包水田从甲方承包给乙方以后，国家任务由乙方负责，不得有误。不管发生任何情况，由乙方负法律责任（如果乙方中途不耕种，必须完成十年公购粮任务）。

四、如果甲方违反以上合同，由甲方负完全责任。甲方不得以任何借口收回此田。

以上合同经双方协商同意。口讲无凭，立字为据。此合同一式两份，自签订之日起生效。

甲方：陈培强

乙方：陶文兵

1998年2月16日

在当时的制度背景下，永久性代耕对代耕农来说也存在一定的风险，它意味着将代耕农束缚在田地之上。苗族代耕农虽然免费获得田地，但要承担由此带来的公购粮任务。从上述两例承包合同可以看出，苗族代耕农一旦有弃耕行为，则要承担合同中约定的相应赔偿。一些苗族代耕农意识到了签订承包合同带来的风险:"要是我们完不成公购粮任务的话,派出所肯定会来抓我们的。为了保证完成国家的公购粮任务,我们动员了亲戚朋友一起过来种田。"特别是签订合同的带头人,其承担的责任更为重大。如果其他人无法适应异地环境而返回老家,那么签订合同的带头人无疑要承担合同中规定的全部责任。

在沉重的公购粮任务下,苗族移民的代耕行为存在一定的风险,人们难以判断何种代耕形式更具生存优势。永久性代耕可以换来相对稳定的耕作权,但同时也意味着要将自身永久地束缚在土地之上。限期性代耕虽然具有一定的灵活性,却时刻面临田地被收回的风险。云南队的两位带头人李正灵和杨发民就代耕年限问题曾产生过激烈的争执。李正灵担心日后形势发生变化,可能无法按合同完成公购粮任务,因此要将代耕期限定为25年。杨发民考虑到日后生活的稳定性,则坚持要签订永久性的代耕协议。在杨发民一再坚持和说服下,云南队最终签订了永久性的代耕协议。两种截然相反的观点,反映出当时苗族代耕农的纠结心态。在当时的政策预期下,这两种观点都是基于自身的生存发展做出的理性考量。现在,云南队的苗族代耕农非常庆幸当初的选择,如果当时将代耕期限定为25年的话,现在他们必须考虑重新寻找土地。

二 限期性田地代耕模式

20世纪90年代末,国家的公购粮任务逐渐减轻。尽管阳江农村地区仍有相当数量的抛荒田地,但当地村民一般不再将其转让给外人永久性代耕。一些村干部也逐渐认识到,土地所有权属于村集体,而不是属于某个农户个体,所谓的永久性土地转让属于非法行为。稍晚进入阳江的苗族代耕农,多是进行数年到数十年不等的限期性代耕。从法律上来说,限期性代耕属土地转包行为,与土地永久性转让有较大的差异。签订永久性代耕协议的苗族代耕农将田地视为自己新的生存家园。签订限期性代耕协议的苗族代耕农则始终有一种漂泊焦虑的心态。因为他们清醒地意识到,合同到期之后便要归还代耕的田地,又要寻找新的居住地。2016年阳江苗族移民社区分布情况见表2-1。

表 2-1　阳江苗族移民社区分布情况（2016 年）

单位：户，人

移民社区	户数	人数	迁入时间	所在村落	代耕时限	备注
云南队	31	201	1991 年	双捷镇乐安村	永久	尚存
广西队	11	92	1992 年	双捷镇乐安村	永久	尚存
大更村	23	137	1992 年	白沙镇福村	永久	尚存
高桥村	15	77	1993 年	双捷镇乐安村	永久	尚存
灯心塘	30	200	1993 年	程村镇庙山村	永久	消失
苏塘村	9	64	1993 年	程村镇胡荔村	30 年	尚存
矿田村	13	77	1994 年	双捷镇乐安村	30 年	尚存
云东村	48	200	1994 年	平冈镇西一村	15 年	消失
黑石古	9	59	1995 年	程村镇胡荔村	25 年	尚存
荒坑	10	45	1995 年	程村镇莲湖村	20 年	尚存
岗华	26	200	1995 年	白沙镇岗华村	15 年	消失
廉村水库	23	100	1996 年	平冈镇廉村	15 年	消失
下河村	8	45	1996 年	儒洞镇下河村	未定	消失
红光牛岭	22	149	1997 年	程村镇红光村	5 年	尚存

资料来源：笔者根据调研资料整理汇总。

实际上，大部分苗族代耕农签订的是数年到数十年不等的限期性代耕协议。其中，已有部分移民社区因为土地承包合同到期而被迫解散。诚如费孝通所说："这些宣泄出外的人，像是从老树上被风吹出去的种子，找到土地的生存了，又形成一个小小的家族殖民地，找不到土地的也就在各式各样的运命下被淘汰了，或是'发迹了'。"[①] 虽然苗族代耕农具有较强的同质化特征，但土地承包性质的差异导致他们走向了不同的发展路径。

王文富带领的一批苗族移民于 1995 年来到阳江市白沙镇岗华村代耕，当时只签了 15 年的代耕合同。回忆当初签合同的情景时，王文富说："当时我们要求签永久性的合同，但当地的村干部不敢，说田地是属于国家的，要签只能签 15 年，合同到期之后可以续签。当时岗华村交给我们 61 亩田、10 亩地代耕，一亩田缴纳 100 斤公粮，一亩地缴纳 70 斤

---

① 费孝通：《乡土中国》，人民出版社，2008，第 4 页。

公粮。"王文富带领的苗族亲友对迁徙活动也表现得非常慎重,在第一年只迁来6户人家。两年后,陆续有一些亲友迁来阳江和王文富等人一起定居代耕,最后稳定下来的苗族代耕农总共有26户。虽然他们签订的代耕合同仅有15年,但他们得到当地村主任的承诺——"合同到期之后可以续签"。因此,许多人把老家的房屋卖掉,把土地分给亲戚,准备在这里长期定居代耕。

在岗华定居代耕的十余年间,王文富等人修建村落、架设电线、开办学校,把这里当成自己的家园进行建设。然而,2010年合同到期之后,岗华村民便收回田地,不再给他们耕种。结束代耕生活之后,王文富带领的苗族代耕农一部分到乐安买地建房,一部分到台山种甘蔗,有几户则搬回了云南老家,人们各自寻求自己的生存出路。

2013年11月,王文富带笔者去看他们曾经代耕的地方。曾经充满生机的苗族移民社区当时已变成一片废墟,曾给他们生存带来希望的田地也长满野草。站在曾经生活过的地方,王文富心酸地说:"我们26户人家,在这里轰轰烈烈地干了15年。这里的田都是我们开出来的,我们种了果树,打了水井,建了房屋,这里有我们的汗水。现在大家都走散了,东一个,西一个。这里是个好地方,就是找不到人种田,找到人种田的话我还想再承包30年。"15年的代耕生活,使他对这片土地产生了深厚的依恋之情。搬走之后,王文富的房子一直保留着。他想着以后可以回来看一看,如果有人承包田地还可以索要一些补偿。直到2013年他的房子被台风吹垮,他对这片土地的最后一丝希望才随之破灭。

在宗族势力较强的村落,村民仍具有较强的村落共同体意识。作为外来人口的苗族代耕农,很难在这样的村落中落脚生根。在科大卫看来,村落社会的入住权具有某种世袭性。[1] 岗华村是一个单姓村,该村绝大多数人口都姓甄。王文富虽然在此生活十多年,并与当地村民维持着较好的社会关系,但当他想在村里购买旧宅时,却遭到当地村民的一致反对。

相反,在一些人口稀疏、宗族力量较弱的村落,苗族代耕农能够生

---

[1] 参见 David Faure, *The Structure of Chinese Rural Society: Lineage and Village in the Eastern New Territories*, Hong Kong, Oxford University Press, 1986, p. 40。

存下来，并且在经济上超越当地村民。张佩国指出，在人地关系紧张的情况下，村外之人取得村民资格就意味着要从有限的蛋糕中分取一份，因此"村籍就必然成为一项严格的地方性制度"。[①] 苗族代耕农与当地村民之间的冲突，归根结底由资源竞争引致。

农民也许不清楚何谓"土地产权"，但他们清楚的是，土地是满足生存的重要资源。赵旭东指出："温饱问题是他们做出决策的底线，低于这个限度，土地是否绝对属于个人财产，这根本是无关紧要的。而恰恰是既有的模糊不清的集体所有制下的土地占有关系使得这种温饱的底线能够波动性地得到满足。"[②] 20世纪八九十年代产生的代耕行为，蕴含着复杂的生产关系和地权关系，而不是简单的土地承包关系。在苗族代耕农看来，国家才是土地的真正所有者，他们的代耕活动也是为了完成国家的公购粮任务，而不是去给当地村民当佃农。在土地集体公有的制度背景下，既然是以集体的名义将田地转让给苗族代耕农，那么这些外来的代耕农理所当然地拥有和当地村民同等的土地权利。

苗族移民之所以能够在阳江找到自己的生存空间，与当地的经济社会发展水平不无关系。阳江地处珠三角的外缘地带，经济社会发展相对滞后，大量土地处于未开发状态。据统计，阳江未利用的土地面积为548.39平方千米。[③] 在这种情况下，当地村民愿意把那些偏远的、不愿耕种的田地转包给外来的移民群体代耕。这些广阔的未开发地带为这些苗族移民群体提供了安身之处，他们在当地村落的边缘地带建立起大大小小的移民社区。

三　居住用地的集体购置

在特殊的社会背景下，苗族移民较为容易地取得了异乡田地的耕作权。在费孝通看来，"在以农业为基础的乡村中，得到农田是进入社区的

[①] 张佩国：《近代江南乡村地权的历史人类学研究》，上海人民出版社，2002，第95页。
[②] 赵旭东：《否定的逻辑：反思中国乡村社会研究》，民族出版社，2008，第171页。
[③] 参见阳江市地方志编纂委员会编《阳江市志（1988—2000）》（上册），广东人民出版社，2010，第72页。

重要资格"①。然而，当今的代耕农与费孝通早年关注的乡村外来户，所面对的是截然不同的土地产权性质。在农村土地集体所有制的政策背景下，任何农户个体都不享有土地的所有权，而仅享有土地的承包经营权。对苗族代耕农来说，得到土地的经营权并不意味着取得了当地的入住权②，他们仍不具备移居地社会合法的成员资格。由于不具备合法的入住权，他们始终被视作外来移民群体。实际上，苗族代耕农后期遇到的土地纠纷，在很大程度上缘于他们不具备合法的入住权。

在定居之初，当地村干部虽然为他们指定了居住用地，但并未以协议的形式将其确定下来，这为他们日后的定居生活埋下了隐患。在代耕之初，苗族代耕农急于寻求土地以摆脱生存危机，而并未意识到自身的合法入住权问题。他们理所当然地认为，入住权附着在代耕的田地之上。"既然给我们田地耕种，那肯定要给我们住的地方，给我们在这里居住的权利。不给我们住的地方，我们怎么在这里种田、在这里生活？"为方便开展农业生产，苗族代耕农多是在田边闲置的空地上搭建棚屋、修建村落。在当时的社会条件下，土地的开发价值有限，当地村民也并不在意这些代耕农在何处建房定居。然而，随着农业税的减免以及土地价格的上涨，农民的土地权利意识不断增强。在经济理性的驱使下，当地村民向苗族代耕农索要居住用地的经济补偿。

居住用地的纠纷最早发生在广西队。在2000年的时候，山仔村计划将广西队建房定居的土地发包给土地开发商用于开发果园。直到这时苗族代耕农才意识到，他们虽然取得了田地的耕作权，却并没有取得相应的入住权。为了进一步稳固自身的定居生活，广西队的苗族代耕农出资4000元将建房定居的土地购买下来，并与山仔村签订了土地转让协议。在今天看来用于买地的4000元并不算多，但对当时的苗族代耕农来说却是一笔不菲的开支。广西队的老"村长"陶文进说："那时4000元对我们来说是很大一笔钱，全村人凑在一起还不够，分了两次才把这笔钱给他们。以前不知道土地会这么值钱，要知道的话，把附近这几个山头全买下来。"买下居住用地之后，广西队的苗族代耕农将其作为宅基地按出

---

① 参见费孝通、张之毅《云南三村》，社会科学文献出版社，2006，第72页。
② David Faure, *The Structure of Chinese Rural Society: Lineage and Village in the Eastern New Territories*, Hong Kong, Oxford University Press, 1986, pp. 36–44.

资数额进行分配。至此，每户苗族代耕农均获得一块合法的宅基地。

土地转让合同书

甲方：山仔村经济合作社

乙方：麦垌广西队

由于甲方转包部分水田给麦垌广西队，需要部分土地建房之用，经村民代表研究决定，同意转让一些山地给麦垌广西队作建房之用，双方商订出如下协议。

1. 经麦垌广西队要求，我村同意转让狗山的西面山地约十亩面积，东至果园路边，南至果园路边，北至果园房屋，西至麦垌坑耳田边。

2. 此部分山地只准作麦垌广西队居住地，只能建房，不得买卖。

3. 协议签订后，甲方不得以任何理由或借口收回山地，麦垌广西队在该地建房，甲方也不得收取任何费用，政府收任何费用与甲方无关。

4. 如国家或集体建设规划需要征用该部分山地，征用费归甲方，与乙方无关，作物、房屋补偿归乙方。

5. 签订协议后，该山地永远由麦垌广西队使用。

6. 如甲方有人强行收回与乙方产生纠纷，由甲方山仔村村长和签名的代表负责解决。

7. 本合同从签订之日起生效，一式两份，甲乙双方各执一份。

甲方签名：余新和　　　　乙方签名：陶文进

甲方代表：余忠和　　　　乙方代表：王树梁
　　　　　余新忠

双捷镇乐安管理区山仔经济合作社（公章）

二〇〇〇年十二月四日

其后，云南队也遭遇了同样的问题。2005 年，乐安当地村民向云南队索要居住用地的费用。云南队定居的地方为乐安村委会新屋村以前的驻地。后来，新屋村民搬走，此地长期荒废，基本处于无人利用的状态。

然而，云南队在此定居后，当地村民重申对这块地的权利，以期从中获得一笔可观的土地转让费。对苗族代耕农来说，只有获得稳定的土地才能过上安稳的定居生活。为此，他们从新屋村民手中永久性购置两块土地，以期获得在当地居住的合法权利。云南队与新屋村民代表签订了两份土地转让合同书，两块土地的转让费共计45000元。

转让山岭地合同书

江城区双捷镇乐安村委会，新屋村有东门屋旧寨地一带转让给双捷镇乐安村委会云南队，经双方全体村民协商同意，签订条款如下：

一、乐安新屋村东门屋旧寨地，东至鸡那山岭脚为界，南至东门屋垌水田边旧砖塘水田边为界，西至现有云南小学小便处背战竹为界，北至美女梳妆岭脚东门屋岭脚路下为界，共约有拾亩地转让给乐安云南队建屋永远居住。

二、乐安云南队村民一次性交补偿费叁万伍仟元人民币给乐安新屋村民。

三、本合同一式两份，双方各执一份，共同遵守，不得反悔，自签订之日起生效。

乐安新屋村村民代表：谭国英等25人

乐安云南队村民代表：李国才等23人

2005年9月18日

转让山岭地合同书

阳江市江城区双捷镇乐安村委会新屋村有东门屋旧砖塘地壹片，转让给双捷镇乐安村委会云南队杨发民等，经双方全体村民协商同意，签订条款如下：

一、乐安村委会新屋村东门屋旧砖塘地，东至云南小学小便处背战竹为界，南至旧砖塘田边为界，西至茅田村龟岭仔路下为界，北至美女梳妆岭脚路下为界，共约有叁亩地转让给乐安云南队杨发民等建屋永远居住。

二、乐安云南队杨发民等一次性交补偿费壹万元人民币给乐安新屋全体村民。

三、本合同一式两份,双方各执一份,共同遵守,不得反悔,自签订之日起生效。

乐安新屋村村民代表:谭文英等 27 人

乐安云南队村民代表:杨发民等 5 人

2005 年 9 月 18 日

通过购置土地的形式,部分苗族代耕农获得了相对"合法"的居住用地。在其后的几年时间里,获得"合法"居住用地的苗族代耕农陆续修建房屋,其移民社区也逐步完善和发展。需要指出的是,这里所说的"合法"仅是民间意义上的合法。如果严格按照相关的法律制度来说,这种土地交易则属非法行为,苗族代耕农的房屋属于没有合法手续的"违章建筑"。这一点也成为苗族代耕农心中的隐忧,一些苗族代耕农也因此迟迟不敢修建房屋。

四 移民社区的准入机制

在迁徙流动的社会状态下,苗族代耕农并没有陷入混乱与无序。相反,在新的社会环境中,他们开启了一种自组织的治理模式。在社会学的研究中,自组织指的是"一个人数有限的团体(通常是 50~1.5 万人)通过建立自治理机制,而使团体从无序走向有序"[1]。对苗族代耕农群体来说,自组织是克服个体力量不足的一种行动策略。通过自组织的治理模式,苗族代耕农被有效组织起来并在移居地形成了自己的移民秩序。在每个移民社区内部,都有扮演管理者角色的"村长"。与此同时,移民社区也制定了相应的规章制度以约束人们的行为。特别是在成员的退出与进入方面,移民社区做出了严格的规定。在异乡定居的过程中,苗族代耕农逐渐形成了本群体内部的社会秩序。

对苗族代耕农来说,移民社区是他们的新家园,因此,他们在定居

---

[1] 罗家德、孙瑜、楚燕:《云村重建纪事——一次社区自组织实验的田野记录》,社会科学文献出版社,2014,第 3 页。

之初便推荐有能力、有威望的人做"村长"。"村长"一般由迁徙活动的带头人来担任，其职责主要涉及内部管理和外部沟通两方面事务。在内部管理方面，涉及的事务主要有处理矛盾纠纷、组织生产建设、征缴相关费用、约束成员行为等内容；在外部沟通方面，"村长"作为移民社区的代表，需要与当地村民和基层政府进行沟通联系，努力维护移民社区集体成员的利益。在日常生活中，"村长"是移民社区的意见领袖，"村长"的能力强弱直接关系到移民社区能否发展。

苗族代耕农将自己建立的移民社区视作小团体的共有财产，在定居过程中也衍生出相应的成员资格问题。他们把最初一起迁徙的成员视作移民社区的天然成员，并排斥后来移民群体的加入。云南队在定居之初，"村长"便制定了一个不成文的规定，即"以后任何一家的亲戚都不准收，就是亲兄弟都不准加入。离开这里再想回来的坚决不收"。在生活稳定之后，他们便把代耕的田地平均分配到各家各户，因此后来者难以在固化的移民社区中获得田地。

实际上，代耕初期的生活非常艰难，一些人不能适应新的生存环境，同时又看不到未来的生活希望，无奈之下只能返回文山州迁出地。在他们离开之后，"村长"便把这几户的田分给人口较多的家庭。一旦离开移民社区，便不再是移民社区的成员，以后再想返回移民社区将受到严格限制。苗族代耕农在制定规约维护既得利益的同时，也往往将自身置于两难境地。苗族移民群体大多有直接或间接的亲属关系，因此他们不能对后来的移民群体置之不理。

张发德是最早组织文山州苗族群众迁徙阳江的核心成员之一。最初，他与杨发民等人一起在云南队定居代耕。1993年，张发德的两个弟弟过来阳江投奔哥哥。而此时，云南队已没有多余的田地接纳这些后来的移民。无奈之下，张发德只能从云南队迁出，带着两个弟弟重新寻找田地代耕。现在乐安辖区内的高桥村，便是从云南队中分化出来的移民社区。杨发民谈到此事时颇有不满，认为当初他们这样做扰乱了社区的秩序。杨发民说："他们搬走的时候我刚好回云南办事，要是我在的话绝对不同意他们搬走。做什么事都不能乱来，不能乱了大家的规矩。后来，他们又想搬回来，我坚决不同意。国有国法，村有村规，不能想走就走、想来就来。"

实际上，大多数移民社区都经历了社区成员的进入与退出，每个移民社区都有自己不成文的"村规"。对苗族代耕农来说，他们所获得的田地非常有限，以至无法接纳后来的移民群体。因此，后来的移民群体需要重新寻找田地代耕，这也造成了苗族移民社区散落各处的分布格局。

移民社区不仅存在成员退出，同时也有新移民群体的进入。虽然移民社区中会衍生出成员资格问题，但碍于各种复杂的亲属关系，移民社区往往会接纳新的移民群体。可以说，移民社区的成员处于一种动态的平衡之中。

陶文进兄弟在乐安麦垌定居后，又先后接纳了三批前来投靠的苗族亲友。移民社区也由原来只有陶氏兄弟四家，发展为由陶氏、王氏和杨氏共同构成的移民社区。

第一批后来者是王氏兄弟3户人家。王氏兄弟原籍广南县者太乡，与其他移民群体一样，土地稀少、食物短缺是他们迁徙的主要原因。王氏兄弟于1992年到江门台山寻找田地代耕。当时找到台山市那扶镇的那光管理区，村干部划拨了30亩田地给他们代耕，代耕期限暂定10年，一亩田一年缴纳60斤的公粮。作为兄长的王树强对迁徙台山的场景记忆犹新："台山那扶的村民对我们很热情，我们没建房子，他们把旧房子给我们住，还帮我们把东西都搬进去。当时看见田里全是水，还以为那水是可以喝的，喝过才知道水是咸的，做饭煮菜都很难吃。"

那光管理区是一个沿海村落，王氏兄弟代耕的田地临近海边。涨潮之时，海水会涌进他们的田地。苗族人世代生活于大山之中，当他们从熟悉的山地环境中走出，骤然面对一望无际的大海时，他们产生了一种莫名的恐慌。果然，神秘莫测的大海给他们的生活带来致命的打击。1993年夏，台风来袭，海水涌进他们的田地，简陋的房屋被台风吹垮，所有的衣物家什全部被海水浸泡。对初来乍到的苗族移民来说，突如其来的台风无异于灭顶之灾。亲历过当时台风侵袭的王忠荣如是讲："那时候我们真是可怜。妇女、小孩都在那里哭，看着她们哭我们男人也掉眼泪。当时在台山一个亲戚都没有，我们三兄弟想来想去还是要换个地方。"

王氏兄弟得知有苗族亲友在阳江定居代耕，而且台山和阳江邻近，于是决定迁徙到阳江投奔亲友。当时，王氏兄弟并不清楚这些亲友具体在什么位置，到阳江之后一路打听，最终在乐安找到了自己的亲友。王氏兄弟先是找杨发民、李正灵商议，想加入他们的移民社区。此事被杨发民直接回绝，因为他们在定居之初便已约定："以后不再接收移民户，任何人的家属都不能接收。"杨发民不想自己带头违反自己制定的规则，但又不能对这些走投无路的亲友弃之不顾。为此，杨发民想出一个两全之策——安排王氏兄弟到广西队定居。当时，广西队代耕的田地相对富余，加之陶家与王氏兄弟存在姻亲关系，于是就接纳了王氏兄弟。1994年晚稻收割之后，王氏兄弟3户人家将稻谷和家什一起拉到阳江，并请陶氏家族兄弟吃了一顿饭，算是正式加入广西队。王氏兄弟分得了代耕的田地，并获得了移民社区的成员资格。

2002年，广西队又接纳了从红十月农场退出的杨发强、杨发权两家人。从亲属关系上讲，杨氏兄弟是陶文进的内侄。杨氏兄弟在1995年来到阳江，起初在红十月农场从事割橡胶工作。后来，杨氏兄弟觉得在农场割橡胶过于辛苦，便想加入亲友的移民社区定居生活。他们找到堂哥杨发民商议此事，杨发民也很为难。杨发民找到陶文进商议此事，希望广西队能接纳杨氏兄弟。最初，广西队的陶氏和王氏几户人家都不同意这种安排，他们不想把有限的田地再次分给他人。杨发民对他们做了一番思想工作："他们和我杨发民是兄弟，祖宗是同一个。你们这块田地的手续都是我一手经办的，你们要帮我一个忙，就算是还我一个人情。而且这些田地都是当地人的，既不是你陶家的，也不是你王家的。"最后，广西队的陶氏和王氏兄弟做出让步，同意接收杨氏兄弟加入。但他们要平均承担买地、修路、拉电等社区建设费用，并且只给他们分配宅基地而不再给他们分配田地。

2004年，杨开法又加入广西队。杨开法本是广西队移民社区的开创者之一，早在1992年便与陶文进一起前来阳江看田并签订了土地转让合同，但他的迁徙计划因遭到兄长的反对而耽搁了十余年。杨开法父母早逝，由两位兄长抚养成人。在其兄弟三人中，只有杨开法读过几年书，两位兄长想让他留在身边照顾家庭。无奈之下，杨开法只能放弃迁徙到阳江代耕的计划。十余年后，迁徙到阳江的同乡在生活上都稳定下来，并且在经济上有了很大的起色，杨开法再次做出了迁徙到阳江的计划。2004年夏天，杨开法带着妻儿来到阳江想加入广西队。

迟来的杨开法同样遭到一些社区成员的反对，新移民的加入无疑意味着摊薄有限的土地资源。杨开法也认识到自身的尴尬境遇,他买鸡买酒,请几家人吃了一顿饭,并表示可以不要田地并平均承担以前建村的费用。考虑到杨开法最初和陶文进一起来看田,同时也是土地转让合同的签订者,广西队社区成员最终接受了他的加入。

在异地定居的过程中,移民社区经历了成员进入与退出的重新组合。人口压力较大的移民社区,其成员面临退出与重新寻找土地的问题。而劳动力不足的移民社区,则通过吸纳新成员满足生产需求。可以说,移民社区的形成过程是一个人口与土地相互调适的过程。在代耕土地的权利上,移民社区的最初创立者在成员资格上无疑具有优势地位。对苗族代耕农而言,移民社区属于共同迁徙的小团体,不能无限度地吸纳新的移民群体。至于后来者能否加入其中,主要取决于村落的创立者是否愿意割让部分利益给后来的移民群体。

由此可以看出,移民社区并非松散的移民聚居地,而是有自身的秩序。随着苗族代耕农群体规模扩大,其族群认同感和文化凝聚力逐渐增强,移民群体的社会秩序也逐渐构建出来。在实现定居的同时,移民群体必将创设出一套规则来保障其已经争取到的资源和利益。美国社会学家帕克(R. E. Park)等指出:"正是在移动的过程中,我们称之为'社会'的那种特殊组织才得以发展起来。"[①] 苗族代耕农通过自组织的管理模式,在很大程度上弥补了政府管理的缺位。实际上,移民社区的一些家庭的成员常年在外做工,但他们仍要承担社区的公共建设费用,以此保留社区的成员资格。苗族人的文化形态与社会结构,并没有在迁徙行动中被消解,反而在适应新环境的过程中被不断强化。

[①] R. E. 帕克、E. N. 伯吉斯、R. D. 麦肯齐:《城市社会学——芝加哥学派城市研究》,宋俊岭、郑也夫译,商务印书馆,2012,第143页。

第三章　社区内外的经济活动

土地是人类赖以维生的重要资源，每个社会都对土地的占有和使用做出了相应的制度安排。在不同的土地占有关系下，农民群体会发展出不同的土地利用策略。作为乡村社会的外来移民群体，苗族代耕农不具备对土地的原生性权利，也不具备移居地社会的完全成员资格。因此，他们难以与当地村民平等地分享地方社会的各种生存资源。然而，他们并不是被动地遵循当地社会的制度安排，而是利用当地居民忽视的各种生态资源构建出自己的经济体系。阳江境内具有丰富的山地资源，这为苗族代耕农开展多元化的生计方式提供了重要的外部条件。

一　代耕初期的生存危机

迁徙是摆脱生存危机的一条重要途径，但移民群体的迁徙行动通常要付出一定的代价。对白手起家的苗族代耕农来说，他们不仅要承受文化上的冲击，同时也要面对经济上的困境。如陶文进所说："为了生存，我们苗族人经常四处搬家。换一个地方就要花费一笔钱，搬来搬去大家都搬穷了。来到阳江的时候，我们几乎一分钱都没有了，甚至有些人家迁徙的路费都是跟别人借的。"进入阳江定居代耕之初，苗族代耕农面临前所未有的生存危机。

虽然他们获得了土地的耕作权，但水稻从种植到收获需要几个月的时间，一时之间，苗族代耕农维持基本的温饱都存在困难。尽管他们在迁徙至阳江之前变卖了房屋和牲畜，获得一笔有限的经济收入，但对大部分人家来说，这点积蓄在迁徙的途中已花完。在定居代耕之后，他们已无力再购买耕牛、化肥、农药等生产物资。杨发民对当时移民社区的收支情况做了详细记录（见表3-1、表3-2），从记录中可以看出，最为频繁的开支是购买大米。之所以出现如此频繁购买大米的记录，是因为其经济能力有限，每次只能少量购买以缓解经济上的压力。

为应对定居初期的生存危机,云南队采取了"统一劳动、统一分配"的生产形式。回忆起当时的情景,杨发民说:"哪些人去放牛,哪些人去割草,哪些人去犁地,哪些人外出打工赚钱,都要统一组织。在当时的情况下,大家必须齐心协力,要统一安排管理。否则的话,没钱的就会饿死,大家就没办法生存下来。"当时,人们出去做工要经由"村长"进行统一安排,赚到钱要上缴"村长"进行统一管理,需要开支时再从"村长"那里领取。在杨发民早年的笔记本上,较为清晰地记录了定居初期的各项经济活动。正是通过这种同舟共济的集体协作方式,苗族代耕农才得以渡过定居初期的生存危机。

表 3-1　云南队收入支出记录

单位:元

日期(1992年)	姓名	活动	收入金额	支出金额
3月10日	熊友德	带领7人到上坑扛甘蔗	35	
3月11日	杨发民	带领9人到上坑扛甘蔗	45	
3月12日	熊友德	带领5人到茅田扛甘蔗	35	
3月12日	杨发民	跟熊友德借现金600元	600	
3月13日	杨发民	到阳光买化肥43包		610
3月13日	李正良	到信宜队买竹子		10
3月13日	杨开顺	带领5人到农垦扛甘蔗	30	
3月14日	杨顺荣	带领5人到农垦扛甘蔗	35	
3月15日	李正良	到程村买铁锹		31
3月18日	杨发民	到程村发电报		17.9
3月21日	李正良	借钱看病		10

资料来源:笔者根据杨发民早年的笔记本整理汇总。

表 3-2　云南队集体开支情况

单位:元

日期(1992年)	开支情况	支出金额
2月6日	买大米和菜	45
2月8日	买小鸡8只	13.6
2月10日	买铁铲	6
2月16日	买大米和菜	23.5

第三章　社区内外的经济活动　67

续表

日期（1992年）	开支情况	支出金额
2月24日	买大米和菜	39
3月2日	支付1月工人伙食费	17.3
3月3日	买大米	21.6
3月4日	买肥下秧	2.5
3月7日	买大米	20
3月11日	买大米	25
3月16日	买大米	7.5
3月18日	买大米	16
3月21日	买大米	21.5
3月24日	买大米和盐	34
3月29日	买大米	10

资料来源：笔者根据杨发民早年的笔记本整理汇总。

　　尽管他们处处精打细算，但生活仍然难以为继，甚至要跟当地村民借米度日。菜在当时是非常难得的，大多数时候他们只能以咸菜下饭，偶尔买一些猪肉来改善生活，也只能买一些廉价的肥膘肉。陶剑龙说："当时肥板（肥膘肉）只卖几毛钱一斤，瘦肉卖到几块钱一斤。为了吃上一点肉，我们只能买肥板。卖猪肉的老板问我们，你们云南人怎么那么爱吃肥板呢？谁会爱吃肥板呢，我们当时只是买不起瘦肉。"苗族代耕农定居初期的生活水平和生存困境从中可见一斑。

　　苗族代耕农帮助当地村民缓解了农业生产压力，但一些代耕农群体并没有得到当地村民的友好相待。在程村镇胡荔村代耕的陶有德等人，回忆起当时的经历仍然愤愤不平。当地村干部将田地交给他们之后便对其置之不理，除了每年督促他们完成公购粮任务，在日常生产生活中没有给予过任何关照。陶有德如是说："1992年5月我们来到程村胡荔大队。我们刚到的时候，在胡荔大队住了两天两夜。第三天，大队干部就带我们去看田，给我们划清田地边界之后，就把我们丢在田地里不管了。划给我们的田地是荒田，住的地方也没有。我们花了一个多月的时间清理场地，搭建了几间简易的棚子。棚子刚搭好就刮台风，棚子都被吹到山上去了。我们跑到树林里躲雨，在山里淋了两天两夜的雨，当时真是太可怜了。他们胡荔大队干部，看都不来看我们一眼。当时我们都想回去，但我们把老家的房子、牲口都卖了，来到这里只剩下几百块钱，回去连路费都不够，是死是活都只能待在这里。我们没赶上种第二季稻谷，到第二年才开始种植。当时我们有9个月的时间是断粮的，只能跟当地人买一点，钱花完了就只能跟人家借稻谷。这里有几户是高州搬过来的，他们对我们很好，经常借稻谷给我们。好在那时候大米便宜，一斤才三四毛钱，要是贵的话我们都会饿死。"

迁徙异乡的苗族代耕农对生活并没有过高的要求，仅仅希望解决基本的温饱问题。然而，即便是最基本的温饱问题，在当时的社会条件下也难以得到满足。在陌生的社会环境中，苗族代耕农难以得到外界的援助，他们只能依靠自己来应对和解决温饱问题。

苗族代耕农一方面要应对生存困境，另一方面也要积极学习当地的耕作技术，尽快开展农业生产活动。这些生活于西南山地环境中的苗族人，长期以来都是种植玉米、荞麦等旱地作物，对亚热带地区的水稻耕作技术一无所知。面对陌生的土地，他们不知道从何处下手，甚至连基本的犁田、插秧都不懂，更不用说如何施肥、打农药。在第一年种植水稻时，他们把秧苗插得密密麻麻的，当地村民见到便嘲笑他们说："这些人不是来种田的，连插秧种田都不会做。"

实际上，苗族代耕农在迁至阳江时做了一定的准备工作，许多人把家乡的农具和种子都一起带了过来。但过来之后发现，家乡的农具和种子并不适合阳江的气候环境。他们把犁地的木耙从文山带到阳江，但阳江的气候潮湿，木耙很容易腐烂。此外，他们还从老家带来一些作物的种子，但云南的种子并不适合在阳江种植，"稻谷种下去之后，秧杆长得很高，但一刮台风全倒掉了"。在新的生存环境中，他们必须学习全新的生产技术。当地村干部为使他们顺利完成公购粮任务，经常过来指导他们开展农业生产并传授相关的水稻种植技术。

经过一年时间的学习适应，苗族代耕农逐渐掌握了当地的物候和农业生产技术。如早稻要在清明前后插秧，晚稻则在立秋前后插秧，错过了时节水稻就会遭遇较多的病虫害。在代耕的第一年，由于缺少耕牛，翻挖田地全要靠人工。因此，云南队当时仅耕种了一半的田地。实际上，阳江的田地也并没有他们想象中的那么肥沃，许多田地是土壤贫瘠的沙土地，不下肥料稻谷就没有收成。由于没有经济能力购买化肥，他们只能收集人畜粪便作为肥料。在当时的生产条件下，稻谷产量非常低，单季亩产只有三四百斤，扣除公购粮，代耕农所剩的稻谷仅能勉强糊口。

在传统农业社会，农业生产可以满足人们的大部分生活需求。然而，在市场化的社会环境中，仅仅依靠农业生产难以维持生活的正常运转。不仅日常生活需要一定的经济收入来维持，农业生产中所需的化肥、农药、农具、种子等物资也都需要现金来购买。因此，苗族代耕农必须在田地之外寻找其他经济来源。在土地的束缚下，他们无法脱离农业生产，只能选择在当地做临时工或是上山采挖药材赚取一些收入。当时，云南队背后有一个石场，石场老板需要工人为他打石子（做建筑材料）。农闲时，苗族代耕农都到石场去打石子，将大石块用锤子砸成石子，每人每天可以赚到几块钱。工价虽然低廉，但毕竟为人们提供了一丝生活的希望。

耙松毛（松叶）是苗族代耕农在当时的另一条赚钱途径。20世纪90年代，阳江市有几家瓦窑厂，当时瓦窑厂需要收购松毛做燃料。苗族代耕农得知这一消息便组织人员到山上耙松毛，将松毛卖给收购的老板。最初，当地村民都是用手推车推到瓦窑厂。苗族代耕农到来之后，当地村民便不上山耙松毛，而是在山下等着收购他们的松毛，然后开车送到瓦窑场去卖。云南队的苗族代耕农三人一组，一天耙到的松毛可以装满一拖拉机。当时一车松毛可以卖到60元，每个人一天赚20元左右。可以说，正是凭借这些微不足道的经济收入，他们才得以渡过代耕初期的生存危机。在当时的社会条件下，苗族代耕农没有更多的生存选择，只要有赚钱谋生的机会他们便会努力争取。回忆起代耕初期的生存困境，李明剑感慨地说："为了渡过生存难关，能够在这里生活下去，我们在这里四处找活干，哪怕是只有10块、20块，只要能赚到一点我们就干。我们不怕苦不怕累，下雨天要干，顶着烈日也要干。当地人不愿意干的工作，全是我们云南人在干，我们云南人对阳江发展也是做出了贡献的。我来到广东那年才15岁，第二年就去石场打工，22斤重的大锤要抡一天，晚上回来手上都是水泡。在石场做了四五年的工，那时候一天只有5块钱。有心去读书都没精力，想着先要吃饱肚子，先要保证自己的生存。"

到第二年，粮食生产有了基本保障，生活逐渐稳定下来，苗族代耕农才将集体代耕的田地按家庭人数进行统一分配。自此之后，各家自行安排农业生产，并根据分得的田地承担相应的公购粮任务。有了一定的经济收入之后，苗族代耕农才有能力购买耕牛、化肥、农药等生产物资，稻谷产量也有所提高。云南队老"村长"杨发民说："在刚开始的时候，我们种稻谷不如当地人。但到了第三年，我们的稻谷产量就超过了本地村民。本地村民把秧苗种下之后就不再管理，我们这些人整天在田里管理水稻。"到1997年，一些苗族代耕农购买了手扶拖拉机，开始用手扶拖拉机犁开阔的田地，生产生活条件开始逐步改善。

虽然经历了一段痛苦的岁月，但不管怎么说，阳江的生存条件要远远好于他们的家乡。一方面，阳江处于亚热带地区，作物生长周期较短，一季作物仅需四五个月便能成熟。从生存的角度来说，只要能熬过四五个月，待作物收获后便能解决基本的温饱问题。另一方面，阳江境内山地资源丰富，除利用有限的耕地外，他们可以在广袤的山地中寻找药材、蜂窝等各种资源以解决自身生存问题。他们始终认为，云南山区那么恶劣的条件都能生存下来，在阳江只要人勤快更能够生存下去。经过一年多的努力，苗族代耕农逐步克服生存困难，在异乡的定居代耕生活渐渐步入正轨。

二 公购粮任务到农户地租

考虑到代耕初期苗族代耕农遇到的生产生活困难，当地村干部减免了他们第一年的公购粮任务。到第二年，各移民社区开始正式承担公购粮任务。当时的农业税费种类较多，有公粮、购粮、余粮、水利粮、教育粮等，这些名目加在一起，每亩田地要承担100余斤的公购粮任务。从税收性质上看，公粮、购粮、余粮属于不同类型。公粮是农民以粮食实物的形式向国家缴纳农业税。购粮则是按照国家的粮食收购价向农民收购的成品粮，但一般情况下购粮的收购价要低于市场价。余粮则是农民将吃不完的粮食卖给国家，余粮价格比购粮要略高。

国家的公购粮任务并不是整齐划一的，不同地区、不同村落的公购粮任务也有轻重之分。分布在不同村落中的苗族代耕农，每亩田地承担的公购粮任务从100余斤到200余斤不等。如罗琴林场大更村苗族代耕农承担的公购粮任务较轻，其公粮任务为每亩田90斤，购粮任务为每亩田20斤；而程村镇灯心塘的苗族代耕农承担的公购粮任务则较重，其公粮任务为每亩田137.5斤，购粮任务为每亩田149斤。较重的公购粮任务，给苗族代耕农的生活带来沉重负担。由于相当一部分粮食要上缴国家，只有种植两季稻谷才能保证生活之需。如果只种一季稻谷的话，完成公购粮任务之后所剩稻谷就难以维持家庭成员的口粮需求。

20世纪八九十年代，督促农民进行农业生产并完成国家的公购粮任务，成为基层政府的一项重要工作。每到夏秋收获之际，粮站的工作人员就会到村里敦促村干部完成村里的公购粮任务。当时，村干部最头疼的工作就是征收公购粮，拖欠公粮或拒缴公粮的事件时有发生。与当地村民相比，苗族代耕农则非常积极，基本上每年都率先完成公购粮任务。每到公购粮征购时，他们便主动把稻谷拉到粮站去上缴或出售，从未出现过拖欠公购粮的情况。

征收公购粮时，粮站的工作人会对粮食进行严格检查，稻谷必须晒干，而且不能掺杂沙石。经验收合格之后，粮站会开出验收票据，农户凭票据到财政所开发票，完成纳粮完税的程序。

2001年，全国开始推行农村税费改革，农民的农业税赋任务逐步减轻。自此，农民不需缴纳实物形式的农业税，而是以现金的形式缴纳农业税。苗族代耕农将稻谷出售给当地的养殖场，换取现金来完成农业税赋任务。虽然仍要缴纳税赋，但毕竟可以通过其他赚钱途径来完成，这在很大程度上将他们从农业生产中解放出来。随着化肥和农药的大量使用，稻谷产量获得大幅提高，早稻亩产在700斤左右，晚稻亩产较高者有800余斤。异乡代耕虽然没有给他们带来太多的经济收入，但至少解决了基本的温饱问题。用他们的话说：“如果共有十分的话，现在的生活比以前好了七分。”从这点来看，文山州苗族群众的迁徙行动是成功的。

国家不再征收公购粮之后，苗族代耕农的粮食开始出现大量剩余。曾经作为税赋的稻谷，被作为商品卖出去。罗伯特·芮德菲尔德在分析农民群体的特点时指出了农民自给自足的生产特点："他们耕种的目的都是谋生，而不是攫取利润，所以耕地就成了他们的生活方式。"[1] 然而，在市场化的社会环境中，农民群体必须通过出售自己生产的农副产品来获取自己所需的生活物资。水稻种植的收益虽然不高，但如果大面积耕

---

[1] 罗伯特·芮德菲尔德：《农民社会与文化：人类学对文明的一种诠释》，王莹译，中国社会科学出版社，2013，第40页。

种也能赚取一笔可观的收入。在阳西县儒洞镇下河村代耕的高正国父子曾耕种100多亩田，每年产稻谷10万余斤。在2000年前后，每斤稻谷价格大约在0.6元。除去化肥、农药、种子这些开支，一年靠出售稻谷能够赚5万多元。

随着生活条件的改善以及谋生渠道的多元化，对苗族代耕农来说，土地已经失去原初的意义。他们逐渐认识到，外出做工所带来的经济收益要远远高于农业种植，而且耕种田地较为辛苦，靠种植稻谷赚钱远不如进厂务工轻松。曾在阳江市平冈镇寨山村代耕十余年的王应荣在回首艰辛的代耕生活时感到一丝遗憾："他们当地人都出去打工，我们还来给他们种田，我们太笨了。去工厂做工，一个月最少都有一两千块钱。我们在山里种稻田，一分钱都赚不到。要是早几年出去打工的话，我们的生活比现在还要好。"

特别是在近十余年，随着农业物资价格不断上涨，种植水稻的收益非常有限，人们对农业生产活动失去了兴趣。人们经常抱怨："现在种田成本太高，一亩地光化肥就要用50斤，农药要打三四次，稻种、化肥、农药、请收割机这些算下来，种一亩稻谷的成本就要400多元，还要给当地农户交100斤的'公粮'。如果遇上天气不好，甚至连成本都收不回。所以现在大家都不愿意种田，随便种一点田，只是为了自己吃着方便。"以前人们精心地种植早晚两季水稻，但现在人们仅种植一季晚稻，甚至有小部分代耕田地抛荒。

在市场经济的刺激下，苗族代耕农的土地观念也发生了微妙的变化。在苗族人的传统观念中，最重要的是三块地：宅地、田地和坟地。陶文进说："以前最重要的是田地，现在田地是次要的，进厂做工买粮食吃都没问题。现在对我们来说，最重要的是有块宅地，只要有个落脚安家的地方我们就可以活下来。"苗族代耕农现在仍珍视他们的土地，但现在的土地已不再是解决温饱问题的生存资源，而是他们安身立命的生存家园。正如台湾学者陈奕麟所指出的："土地这个东西就和租约一样本身并无意义，其意义都是人所赋予的。"[①] 从某种意义上说，土地的价值是人创造

---

① 陈奕麟：《香港新界在二十世纪的土地革命》，《中央研究院民族学研究所集刊》第六十一期，1986，第28页。

的，人们利用土地的不同方式赋予了土地不同的价值。

对苗族代耕农来说，代耕的田地现在已成为"食之无味，弃之可惜"的鸡肋。从经济理性方面看，种植稻谷并不赚钱，而且还会将劳动力束缚在田地之上，使其无法从事其他工作。新成长起来的年轻人，大多在外面做工。在他们看来，在外面做一天工，就可以赚到一两百块钱，足够买到一袋大米，不种田也能照常维持生活。但从生存理性方面看，种植稻谷可以提供最基本的生存保障。如若在外面赚不到钱，回到家里至少可以解决基本的温饱问题。自己种植稻谷和蔬菜，可以在很大程度上降低生活开支。如若大米和蔬菜都去购买，无疑会给他们的生活带来不小的压力。因此，明白田地重要性的老人们，仍在悉心地经营着他们代耕的田地。

随着经济社会的发展，苗族代耕农有了更多的谋生机会，但他们却不敢完全放弃农业生产。因为代耕协议中明确规定田地要用于耕种，一旦出现田地抛荒行为则意味着违反了最初签订的代耕协议。如此一来，就会为当地村民收回代耕田地提供借口。对苗族代耕农来说，土地已不仅仅是他们的生存资源，同时也是他们取得异乡社会合法入住权的重要条件。

三 山地资源的开发利用

有限的土地资源难以维持苗族代耕农的生存发展，他们必须在代耕的田地之外拓展自己的生计来源。阳江拥有丰富的山地资源，这为苗族代耕农的生存提供了重要的外部条件。苗族代耕农不断将生存空间向外拓展，在周边的山地中从事采挖药材、捕捉马蜂等谋生活动。被当地人忽视的各种山地资源，成为苗族代耕农重要的生存资源。

定居之初，苗族代耕农经历了空前的生存危机。在陌生的社会环境中，他们难以找到经济来源维持生活。正当他们对生活一筹莫展之际，当地的药材收购商动员他们上山采挖药材以期从中赚取差价。来自云南大山深处的苗族人对各类药材并不陌生，但在新的生存环境中，其原有的认知体系失去了效用。在阳江的山地中，他们不知道哪些是药材，也不知道哪些地方生长药材。为了使这些苗族代耕农能够采挖到药材，药材收购商拿来药材样品教他们如何辨认，并亲自带他们到山上去采挖药材。药材收购商别有用心的动员，为处于生存边缘的苗族代耕农提供了一条谋生之路。

最初，苗族代耕农对采挖药材心存顾虑，他们担心在他人的山上采挖药材会遭到当地人的反对。这种担心的背后，实质上是对自身入住权心存疑虑的表现，他们意识到自身不具备利用当地山地资源的合法权利。但经过几次尝试之后他们发现，当地人并没有干涉他们采挖药材的行为。对当地村民来说，田地资源尚未全部开发利用，对山地中的药材资源更是无暇顾及。被当地村民忽视的各种药材，成为苗族代耕农重要的维生资源。每到农闲之时，苗族代耕农便到附近的山地中采挖药材。通过对这些免费资源的挖掘利用，苗族代耕农渡过了定居初期的生存危机。

在刚开始上山采挖药材的时候，附近山地中的药材资源十分丰富。牛大力、土茯苓、岗梅根这些药材资源非常多，出去一天能挖到几十斤到上百斤。尽管当时的药材价格低廉，但采挖一天也能给他们带来数十元的经济收入，这对苗族代耕农来说是一项重要经济来源。在有限的就业机会下，苗族代耕农纷纷加入采挖药材的大军。

附近山地中的各类药材经过几轮采挖之后逐渐减少，他们开始向较远的山地拓展。2000 年前后，大部分代耕农家庭都购买了摩托车。有了摩托车，采挖药材的活动范围得以扩大，人们经常成群结队地上山采挖药材。虽然当地村民无视山上的药材资源，但苗族代耕农成群结队地采挖药材还是引起了当地村民的反对。曾在平冈镇寨山村代耕的王文兴早些年曾带领兄弟亲友一起外出采挖药材，经常是十余人一同前往，浩浩荡荡的采挖大军遭到了当地人的阻挠。当地村民担心他们破坏森林，不允许他们上山采挖药材。后来，他们便分散开，两三人一组上山采挖药材。这样，他们采挖药材的行为便不会引起当地村民的注意。在近 20 年的时间里，阳江境内的主要山地都被他们采挖过。现在，他们经常跨越阳江地界，到邻近的台山、恩平等地采挖药材。

2008 年以后药材价格上涨，许多苗族代耕农通过采挖药材积累了一笔可观的经济收入。隐匿在大山中的药材资源，不仅帮助苗族代耕农渡过了生存危机，同时为他们实现再定居提供了经济来源。曾在平冈镇寨山村代耕的王氏兄弟，在结束代耕生活后一直以采挖药材维生，他们在几年时间里攒下一定的积蓄,在平冈镇购置了一栋旧宅。王文学说:"以前我们在平冈镇寨山村东一管理区种田,那边田地在山上,交通非常不方便。我们的承包期是五年,他们不和我们签长期的合同,合同期满后就续签。第三次签的合同还没到期,大家就都不想继续种田了,于是把田地退还给他们。我们这些人出来之后,主要是到山上挖药材。最近这两年药材价格高,赚到一点钱。在2013年的时候,我们两公婆出去挖牛大力,基本上每天都能赚1000多块钱。每天晚上,收购药材的老板就会来我家等。在两三个月的时间里,我们赚了5万多元,那时候感觉赚钱还是比较容易。有了一点钱之后,我们兄弟俩在平冈镇上买下一栋房子。我们两公婆一年能赚到十几万块钱,但有五个小孩要养,除去一家人的开支剩不下多少。"

2013年夏,王文学夫妇挖到一株生长数十年的牛大力,总共挖出400多斤,药材收购商以30元一斤的价格收购,仅一株牛大力就卖了12000多元。这件事在苗族代耕农中迅速传播开来,并鼓动着人们上山采挖药材。采挖药材收入较进厂务工要丰厚,而且行动自由。因此,一些苗族代耕农宁愿在大山中采挖药材,也不愿进厂务工。相比之下,现在进厂务工每月工资在4000元左右,采挖药材每天都有两三百块钱收入,如果勤快的话,采挖药材的收入要远远高于进厂务工的工资收入。实际上,许多当地村民都不知道他们所忽视的山地资源能够带来如此丰厚的经济收入。

在取得丰厚收入的同时,苗族代耕农也为之付出了艰辛的努力。采挖药材要整天在大山中奔波,比从事农业生产更为劳累。特别是去较远的山地采挖药材时,一去就是十余天,甚至是一两个月。为节省生活开支,他们要在山中搭建帐篷居住,承受风吹雨淋、烈日暴晒之苦。有些年轻夫妇几乎常年在大山里采挖药材,而无法顾及家庭。常年在外采挖药材的杨文光如是讲:"在山上跑一天饭都没得吃,早上出去有露水,衣服都湿透了,到了白天又是太阳晒。挖药材太辛苦,他们当地人吃不了这种苦,在山上挖药材的基本都是我们云南人。"

马蜂,是苗族代耕农在阳江山地中挖掘出的又一重要生存资源。对当地村民来说,马蜂是人人避之唯恐不及的危险之物,而苗族代耕农却有办法将其收入囊中。实际上,在文山州的大山中,苗族人经常采摘蜂窝，取其中的蜂蛹食用。迁徙阳江定居之后，当地商贩经常到苗族移民社区中收购蜂窝，一些年轻人认识到这是一个赚钱的机会，便尝试到附近的山地中捉马蜂。

  1995年前后，阳江山地中的马蜂较多，捉马蜂也相对比较容易。那时候一斤蜂窝能卖10元左右，一天可以采摘十余斤，顺利的话一天可以获得一两百元收入。从中尝到甜头后，一些苗族代耕农开始以捉马蜂为业。捉马蜂主要集中在每年的8月到11月。进入8月，苗族移民社区中的年轻人便开始上山捉马蜂，甚至一些进厂务工的年轻人也会从工厂辞工出来上山捉马蜂。最初，人们多是在附近的山地中捉马蜂，去较远的地方则要骑自行车或是乘坐公交车。自从有了摩托车之后，他们捉马蜂的活动范围更为广阔，恩平、台山、罗定、肇庆等地邻近阳江的山地也多被他们光顾。

  捉马蜂会遇到各种危险，因此他们一般要两三人结伴同行，这样既能彼此照应，同时也能够在短时间内采摘到相当数量的蜂窝。有经验的捉蜂人能够很容易地找到蜂窝所在，并且每天都能获得可观的收益。缺少经验的人，去到山上很可能一无所获。采摘蜂窝最重要的是对马蜂进行追踪，直至寻找到蜂窝之所在。捉蜂人进入山地，便开始处处留意马蜂的踪迹。只要发现马蜂，有经验的捉蜂人便可根据其飞行的踪迹大体判断出蜂窝的位置。追踪马蜂需要有好的"眼力"，在烈日炎炎的夏季，刺眼的阳光让人难以直视天空，所以，捉蜂人一般都是眼力好、行动快的年轻人，眼力较差的人很难追踪到马蜂的飞行踪迹。

  在确定蜂窝的大致方位后，捉蜂人便会在其附近寻找。越靠近蜂窝的地方，马蜂越多。他们所捉的多是一种被称作"安蜂"的马蜂，其蜂窝有篮球大小，悬挂在树干上或藏在草丛中，蜂窝的下端有一个拇指粗细的进出口。发现蜂窝之后，捉蜂人要穿上橡胶衣，戴上橡胶手套，头戴以尼龙袋制作的头罩，将全身武装起来，以防止遭到马蜂的叮咬。在炎热的夏天，穿厚重的橡胶衣非常闷热，片刻时间便会大汗淋漓。采摘蜂窝时，要先用点燃的火药捻将马蜂熏晕，然后以手堵住进出口并迅速将其采摘下来，装入铁丝网做成的袋子中。在一般人看来，这是一项充满风险的活动。然而，苗族代耕农对此驾轻就熟，能够迅速地将蜂窝收入囊中。进入11月，天气渐渐转凉，马蜂的活动逐渐减少，很难寻觅到

第三章 社区内外的经济活动　　77

捕捉马蜂的苗族男子

马蜂的踪迹。这时，捉蜂人便结束捉马蜂的活动，开始进厂务工或是寻找其他工作。

当地商贩为苗族代耕农提供了一条谋生途径，与此同时，苗族代耕农也为商贩提供了赚钱的机会。这些年，收购蜂窝的商贩从苗族代耕农身上获利颇丰，一年能赚几十万元。苗族代耕农与当地收购商贩形成一种互惠共生的关系。可以说，苗族代耕农之所以能够在异乡生存下来，是因为他们利用了当地人放弃的资源，并且在很大程度上避免了与当地人的资源竞争。

一般来说，移民群体与当地居民之间往往会因资源竞争而产生矛盾冲突。然而，苗族代耕农通过开发利用被当地居民忽视的山地资源，在很大程度上避免了与当地村民的资源竞争。诚如涂尔干（Émile Durkheim）在《社会分工论》中指出的："两个有机体越是相似，就越容易产生激烈的竞争。正因为他们有着同样的需要，追求着同样的目标，所以他们每时每刻都陷入一种相互敌视的状态中。……当然，如果共同生活在一起的人们分属于不同的种族，产生了不同的变化，他们所面临的情况也会完全不同。如果他们的生存方式不同，或者生活方式不同，他们就会互不妨碍。某些人赖以发迹之物，对其他人而言却显得一文不值。这样说来，相互遭遇的机会越少，相互冲突的机会也就越少，人们越是属于不同的种族，产生不同的变化，这种冲突也就越加容易避免。"① 对有独特生计手段的苗族代耕农群体而言，他们通过差别化的资源利用方式实现了与当地居民的互惠共生。

弗雷德里克·巴斯（Fredrik Barth）从生态学的视角出发得出类似的观点："在一个具有包容性的社会体系中，就族群的文化特征来说，联系几个族群的积极纽带取决于他们之间的互补性。"② 这种互补性很可能成为不同族群和平共处的重要机制。因此，不同族群若要在同一个区域中和平共处，必须最大限度地降低资源竞争，并努力建构一种互补性的族群关系。实际上，苗族移民进入阳江定居伊始便成为当地劳动力资源的重要补充力量。在后期的发展中，苗族代耕农积极融入当地经济生活，并构建出具有民族传统的山地经济。这种经济形态不仅使他们获得了免费的山地资源，同时也使他们得以嵌入当地经济结构。可以说，正是借助当地丰富的山地资源，苗族代耕农才能够在激烈的资源竞争中生存下来。

四　山地经济与就业选择

除开发利用免费的山地资源外，苗族代耕农还在移居地发展出一个颇具特色的劳动力市场。阳江境内山地较多，且种植有大量桉树速生林。桉树的砍伐与种植，提供了大量隐性的就业机会。在阳江，砍树、种树、除草、施肥等山地工作通常被称为"山工"。一些个体老板认为这些来自云南的苗族人能吃苦耐劳，因此多愿意将"山工"交给他们来做。可以说，阳江境内的大部分山地工作，都由苗族代耕农群体承包完成。

苗族代耕农从事的山地工作，大多以承包制的形式进行，即由群体内部人员充当包工头将工程承包下来，然后召集同乡亲友共同完成。包工头大多是具有一定经济基础、与外界交往较多的中年男子。在整个做"山工"的过程中，包工头承担着"中间人"的责任。一方面，包工头

---

① 埃米尔·涂尔干：《社会分工论》，渠东译，生活·读书·新知三联书店，2013，第223~224页。
② 弗雷德里克·巴斯主编《族群与边界——文化差异下的社会组织》，李丽琴译，商务印书馆，2014，第10页。

要负责联系老板、估算成本、签订承包合同等事宜；另一方面，包工头要组织人员开展生产并向工人支付工资。包工头对经济活动的开展起到重要的组织作用，如果没有包工头承接工程，普通的苗族代耕农将失去这一工作机会。

在承包工程前，包工头要对完成工程所需的工作量做出准确的估算，以保证能够从中获利。如果估算不准的话，则难以从中获利，甚至可能会亏本。以 2016 年的工价来看，种树、除草、挖地、施肥等工作，一亩地在 150 元左右。砍树的工价通常按吨数计算，砍伐一吨木材的工价为 80～120 元。交通便利、施工难度较小的工地，其工价略低。反之，交通不便、位置偏僻的工地，其工价也会略高。他们将一个劳动力一天的工作量称为"一个工"，工人每日的工资在 150 元左右。一项工程需要多少工、需要支付工人多少工资是他们与老板协商工价的重要依据。在多数情况下，苗族代耕农承包山地工程，仅是为自己及亲友创造一些就业机会，而难以从中获得额外的经济收益。

苗族代耕农劳动力市场的形成，不仅缘于自身养家糊口的生存需要，群体内部的亲属网络也使他们能够有机地整合在一起。他们虽然居住在不同的移民社区，但只要得到相关的就业信息，就能够通过亲属网络迅速将人员组织起来。

苗族代耕农文化水平较低，进入工业体系从事工业生产，不仅缺少相应的就业技能，同时也会给他们的生活带来较多的限制。而"山工"是一种自由灵活的工作，这种非正规就业形式对劳动力素质要求不高，只要具备基本的劳动能力都可以加入其中。因此，"山工"成为苗族代耕农的一项重要就业选择。一些较小的承包工程，多是包工头动用家庭内部劳动力来完成，而不会雇用其他亲友。而一些较大的承包工程，往往需要雇用其他亲友共同完成。

2013 年 11 月 22 日，笔者曾跟随张继文去砍伐桉树。张继文时年 46 岁，前些年曾在白沙镇岗华村代耕，代耕结束后便在白沙镇租房并以做"山工"维生。实际上，一年中，张继文夫妇几乎有一半的时间是在外面的工地上度过的。此次砍伐桉树的地点位于阳江市埠场镇附近。前几天，当地一个做木材生意的老板买下一片桉树林，并找张继文为他砍伐。张继文也曾看过工地，工地比较平整，并且车辆可以直接开进林地。双方商定以75元一吨的工价承包,承包方要将桉树砍倒、锯好并装到车上。这项工程要砍伐几十亩的桉树,张继文夫妇难以独自完成,于是找了几家亲戚一起来做。

完成这项工程,需要20天左右。因此,除砍伐树木所需的油锯、斧头等工具外,他们还带了锅碗瓢盆、塑料布以及被褥等生活用品。本来,老板为他们在当地联系了一间房屋作为临时住所,但一个月要400元的租金。张继文等人嫌房租太贵,而且砍树要搬来搬去,租房居住并不方便,于是,他们决定在工地上搭建帐篷居住。

按照张继文的估算,从这项工程中每人可赚4000元左右。为保证能够从承包工程中获利,包工头要根据工地所需劳动力来雇请工人。在张继文看来,"做'山工'人太多也没用,人多了就有人偷懒,那样大家都赚不到钱。最好就是有七八个关系比较好的亲戚,大家不要偷懒,都能从中赚到一点钱"。

一般来说,包工头可以在工程中获得更多的经济收益。然而,苗族代耕农之间错综复杂的亲属关系,在很大程度上制约着包工头从雇工身上获取剩余价值。包工头必须在谋取利益与照顾亲属关系之间做出妥善的安排。如是仅有亲属参与的小型山地工程,包工头一般会采取平均分配工程款的方式来分配利益。如是雇用人数较多的大型工程,包工头则只能采取按日计算工资的方式来支付雇工工资,在总的承包费用中扣除雇工工资即是包工头的盈利。

从经济学角度看,苗族代耕农的这些经济活动属于"非正规经济"①。正规的经济统计数据难以将这种经济形式纳入其中。社会主流观点将经济发展与现代工业联系在一起,并认为人们只有在正规经济领域就业才是合理的、有保障的。然而,文化水平低、缺少工业技能的移民群体难以进入正规经济领域。即便是能够进入正规经济领域,也难以获得令他们满意的工资收入。做"山工"这种自由、灵活的就业形式,在很大程

---

① 麻国庆将"非正规经济"划分为两种类型,即外发型非正规经济和内发型非正规经济。外发型非正规经济主要是农民在国家与资本的牵引下产生的非正规经济;内发型非正规经济较为突出的特点是"传统"与"地域"中的内循环经济——从自然攫取的经济、基于互惠关系的经济、基于伦理与文化的经济,当国家大刀阔斧地想将这些经济纳入视野中时,其便成了"非正规经济"。参见李明欢等《中国非正规经济》(下),《开放时代》2011年第2期。

度上契合了苗族代耕农的生存状态。因为他们在谋生之外，还要兼顾家庭生活，照顾家中的未成年子女。而进厂务工，无疑会限制他们的家庭生活。下层社会的各种"非正规经济"，不仅为移民群体提供了大量的就业机会，同时也为他们编织出一张生存的保护网。近十余年间，做"山工"逐渐成为苗族代耕农在阳江的一项主要生计活动。

近年来，随着阳江境内山地资源减少，一些年轻人开始选择进厂务工。阳江境内的五金厂、制衣厂、化工厂等劳动密集型企业，为苗族代耕农群体提供了相对充裕的就业机会。现代工厂有严苛的管理制度，但它毕竟为人们提供了相对稳定的工资收入。由于越来越多的代耕农弃农从工，其移民社区也失去了往日的生机。一些人家常年在外做工，仅在逢年过节时返回家中。然而，进入工业体系的移民群体也并非孤立的行动者，他们同样置身于移民社会网络。移民社区中走出的苗族移民，往往聚集在同一工厂或同一工业区。

通过对各种生存资源的综合利用，苗族代耕农的生活得到很大的改善，部分苗族代耕农的经济条件甚至优于当地村民。当地村民对其经济地位的转变也感到惊讶："现在，那帮云南人条件比我们当地人还好，大部分人家都修了两三层的楼房，有些人家还购买了小汽车。以前他们都是吃那些便宜的肥肉，但现在都是吃瘦肉、吃排骨，而且一买就是一两百块钱的。"在当地人看来，这些云南人很会赚钱，靠采挖药材、采摘蜂窝都能赚到钱。

这些看起来零星的、不起眼的经济收入，对他们的日常生活却有莫大的帮助，甚至帮助他们渡过了一次又一次生存危机。黄志辉在研究中山代耕农时发现，代耕农以一种"内卷化"的实践策略来维持生存。[①]而阳江苗族代耕农群体的生存策略恰好与之相反，他们将生存空间拓展到代耕田地之外的广阔山林中。通过苗族代耕农的生存策略可以看出，他们能够以"非现代"的手段在现代经济中生存下来，并表现出较为顽强的生命力，在很大程度上得益于他们对各种生态资源的灵活运用。

---

① 参见黄志辉《无相支配：代耕农及其底层世界》，社会科学文献出版社，2013，第111~115页。

第四章 移民社区的文化建构

面对陌生的生存世界，移民群体会感到焦虑与不安，进而产生较强的自我保护意识。由于语言、文化、习俗、价值观念等方面的差异，以及迁入地社会的制度障碍或主观歧视，大多数移民群体会经历一个自我隔离（segregation）的过程。[①] 表面上看，自我隔离的生存策略不利于移民群体的社会融入，但其对移民群体的文化适应和社会生存起到了至关重要的作用。[②] 具有相同文化背景和相似迁徙经历的移民群体聚集在一起，可以满足他们心理上、生活上和经济上的需要，同时还会迅速培养出他们的安全感和地方归属感。与个体化的迁徙行动不同，文山州苗族群体的迁徙是有计划、有组织、集体性的行动。他们迁至阳江定居代耕之初，并没有选择融入当地的村落社区，而是依托代耕田地建立起相对隔离的移民社区。他们精心营造自身的移民社区，并将传统文化嵌入新的生存空间，努力将陌生的环境改造为适合自身的生存空间。

一 自我隔离的生存空间

位于阳江市江城区双捷镇的乐安村，是苗族代耕农分布最为集中的区域，其辖区范围内分布有苗族代耕农175户962人。[③] 这些移民社区或是隐藏在山坳之中，或是被丛林遮蔽，很难为外人所发现。实际上，当地村民交给外人代耕的田地大多远离村落，甚至许多田地位于交通不便的山地丛林之中。来自异乡的苗族代耕农只能依田而居，这致使他们在居住空间上与当地村落隔离开来。

[①] 参见杨菊华《从隔离、选择融入到融合：流动人口社会融入问题的理论思考》，《人口研究》2009年第1期。
[②] 参见郭星华《社群隔离及其测量》，《广西民族学院学报》（哲学社会科学版）2000年第6期。
[③] 资料来源于2020年底乐安村委会统计数据。

当地村民的"恶意"安排,在一定程度上契合了苗族移民的生活习性。长期生存在大山中的苗族人,对山地环境的生存法则尤为熟悉。因此,迁徙到阳江的苗族移民,大多选择在靠近山地的偏僻地带定居。云南队在定居地的选择上经历了慎重的考量。在迁徙之初,当地的村干部划出两块土地供他们定居建房使用,其中一块位于交通便利的公路边,另一块在距公路稍远的山坳中。考虑到日后的稳定性和自身的生存尊严,他们最终选择了在相对偏僻的山坳中定居。回忆起当初的选择,杨发民说:"住在公路边当然最好,交通方便。但我们刚来的时候条件非常差,大家穿得破破烂烂的,妇女穿着我们苗族的裙子,小孩都光着屁股,看起来脏兮兮的,住在路边的话,我们不好的地方就全被人家看到了。我们现在住的这个地方,虽然位置有点偏僻,但生活会比较安定,是穷是富别人都看不到。即使以后国家征地的话,也不会影响到我们这里。当时就考虑还是住得偏一点比较安全,于是大家决定来到这里建房定居。"

苗族人有自身的文化体系,但他们的语言、服饰、宗教仪式等民族文化往往被当地村民视为怪异的东西。为避免遭到当地人的干扰和歧视,他们采取了自我隔离的生存策略。在远离当地村落的山地环境中定居,不仅可以在空间上与当地村民隔离开来,同时还可以获得大量免费的山地资源。广西队在选择代耕地点时,本来有机会在平原地区代耕,但他们最终选择了乐安的一块山地。对当时的抉择,陶文进记忆犹新。"当时为了选一块好田地,我们跑了阳江很多地方。先是去到平冈镇,那里的田地很好,一块田最少都有一两亩,地都很平,一眼看去能看到十几公里远,那边的村主任也同意接收我们。但后来一想,那里是平原地区,在那里生活主要靠动脑,但是我们这帮人缺少文化,会动脑筋的人太少,去平原地区生活找一根木柴也没有,放牛都没地方,生活很不方便。想来想去还是要住在靠山区的地方,没有柴烧可以到山上去砍点柴,没能力的人也可以在山上放几头牛。靠山吃山,靠水吃水,我们苗族人习惯了在山区居住生活,来到阳江我们也尽量选一些靠近山地的地方定居。最后我们选择了乐安麦垌这片靠山的田地,这里距离公路不远不近,而且周边有山地,我们在这里可以自由生活,他们当地人也不会过来干涉我们。"

在移民社区的建设过程中,苗族代耕农付出了艰辛的努力。云南队作为第一批迁徙到阳江的苗族代耕农,在建立移民社区的过程中遇到了颇多困难。他们刚刚到阳江的时候,没有地方居住,只能睡在树林中,承受着风餐露宿、蚊虫叮咬之苦。经历一个多月的煎熬,他们凑了一点钱,买了竹木、油毡等材料来搭建棚屋。在定居之初,他们只搭建了四间棚屋,要六户人家挤住一间棚屋。经过半年时间的社区建设,每户代耕农才有了属于自己的独立棚屋。

移民社区中的简易棚屋

在移民社区的建设过程中,当地村民为苗族代耕农提供的援助较为有限。在定居之初,苗族代耕农最难解决的是通电问题。在没有电的情况下,人们只能靠点煤油灯照明。直到几年之后,随着生活条件逐渐好转,苗族代耕农才自己出资架设电线将电接到移民社区。广西队在2000年架设电线时还发生了内部争论,一些人认为房子都没有建好,接电没有多大用处,而且不知道以后能否长期在这里生活下去。陶文进给大家做思想工作:"现在各地都实现了'三通'——电通、水通、路通,这些基础设施不通,村子以后就没办法发展。我们现在户口还没迁过来,当地政府把我们当作外地人,不会来帮我们修建。我们不能自己耽误自己,就是自己出钱也要把电接通、把路修好、把村子建设好。"其他移民社区在之后的几年时间里,通过各种途径先后解决了通电的问题。可以说,苗族代耕农在移民社区的建设中投入了大量的心血和精力。

苗族移民的迁徙过程,不是作为"过客"在移居地短暂逗留的过程，他们要在移居地社会创造一个可以长期定居的生存家园。项飚认为，流动人口聚居区的生成，是不能为宏观体制所接纳的流动人口，在体制外积极进行微观层次上的规则创新的结果。① 以族群聚居区的理论来看，族群聚集区是移民群体对原有社会结构的整合和创新，同时也是移民群体实现组织化的一条有效途径。虽然移民社区的居住条件不甚理想，但对苗族代耕农而言，这是他们苦心经营的生存家园，也是他们生活的寄托和未来的希望。

移民社区的建构，不仅为苗族代耕农提供了独立的地理空间，同时也为他们的社会文化适应提供了较大的回旋余地。在相对隔离的移民社区，苗族代耕农不仅可以保持原有的生活方式，同时也增强了与外部群体对抗的能力。可以说，正是由于这种自我隔离的生存策略，他们才有勇气应对各种生存困境并能够在异乡社会生存下来。相对偏僻的移民社区将苗族代耕农与外界隔离开来，但他们也要承受由此带来的不便。在迁徙之初，渴求土地的苗族移民对代耕田地的地理区位并没有过多的要求，一些苗族代耕农进入交通不便、远离人烟的偏僻山地。然而，随着与外界交往的增多，最初的区位选择给他们日后的生活造成诸多不便。受地理区位条件的限制，一些移民社区难以进行基础设施建设。也正因如此，一些苗族代耕农在土地承包期内便主动放弃了代耕的田地。

二 移民社区的建筑景观

走进苗族代耕农建立的移民社区，印象最深刻的便是那些低矮、简陋的棚屋。受经济条件的限制，移民社区建立之初多以竹木、油毡、石棉瓦、空心砖等材料搭建简易棚屋。以砖石和水泥修建的房屋给人一种坚固感和稳定感，而以竹木和石棉瓦等搭建的简易棚屋则像一个临时性的栖身之所，居住在棚屋中的人们似乎随时准备收拾行囊迁徙到其他地方。其住所表现出这种形态，一方面受制于经济能力，另一方面也反映

---

① 参见项飚《传统与新社会空间的生成——一个中国流动人口聚居区的历史》，《战略与管理》1996 年第 6 期。

出他们生活的流动性。的确，一些人因不适应新的生存环境而返回家乡，移民社区的成员也经历了多次的分化与重组。

棚屋内部用石棉瓦或木板划分出厅堂、厨房和卧室等几个单元，一家老小便居住在这样狭小逼仄的空间中。厅堂的正壁上供奉着祖宗牌位。棚屋没有通风的窗户，加之棚顶是隔热较差的油毡或石棉瓦，一到夏季棚屋内就异常闷热、潮湿。

由于建筑材料较差，棚屋每隔四五年就要修葺一次。对居住在棚屋中的人们来说，最让人担心的就是台风的袭击。阳江属沿海地带，几乎每年都有台风登陆。来自云南山区的苗族人未曾经历过台风，来到阳江之后，他们切身感受到台风的残酷无情。他们最初用竹木和油毡搭建简易棚屋时，当地的村干部就曾提醒他们，这样的房子很危险，一旦遇到台风天气就会被吹垮。但在当时的条件下，苗族代耕农根本没有能力修建坚固的砖瓦房。

1992年7月，云南队定居不久便遭到台风的袭击，刚刚搭建好的棚屋被吹垮，当时人们只能穿着雨衣躲到附近的树林中。待台风过后，人们重新修建棚屋，这对贫困的苗族代耕农来说无疑是雪上加霜。回忆起当时的艰难历程，李正灵如是讲："我们刚开始在这里定居的时候，全村连一间像样的砖瓦房都没有。一到夏天最怕刮台风，台风一来房子都被吹到山上去。大家只能眼看着房子被吹垮，等台风过去再重修房屋。现在大部分人家都修建了楼房，刮台风时大家都不怕了，棚屋吹垮了可以到修建楼房的亲友家躲避。"

2013年8月14日，台风"尤特"在阳江登陆。当时，笔者正在苗族移民社区进行田野调查，亲身感受到台风对移民社区的摧残和破坏。在台风到来之前，居住在棚屋中的人们为应对台风做了一些准备工作。一些人砍来竹子压在油毡棚顶上，并用绳子将其拴牢，以防台风将棚屋吹走。即便如此，这次12级的台风还是给他们造成了严重损失。以竹木和油毡等搭建的棚屋全部被台风吹垮，人们只能眼睁睁地看着自己的棚屋被吹垮、衣物粮食被雨水浸泡。棚屋被吹垮的家庭，只能到亲友家中暂时躲避。据估算，这次台风给云南队造成10多万元的经济损失。棚屋被吹垮的家庭，要重新购买材料修建棚屋。仅修葺房屋一项，每户就要花费5000元左右。

第四章　移民社区的文化建构

台风过后的苗族移民社区

住上宽敞牢固的楼房是苗族代耕农的梦想，许多人甚至把修建楼房作为人生的奋斗目标。谈到建房，陶文进无限感慨地说："我来广东的梦想就是有一个安稳的家。刚来的时候大家都是搭棚子住，台风一来全都吹垮了，住在里面都害怕得很。为了建个像样的房子，我的三个儿子连同儿媳妇全部外出打工，足足打了8年工才建起了一栋像样的楼房。我弟弟、弟媳两公婆割了6年松香，攒下7万块钱才把房子修起来。我们能在这里安家立业实在太不容易，大家都是这样一步一步熬过来的。"可以说，一个苗族代耕农家庭，需要通过数年的辛勤工作和财富积累才能修建起他们向往的楼房。

由于代耕形式的差异，代耕农的住房条件也逐渐出现分化。签订限期性代耕协议的苗族代耕农认识到，他们的移民代耕生活并不稳定，当地村民随时有可能解除土地承包协议。因此，他们只能抱着随遇而安的心态，随时做好迁徙的准备。出于这种心态，他们也不敢在移民社区进行投资建设，直到现在他们居住的仍是简陋的棚屋。而签订永久性代耕协议并且购置了建房用地的苗族代耕农则有完全不同的心态，他们认为自己将会在这里长期生活下去，并将移民社区视作永远的家园来建设。随着经济条件的改善，签订永久性代耕协议的代耕农开始逐步改善他们的住房。

广西队移民社区正在修建楼房

最近两三年，云南队、广西队以及罗琴林场大更村这三个与当地村民签订永久性代耕协议的移民社区修建起许多楼房，村落内部的建筑景观得到极大改善。楼房的修建，不仅改善了苗族代耕农的居住条件，同时也进一步稳固了他们的移民生活。虽然他们并不确定以后能否在移居地正式入籍落户，但至少在短期内不会出现太大变故。与此同时，在他们看来，修建楼房即意味着他们将在此长期居住下去，当地村民便不会轻易让他们离开。陶文进说："如果以后他们真要让我们走的话，也要照价赔偿我们的损失。这些房子按照一栋30万元来计算，整个村子至少要上千万元。这么高的征用费用，一般个体老板是赔不起的。"正是基于这种考虑，具有一定经济能力的家庭都修建了楼房。现在，相当一部分苗族代耕农的住房条件已经超过当地村民。

以云南队李国京家为例，他家在2014年修建起一栋三层楼房，建房费用高达30万元。在建房之前，两个正在读高中的儿子曾建议李国京到阳江市区买一套商品房。在两个儿子看来，在这里建房定居日后会遇到一系列问题，并且有这笔钱在城市里也能买到一套房子。但李国京对此不以为然，他认为："我们的老乡都在这里，大家可以相互照顾。建房的土地是花钱买的，如果政策不变的话，我们就可以在这里长期住下去。

而且在城市生活每天都要花钱，赚不到钱就不能养活家庭。现在我们虽然有一点钱，但去城市买房子一下子就花完了。"虽然他们并不确定以后能否在此地落户，但在他们的思维逻辑中，修建楼房即意味着获得了相对稳定的入住权。实际上，在传统乡村社会，是否拥有住房是村民资格认同的重要因素。① 在社区内拥有房屋，在某种程度上能够反映出房屋的拥有者有意在该社区居住并成为当地社会的一员。

美国人类学家波特夫妇（Sulamith H. Potter & Jack M. Potter）在东莞茶山调查时注意到，即便是在改革开放之后，中国农村的地权安排依旧可以区分出"地底权"和"地面权"，"地底权"由集体和国家占有，而农户承包经营土地的"地面权"则可以依照传统方式由子女继承。② 从这一意义上说，苗族代耕农对其购置的土地只享有"地面权"，当地村集体依然享有对土地的所有权。苗族代耕农修建楼房，旨在通过积累地面建筑价值进一步稳固自身的入住权。即便以后遇到征地拆迁，他们也享有地面建筑的相应补偿。这种不断积累地面建筑价值的定居策略，在某种程度上达到了预期的效果。当地村民见他们修建起漂亮的楼房，不仅会产生艳羡之情，同时也意识到"他们都建起楼房，以后也不可能回云南了"。可以说，苗族代耕农的定居已经成为经济上的事实，当地村民在一定程度上默认了他们居住的合法性。

三 黏合性文化适应策略

移民群体进入异文化的社会环境，不仅面临生存问题，同时也将面临异质文化的冲击。移民群体在短期内难以融入移居地社会，他们往往处于两种文化和两种社会的边缘地带，成为美国社会学家帕克所说的"边缘人"（marginal man）。帕克将"边缘人"界定为两种文化对抗中产生的一种新的人格类型：他和两种文化生活与历史传统截然不同的人群密切地居住、生活在一起；但他绝不愿意快速地与自己的传统割裂，即

---

① 参见安宝《离乡不离土：二十世纪前期华北不在地主与乡村变迁》，山西人民出版社、山西经济出版社，2013，第192页。
② 参见 Sulamith H. Potter and Jack M. Potter, *China's Peasants: The Anthropology of a Revolution*, Yale University Press, 1990, p. 334。

便他被允许这么做;由于种族偏见,他也无法在短期内被他正在其中寻找社会位置的新社会所接受;他成为两种文化和两种社会边缘的人,而这两种文化和两种社会绝不可能完全地渗透和融合在一起。[1] 总体来说,帕克是在同化论的理论框架下对移民问题进行分析的。在他看来,不同族群间的往来互动,会逐渐消弭族群间的文化差异,移民群体最终会融入主流社会。[2]

实际上,移民群体所遭遇的情境是多样的,他们对边缘情境做出的反应也不尽一致。帕克的后继者斯通奎斯特(E. V. Stonequist)对边缘人理论做了补充完善,将移民群体对边缘情境的反应归纳为六种可能的类型:一是逐渐接近主流文化群体,通过融入主流文化群体摆脱其边缘地位;二是放弃融入主流文化群体的念头,成为劣势群体的领导人;三是自我孤立,不和其他人交往,甚至移居到不致发生心理紧张的地方居住;四是当边缘人大量出现的时候,这些边缘人可能自己组成一个边缘群体,使这些边缘人有所归属;五是利用边缘人的特殊境遇,在科学及艺术方面发挥更大潜力;六是最后的可能性是人格趋向解体,例如犯罪、自杀及精神病等。[3] 边缘情境是移民群体在文化适应过程中所经历的一个特殊阶段,斯通奎斯特提醒研究者要动态地、差别化地看待边缘人和边缘情境。大量的移民研究表明,移民与迁入地社会的关系相当复杂,移民的文化适应也呈现多维性特点,而且每个维度在不同时期也是变化的。[4]

对照斯通奎斯特归纳的六种可能类型,苗族代耕农与其描述的第四种类型更为接近。由于苗族代耕农具有一定的群体规模,他们在移居地社会形成了一个相对独立的移民社群,这使他们能够在一定程度上摆脱边缘化的尴尬境遇。[5] 在适应新环境的过程中,苗族代耕农并非采取单

---

[1] 参见 R. E. Park, "Human Migration and the Marginal Man," *American Journal of Sociology*, 1928, 33 (6): 881 - 893。

[2] 参见 R. E. Park and E. W. Burgess, *Introduction to the Science of Sociology*, University of Chicago Press, 1970。

[3] 参见 E. V. Stonequist, "The Problem of the Marginal Man," *American Journal of Sociology*, 1935, 41 (1): 1 - 12。

[4] 参见王春光《移民空间的建构——巴黎温州人跟踪研究》,社会科学文献出版社,2017,第9页。

[5] 参见温士贤《走出边缘:阳江苗族代耕农的文化适应与社群重构》,《广西民族研究》2016年第5期。

第四章 移民社区的文化建构

向度的文化同化策略。与之相反，他们在积极进行文化调适的同时，也在坚守着自己的文化内核与族群特性，并以此应对主流社会的排斥与挤压。

实际上，移民群体若能维持与两个社会的联系，成为真正的双重文化接受者，他们在面对各种困难和挑战时会表现出更强的韧性。[①] 有学者将这种适应模式称为"黏合性适应"[②]（adhesive adaptation）。黏合性适应不仅是一种特殊的文化适应模式，同时也是移民群体进入异质社会的一种文化建构策略。苗族代耕农即采取了黏合性的文化适应策略，这使他们能够在两种社会的夹缝中生存下来。

进入异文化的社会环境中，苗族代耕农遭遇到强烈的文化冲击。文化冲击首先来自语言方面。语言是族际交流的重要媒介，同时也是民族文化的重要表征。语言上的差异，往往成为族际交往交流交融的阻碍性因素。在这些来自云南大山深处的苗族移民中，只有少数人能够讲普通话，大部分人只能讲自己的母语即苗语。而当地村民多是讲阳江方言，能够讲普通话的村民也是极少数。语言障碍给他们的生活造成诸多不便，这两个群体最初相遇时，几乎无法用语言进行沟通交流。在回忆最初的语言障碍时，广西队的陶剑龙如是讲："我们刚迁入阳江的时候，到当地商店买东西都很困难。我们把盐叫盐巴，他们把盐叫象昧；我们把煤油叫油水，他们把煤油叫火水。说半天都不知道我们要买什么。跟他们讲话，都听不懂对方在说什么，只能站在那傻笑。实在讲不明白只能写给他们看，好在他们大多数都识字，一写出来他们就明白了。"在陌生的社会环境中，老人和妇女不敢轻易离开他们居住的移民社区。对他们来说，一旦走出自己的移民社区则意味着进入一个充满风险的陌生世界。

语言文化上的差异，直接影响到苗族代耕农的休闲娱乐等文化活动。在宁静的移民社区中，看电视成为人们主要的娱乐活动。由于语言上的差异，苗族代耕农对汉语电视节目并没有太大兴趣，他们所看的多是从

[①] 参见 Celia J. Falicov, "Working with Transnational Immigrants: Expanding Meanings of Family, Community, and Culture," *Family Process*, 2007, 46 (2): 157 – 171。

[②] 所谓"黏合性适应"并不是要修改和替换移民群体的原有文化体系，而是将移居地的社会关系和文化的某些方面加入其中。参见 Kwang Chung Kim and Won Moo Hurh, "Adhesive Socioculture Adaptation of Korean Immigrants in the U. S.: An Alternative Strategy of Minority Adaptation," *International Migration Review*, 1984, 18 (2): 156 – 183。

云南老家购买的苗语节目光盘。在云南省文山州，一些文化公司专门录制苗语节目以满足苗族群体的文化需求。这些苗语节目主要有山歌对唱、芦笙表演、苗族神话故事等，同时也有小部分苗语节目由汉语节目翻译而来。尽管这些节目的情节简单，但苗族人对观看这类音像节目乐此不疲。几乎每户人家都有十几张苗语节目光盘，闲暇之时人们便会观看这些节目来打发时间，这也成为年轻人了解苗族传统文化的重要渠道。

迁徙给人们带来希望，但也伴随着代价和风险。移民群体承受的直接代价是迁徙带来的疾病和死亡。帕特里克·曼宁（Patrick Manning）指出："无论一个社群的正常死亡率是多少，当其成为移民者的时候，死亡率往往会更高。"① 在定居之初的几年中，苗族代耕农群体中发生了许多悲剧性事件。其中，以各种交通事故最为常见。几个苗族移民社区分布在国道附近，国道上的车流量较大，长期生活在大山中的苗族人从未见过如此多的车辆，其交通安全意识更是无从谈起，他们经常横穿马路，因此交通事故时有发生，甚至有多起交通事故导致死亡的案例。这些悲剧性事件的发生，在很大程度上由文化不适导致。可以说，在适应新环境的过程中，苗族代耕农付出了沉重的代价。

生存压力迫使苗族代耕农必须尽快适应新的生存环境，并在移居地社会开展正常的生计活动和社交活动。在进入阳江定居之初，苗族代耕农便认识到学习当地语言、文化的重要性。"来到人家的地方，就要学习人家的语言，不然就没法跟人家交流交往，我们就不能在这里长期生活下去。"在与当地村民交往过程中，苗族代耕农开始有意识地学习阳江当地的方言。现在，大部分苗族代耕农能够熟练地使用阳江方言与当地村民进行交流。在移民群体中，多种语言的情境性使用是身份磋商过程中的一种普遍现象。② 苗族代耕农将阳江方言作为与当地村民交流的工具性语言，而苗语仍是其群体内部日常使用的语言。由此可以看出，苗族代耕农一方面在积极融入移居地社会，另一方面也在竭力保持自身的族群身份和文化传统。在经受巨大的文化冲击之后，苗族代耕农逐渐适应了新的生存环境，并开始重新建构自己的日常生活。

---

① 帕特里克·曼宁：《世界历史上的移民》，李腾译，商务印书馆，2015，第9页。
② 参见覃明兴《移民的身份建构研究》，《浙江社会科学》2005年第1期。

第四章　移民社区的文化建构

以同化论的观点看，移民群体进入移居地社会一般会经历定居、适应、同化三个阶段。只有当移民群体真正被主流社会同化时，他们才有可能获得平等的生存发展机会。美国社会学家辛普森（G. E. Simpson）认为："不管在哪里，只要具有不同文化传统的民族群体生活在一起，处于次要地位的群体中的某些成员（不论他们是否构成数量上的少数）就会被同化。"[①] 苗族代耕农处在异文化的包围之中，但他们却顽强地坚守着自己的文化准则，成为"拒绝同化的人"[②]。格迪斯认为苗族人坚定的文化认同堪与犹太人比肩，"他们被分割成若干个小群体，并且散布在广阔的地理范围内。他们被其他群体所包围，但仍保留着自身的文化认同。这一点堪与犹太人比肩且更加令人震动，因为他们缺乏文字和正统宗教的整合性力量，也因为他们保存的文化特征数量极大"[③]。苗族代耕农虽然处于汉族群体的包围之中，但他们依然保持着原有的生活方式与文化准则。走进他们的社区，可以感受到浓厚的苗族文化氛围，犹如置身于云南山地的苗族村寨。

食物通常被认为具有一定的文化特性和文化价值。在饮食方面，苗族代耕农仍习惯按照原有的口味和方法烹制食物。在日常饮食中，炒猪肉、辣椒蘸水和不加任何调味料的菜汤等传统食物是必不可少的。苗族人喜食辛辣，几乎家家都备有辣椒粉。吃饭之前，人们会调制一碗辣椒蘸水供家人在吃饭时食用。虽然大米已成为主食，但年长者仍喜欢吃用玉米粉蒸制而成的玉米饭。在宴请客人时和一些重要仪式场合，苗族妇女喜欢做菜豆腐[④]款待来客。对移民群体来说，饮食习惯成为族群文化的重要表征。与城市中的移民群体相比，定居农村的苗族代耕农在饮食上有更大的自主性。人们可以在代耕的田地上种植各种作物，以满足日常饮食上的需求。一些人把家乡的调味植物也移植过来，并在群体内部互通有无。对他们来说，这是他们熟悉的味道，也是他们特有的饮

[①] G. E. 辛普森：《民族同化》，载马戎编《西方民族社会学的理论与方法》，天津人民出版社，1997，第408页。
[②] 广田康生：《移民和城市》，马铭译，商务印书馆，2005，第24页。
[③] W. R. Geddes, *Migrants of the Mountains: The Cultural Ecology of the Blue Miao (Hmong Njua) of Thailand*, Clarendon Press, 1976, p. 52.
[④] 菜豆腐是文山苗族群众的特色饮食。把豆浆煮沸之后将青菜加入其中，然后拌以酸汤，静置冷却之后即成为菜豆腐。

食方式。

　　饮食实践不仅仅是简单的食物加工和食物消费的过程,更是人际关系、生活理念与社会意义的一种表征。对苗族人来说,食物不仅用来果腹,同时也是他们开展社会交往的重要媒介。当家中有亲友来访时,不管什么时间,主妇们都会准备一顿饭菜,让客人吃饱饭之后再离去。去到哪家如果没有被做饭款待,他们会认为这户人家不懂基本的礼节。在苗族代耕农看来,阳江当地村民人情关系冷漠,去他们家里很难得到热情款待。云南队李正运说:"他们当地人不团结,去他们家里从来不会问你吃过饭没有。我们不同于他们,随便你去哪个老乡家里都有饭吃。"在这种比较之中,苗族代耕农认为自己热情好客的处世方式要远远优于当地村民冷漠、功利的处世态度。

　　服饰是族群身份的重要标识之一,美国人类学家路易莎·谢恩(Louisa Schein)通过对贵州苗族的调查研究指出:"民族服装对苗族的身份,在所有地方都是最重要的。"[①] 然而,苗族妇女进入汉族社区之后遭遇到身份上的尴尬,她们穿戴的苗族服饰使苗汉之间的族群边界非常清晰。她们习以为常的民族服饰,往往被当地村民视作"怪异"和"落后"的东西。她们自己也意识到"穿戴苗族服饰外出会被笑话",见到人会害羞。因此,当她们走出自己的移民社区时,通常会自觉地换上普通的服装,尽量弱化族群的外显标志,以避免招致周边群体异样的目光。但在自己的移民社区中,苗族妇女仍习惯穿戴传统的苗族服饰。闲暇之时,苗族妇女的一项重要活动是进行苗族刺绣、制作苗族服装或一些饰品。进厂务工的年轻女性虽然很少有机会穿戴她们的民族服饰,但她们每个人都备有一两套节日盛装,在婚葬礼仪和节日庆典中都会穿戴苗族服饰出席。

　　在阳江定居初期,妇女们无法购得苗族服饰,她们要托人从云南老家带过来。最近几年,一些人看到苗族妇女在服饰方面的需求,便做起了贩卖苗族服饰的生意。他们从云南老家购买服饰并托运到阳江,在苗族代耕农群体中销售。云南队的侯廷星从2010年开始做苗族服装生意,主要经营苗族妇女经常穿的裙子、上衣和帽子。往返云南的成本较高,

---

[①]　路易莎·谢恩:《少数的法则》,校真译,贵州大学出版社,2009,第62页。

侯廷星并不会跑到云南去进货，而是打电话给在文山老家开服装店的妻弟，缺什么衣服就叫他托运过来。一般来说，一件百褶裙可以卖到 40 元左右，每件可以赚 10 元左右。苗族的套装价格较高，从几百元到数千元不等，其利润空间也相对较高。贩卖苗族服装既能带来一定的经济收入，同时也能满足苗族妇女的服装需求。在侯廷星看来，这是件一举两得的好事。

从这些日常生活的琐事中可以看出，他们与迁出地的社会网络并没有因迁徙而中断，并且仍在借助迁出地的文化资源对移民生活进行重新建构。相关研究表明，移民在迁入地处于边缘化的状态时，一般会采取积极主动的策略寻求稳定的身份认同，并重新构建在异地他乡的生存意义。[①] 在移民群体的生存实践中，他们并非文化结构和社会秩序中的被动行动者，而是会根据不同情境对既有的文化结构和社会秩序进行重新建构。在新的生存环境中，苗族移民努力学习当地语言，掌握新文化中那些对他们的生活有用的部分，但他们更倾向于保留自己的传统文化，并努力坚守着原有的语言文化、宗教信仰和价值观念。在异文化的社会环境中，苗族代耕农不断地对自身的民族文化进行再生产，力图将外部文化体系与自身既有的传统文化体系进行有效对接。

四 自主办学与子女教育

苗族人的举家迁徙行动打破了原本正常的家庭生活和社会生活。特别是对年幼的孩子而言，迁徙给他们的生活带来巨大改变。迁徙行动严重影响到苗族移民子女的教育，许多正在读书的孩子因迁徙异地而被迫放弃学习机会。随着异地代耕生活逐渐稳定下来，子女的教育问题成为苗族代耕农要解决的一个重要问题。苗族代耕农意识到，必须让子女读书，至少能够识文断字、懂得算术，这样以后出去打工才不会被人欺骗。

在迁入阳江之初，苗族代耕农试图将子女送到当地学校读书。但由于没有当地的户口，入读当地学校需要额外支付一笔借读费。与此同时，语言上的差异也给这些苗族孩子入读当地学校造成障碍。在苗族村寨中

[①] 参见覃明兴《移民的身份建构研究》，《浙江社会科学》2005 年第 1 期。

成长起来的孩子只能以苗语交流，而当时当地的学校却以阳江方言进行教学。因此，即便把他们送到当地学校读书，他们也很难适应学校的教学活动。无奈之下，许多处于学龄阶段的苗族孩子只能放弃读书。

在乐安村有一户来自文山州广南县的汉族移民——梁飞一家。[①] 梁飞早年曾参军入伍，1993年从部队复员后来到阳江打工。在打工时他得知，有许多云南同乡在乐安一带定居代耕。在闲暇之时，梁飞便来乐安寻找云南同乡。来到乐安之后，梁飞见到杨发民、陶文进等许多同乡都在这里定居，并且生活条件远好于云南家乡，于是，梁飞也来到乐安买房定居。与苗族代耕农不同的是，梁飞并没有代耕田地，只是想在此地有个稳定的居所。当时，恰好有一户人家准备出售房屋，位置在通往广西队的公路边，梁飞便以1200元的价格将其买下。买下房屋后，梁飞又以2万元的价格永久性承包了房屋附近的8亩山地。

在与这些苗族同乡交往过程中，梁飞注意到移民社区的孩子都没有上学读书。当时，乐安村附近已有云南队、广西队、高桥村、大更村四个苗族移民社区，每个移民社区都有一群孩子无所事事，要么跟着大人放牛、干农活，要么成群结队地出去玩耍。在梁飞看来，这些孩子实在可怜，如果不让他们上学读书的话，他们以后都是文盲。实际上，刚刚定居的苗族代耕农也正因子女不能读书而苦恼。

梁飞高中毕业，而且当过兵，在阳江的云南移民群体中算是比较有文化的。梁飞和妻子穆正芬商量开办一所学校，为这些云南老乡的孩子创造读书机会。1995年，梁飞在自己承包的山地上修建了一所学校，并将其命名为"云南移民小学"。1995年9月，学校开始正式招生办学。当时，学校的老师只有梁飞和妻子穆正芬二人。二人虽然只有高中文化水平，但可以满足这些苗族孩子读书识字的基本要求。

云南移民小学开设了一至六年级的课程，妻子穆正芬负责教一、二、三年级的学生，梁飞负责教四、五、六年级的学生。因为只有两位教师，

[①] 在文山州的广南县，面临土地困境的不仅有高山中的苗族，一些汉族群体同样存在土地不足的生存困境。实际上，当地的汉族也存在较为频繁的迁徙现象。一些缺少土地的汉族群体，也紧跟苗族迁徙的步伐，进入阳江寻找田地代耕。现在，分布在阳江的汉族代耕农仅有30多户，并且他们零散地分布在各个村落中，而未能形成一个联系紧密的移民群体。与处于庞大亲属网络中的苗族代耕农相比，汉族代耕农则因缺少亲友和社会网络而处于孤立无援的境地。

梁飞夫妇只能实行复班制教学。一个年级的课程讲完之后，给他们布置作业，然后再给另外一个年级讲课。在课程设置方面，他们只开设了语文、数学、思想品德等几门主科，音乐、美术、体育等艺体课程则没有开设。当时每个学生每学期交 250 元的学费，扣除购买课本、教材等费用，剩余的学费便是梁飞夫妇的工资。

曾经的云南移民小学

梁飞夫妇开办云南移民小学之后，乐安附近的苗族代耕农全部将小孩送到这里读书。云南移民小学学费便宜、入学手续简单，更为重要的是梁飞能够讲普通话、苗语和阳江方言。在日常教学活动中，梁飞可以用苗语与苗族学生进行交流，从而使这些孩子能够较快地适应学校的课程学习。在几年时间里，梁飞开办的学校逐渐成熟，其教学质量也得到大家的认可。在 1995 年至 2000 年这 6 年时间里，云南移民小学的人数一直保持在 100 人左右。学校的学生规模超出了梁飞最初的预期，最初修建的几间教室日趋紧张。同时，简易的教室也日趋陈旧，每次刮台风时，教室都会遭到不同程度的破坏。考虑到学生的人身安全问题，梁飞决定翻修校舍。

2001 年，梁飞投资近 20 万元重新修建学校，修建起一栋二层的楼房。在重新修建学校时，梁飞多次跟当地教育局申请经济资助，但教育局只是口头支持，而没有任何实质性的帮助。后来，梁飞跟亲友借了 10

万元，才把楼房修建好。新的教学楼建好之后，学生人数进一步增多，云南移民小学经历了一段辉煌时期。许多来阳江打工的外地人把子女送到这里读书，甚至一些当地学生也来这里读书，学生最多的时候有 270 多人。随着学生的增多，梁飞又聘请了 4 位老师给学生上课，其中有两位老师是大专毕业生。在梁飞看来，他这里培养的学生，语文、数学成绩并不比当地的学生差。

在梁飞的带动下，规模较大的苗族移民社区先后办起了自己的学校，并由苗族移民群体中稍有文化的年轻人做老师。因人口较少而无力兴办学校的移民社区，则把孩子送到云南移民小学读书。各苗族移民社区办学情况见表 4-1。

表 4-1 各苗族移民社区办学情况

单位：人

移民社区	创办人	创办时间	停办时间	停办前学生规模
广西队	梁飞	1995 年	2016 年	30
云东村	王应荣	1996 年	2004 年	50
岗华村	王文富	1997 年	2002 年	15
云南队	杨发民	1998 年	2002 年	40
廉村	侯礼忠	1998 年	2006 年	20
灯心塘	杨兴高	2006 年	2006 年	25

资料来源：笔者根据调研材料整理汇总。

2005 年底，《国务院关于深化农村义务教育经费保障机制改革的通知》印发，其中明确提出："全部免除农村义务教育阶段学生学杂费，对贫困家庭学生免费提供教科书并补助寄宿生生活费。"[1] 次年，阳江开始实行免费的义务教育，外地生源只要有户口，都可以免费到当地学校读书。如此一来，苗族代耕农自己创办的学校便失去了存在的意义，一时之间苗族移民社区中的学校全部停办。梁飞的云南移民小学在近几年也是惨淡经营。梁飞本人也意识到，在当前的社会发展形势下，他的学校已经难以为继。虽然学费涨至每学期 600 元，但收入远不如从前，一

---

[1] 《国务院关于深化农村义务教育经费保障机制改革的通知》（国发〔2005〕43 号），2005 年 12 月 24 日。

年只能收到4万元左右的学费。除去开支，梁飞夫妇一年仅能赚2万元左右。梁飞需要在外面承包一些山地工程赚钱，以维持家庭生活和学校的正常运转。2014年3月，笔者到云南移民小学对梁飞进行访谈时，六个年级的学生总数已不足30人。偌大的教室里只有三五个学生，学生的学习氛围也不甚理想。2016年，由于学生人数有限，梁飞苦心经营的云南移民小学被迫停办。虽然苗族代耕农能认识到读书学习的重要性，但这种认识仅止于让子女读书识字，不至于以后成为不识字的"笨人"。实际上，有相当一部分学生在小学毕业后便跟随父母外出打工，能够读到高中以上的学生少之又少。

苗族代耕农自己创办的学校虽然师资力量有限，教学活动也缺少规范，但毕竟为苗族代耕农子女创造了读书学习的机会，同时也使他们在学习过程中逐渐掌握了普通话和阳江话。可以说，学校的创办为这些苗族孩子走出移民社区奠定了文化基础，同时也为他们融入当地社会打下了一定的基础。

近几年，苗族移民社区中的孩子们大多到当地的乐安小学或双捷镇的小学去读书。有些家长甚至把子女带到阳江市区读书，以接受更好的教育。2020年乐安村委会统计数据显示，乐安小学的在读学生有90%以上是苗族代耕农的子女。进入当地的学校读书，使这些苗族孩子可以更早地接触到当地社会的人和事，并逐步克服语言沟通上的障碍。近年来，当地政府也关注到苗族代耕农子女的教育问题，并给予他们一定的关照和支持。借助教育活动，苗族代耕农融入当地社会的能力在不断增强。相对隔离的苗族移民社区，逐渐被整合进当地的社会体系之中。

第五章　家庭策略与社会结合

人口的迁徙伴随着家与社会的流动，但这并不意味着移民群体会走向混乱与无序。移民群体力图维系一种正常的家庭生活图式，并以家庭为核心来建构自身所依存的社会。在绝大多数社会，家庭以及家庭间的亲属关系构成整个社会结构的基础，大多数社会行动都是在这一基础上衍生出来的。即便是在现代社会，家庭对整个社会的运转仍发挥着至关重要的作用。美国社会学家威廉·J. 古德（William J. Goode）认为，"假如没有这个看来原始的社会机构所作出的贡献，现代社会就会崩溃"[1]。对移民群体来说，能否有效维持家庭生活的运转，直接关系到他们能否在移居地生存和发展。在迁徙过程中，苗族移民对自身的家庭生活和家庭结构做出策略性调整，并借助家族组织和亲属网络实现社会整合。

一　人口压力下的分家策略

20 世纪 70 年代以来，一些学者逐渐突破宏观层面的分析，开始借助"家庭策略"（family strategy）这一概念对移民问题进行研究。[2] 家庭策略产生于西方家庭史的研究，其目的是更好地理解工业化过程中家庭的作用，研究家庭面临新的外部环境时的决策过程。[3] 家庭策略通常被描述为一种发展策略，即家庭成员为实现或维持家庭良性运行所做出的努力。[4] 在日常生活中，大部分家庭都会遇到资源与机会的有限性问题，

---

[1] 威廉·J. 古德：《家庭》，魏章玲译，社会科学文献出版社，1986，第 4 页。
[2] 参见樊欢欢《家庭策略研究的方法论——中国城乡家庭的一个分析框架》，《社会学研究》2000 年第 5 期；谭深《家庭策略，还是个人自主？——农村劳动力外出决策模式的性别分析》，《浙江学刊》2004 年第 5 期。
[3] 参见张永健《家庭与社会变迁——当代西方家庭史研究的新动向》，《社会学研究》1993 年第 2 期，第 100 页。
[4] 参见 Phyllis Moen and Elaine Wethington, "The Concept of Family Adaptive Strategies," *Annual Review of Sociology*, 1992 (18)：235。

因此，家庭策略就成为家庭成员应对生存危机的一套行动设计。蒂利（L. A. Tilly）将家庭策略视为指导家庭成员和整个家庭做出行为决策的一系列无形的规则。[①] 这一概念强调，在社会变迁过程中，家庭并非处于完全被动和无所作为的地位，而是在生存实践中主动调整自身以适应新的社会环境。家庭策略这一理论视角将宏观的社会结构与微观的社会个体有效结合起来，使我们看到处于社会下层的"小人物"如何应对外部环境的变迁。

在迁徙过程中，家庭策略对移民群体的生存发挥着重要作用。范芝芬（Fan C. Cindy）指出："家庭的考虑和策略是解释迁移决策、迁移模式和迁移结果的关键。"[②] 可以说，家庭决策合理与否，直接关系到迁徙行动的成败。对移民群体而言，如何策略性地调整家庭结构、组织家庭成员开展生计活动尤为重要。

人口的迁徙流动，对家庭结构和家庭秩序有重要影响。一般认为，移民群体的家庭具有家庭规模小、家庭结构不稳定等普遍特点。相关研究表明，中国流动家庭以核心家庭为主，家庭规模为 2.46 人。[③] 然而，苗族代耕农的家庭情况与城市流动家庭的特点截然不同。2020 年的调查数据显示，阳江苗族代耕农共有 390 户 2383 人，户均人口数为 6.11 人。[④] 这一数据不仅高于一般流动家庭的人口规模，同时也超出同期全国平均家庭人口规模。[⑤] 这一现象，与苗族代耕农群体的家庭结构和生育率有密切关系。

历史上，苗族社会具有维持大家庭的传统。在 20 世纪 50 年代对云南苗族进行社会历史调查的人员即注意到，文山苗族社会直到解放前还保留着传统的父系大家庭。"在马关县都龙区岩头小新寨，苗族王家大家

[①] 参见 L. A. Tilly, "Individual Lives and Family Strategies in the French Proletariat," *Journal of Family History*, 1979, 4 (2): 137 – 152。
[②] 范芝芬：《流动中国：迁移、国家和家庭》，丘幼云、黄河译，社会科学文献出版社，2013，第 9 页。
[③] 参见杨菊华、陈传波《流动家庭的现状与特征分析》，《人口学刊》2013 年第 5 期。
[④] 该数据为 2020 年笔者和乐安村干部陶剑龙在各苗族移民社区调查统计所得。
[⑤] 国家统计局公布的 2020 年第七次全国人口普查主要数据显示：全国共有家庭户 49416 万户，家庭户人口为 129281 万人；集体户 2853 万户，集体户人口为 11897 万人。平均每个家庭户的人口为 2.62 人，比 2010 年的 3.10 人减少 0.48 人。

庭，人多到 99 人；文山县杨柳井乡团田寨马朝林家有 45 个成员，直到 1964 年四个兄弟才最后分家；麻栗坡县马街塘子寨王秀珍家四代人同居，家庭成员 30 余人。"[1] 迁徙到阳江代耕之后，许多苗族家庭仍维持着大家庭的模式，三代同堂甚至四代同堂的家庭所占比例较高。与此同时，苗族人缺少计划生育观念，一对夫妇生育三四个子女的情况较为普遍。较高的生育率也是苗族代耕农家庭人口规模较大的重要因素。

由于苗族代耕农分散在不同的移民社区，加之一些家庭长期在外务工，对其进行人口学统计难度较大。在田野调查过程中，笔者对云南队、广西队、大更村三个永久性苗族移民社区的 80 个家庭进行了详细的人口学统计。三个永久性苗族移民社区家庭规模与家庭代数关系见表 5-1，三个永久性苗族移民社区家庭结构分类见表 5-2。

表 5-1　三个永久性苗族移民社区家庭规模与家庭代数关系 (2016 年)

单位：户

	1~3 人户	4~6 人户	7~9 人户	10~12 人户	13~15 人户
一代户	0	0	0	0	0
二代户	3	38	3	0	0
三代户	0	11	17	2	1
四代户	0	1	4	0	0

资料来源：笔者根据调查资料整理汇总。

当社会经历快速变迁，家庭生活面临诸多风险和不确定性因素时，策略性地调整家庭结构和家庭生计模式对维系家庭生活的正常运转尤为重要。从调查统计数据来看，苗族代耕农家庭以核心家庭和主干家庭为主，同时兼有少量的联合家庭和残缺家庭。苗族代耕农家庭类型的形成，是传统观念和现有条件共同作用的结果。传统苗族社会普遍实行以父系为中心的小家庭制，两代或三代同居者居多。父母多与幼子共同生活，长子结婚之后便与父母分居另立家庭。所以，在苗族社会中，核心家庭和主干家庭所占比例较高。迁徙到阳江代耕之后，一些苗族代耕农家庭长期处于贫困状态，他们对家庭结构做出策略性调整，进而出现了多种

---

[1] 《中国少数民族社会历史调查资料丛刊》修订编辑委员会编《云南苗族瑶族社会历史调查》，民族出版社，2009，第 4 页。

类型的家庭结构。

表 5-2 三个永久性苗族移民社区家庭结构分类（2016 年）

单位：户，%

家庭类型	户数	比例	备注
核心家庭	39	49	
主干家庭	32	40	
联合家庭	5	6	4 户为已婚同胞兄弟构成的联合家庭，1 户为叔侄组成的联合家庭
残缺家庭	4	5	2 户为离异家庭，2 户为配偶离世家庭

资料来源：笔者根据调查资料整理汇总。

实际上，家庭结构的划分只是学术研究上的"理想型"。在现实生活中，各种家庭结构并不是固定不变的，而是处在相互转化的过程之中。郑振满指出："毋庸讳言，任何一种分类方法，都只具有相对的意义。在实际生活中，各种家族组织不是彼此孤立和一成不变的，而是混合生长，时刻在发展变化之中。"① 不同境况的家庭，会根据生活需要对家庭结构做出策略性调整。因此，研究者不仅要对家庭结构进行"理想型"层面的划分，同时还应揭示各种家庭结构之间的内在联系和演化逻辑。

费孝通较早注意到家庭的生长和分裂过程，在《生育制度》一书中，他将夫妇及其所生子女构成的家庭比作一个三角形结构，并且认为随着子女的增加，三角形的结构也在逐渐扩大。费孝通形象地描述了家庭的生长和分裂过程："在一定的时间，子方不能安定在这三角形里，他不能永远成为只和父母联系的一点，他要另外和两点结合成新的三角形。"② 随着第二代苗族代耕农进入婚嫁和生育高峰期，苗族代耕农的家庭结构和家庭规模也处于快速变动之中。

家庭的生长是一个周期性过程，家庭结构会随人口的新陈代谢而出现变化。在最理想的社会状态下，核心家庭会发展成主干家庭，再由主干家庭发展成主干联合家庭，最后，主干联合家庭再通过分家析产而裂变成若干个核心家庭，从而完成一个家庭生长周期的循环。云南苗族地

---

① 郑振满：《明清福建家族组织与社会变迁》，中国人民大学出版社，2009，第 15 页。
② 费孝通：《生育制度》，商务印书馆，2009，第 167 页。

区流行"树大分叉,人多分家"的说法,从中可见他们对分家行为的朴素认识。然而,分家并非简单的家庭裂变过程,其中涉及与每个家庭成员生存发展息息相关的家产分割、老人赡养、文化传承等诸多内容。对苗族代耕农来说,分家不仅是家庭自然生长过程中的一个环节,同时也是应对生存危机的一种策略选择。

经过近30年的繁衍生息,苗族代耕农的人口规模不断扩大。随着第二代和第三代苗族代耕农逐渐成长起来,许多家庭都经历了分家析产的过程,移民社区中的家庭数量也在逐渐增多。在传统苗族社会,"家"的传承主要是幼子继承制。然而,由于受汉族文化影响,苗族社会在分家实践中采取诸子均分的原则[①],家长会将家产和土地平均分配给子嗣。在具体的分家时间节点上,并无统一规定,每个家庭会根据自身需要适时进行分家析产。从分家的次数来看,苗族代耕农的分家析产,可分为一次性析分和多次性析分。

一次性析分指家长待儿子们全部结婚后通过分家仪式将家庭财产进行析分。多次性析分指子嗣众多的家庭随着儿子们结婚成家而分多次进行分家析产。分家析产后即举行祭祖仪式,告知祖先分家事宜。分门立户的儿子们,在新居供奉起祖先牌位,自此开始独立生活。在家庭条件允许的情况下,家长大多愿意采取一次性析分的模式,这样可以在一定程度上保障家庭生活的完整性与家产析分的公平性。云南队杨开顺家即采取了一次性析分的分家模式。

杨开顺家庭一次性析分案例

杨开顺夫妇育有两个儿子,1992年迁徙到阳江时,两个儿子尚未成年。现在,两个儿子已过而立之年。长子杨发科于2001年结婚,并生育两个儿子。长子婚后并未另立新居,而是与父母和兄弟生活在一起。次子杨发波于2006年结婚,并在次年生育一个儿子。随着家庭人口的增多,分家遂成为他们面临的问题。实际上,在给两个儿子完成婚姻大事后,杨家已无积蓄,所能分割的家产仅有几

---

① 参见曹端波《苗族古歌中的土地与土地居住权》,《贵州大学学报》(社会科学版)2014年第3期。

头牛。2008年，两兄弟正式分家，作为家长的杨开顺对有限的家产进行了简单的分割。长子分得一头小牛、一台摩托车和700块钱；次子分得两头大牛和一头小牛。杨开顺夫妇要和次子一起生活，并要耕作田地，所以要了一头大牛在家犁田。兄弟二人虽然分割了家产，但在日常生活中并未分爨。

分家后，杨开顺夫妇选择和次子一起生活。兄弟二人都不愿意耕种田地，因此田地并未进行析分，而是由父母在家统一耕种管理。两兄弟平时一起在外做工，回家时则共同出钱买些肉菜供家人食用。分家不仅是家庭成员的析分过程，同时也是家产在家庭成员内部进行再分配的过程。然而，大多数苗族代耕农家庭处于贫困状态，儿子们通过分家析产继承的家产极为有限。

一次性析分是一种理想的分家模式。然而，子嗣众多的家庭往往容易滋长家庭矛盾，先结婚的儿子会较早地提出分家要求，这使一些家庭出现多次性析分的情况。为保障未婚儿子的权益，父母一般只给提前分家的儿子划分一定的土地，而不会对其他家庭财产进行分割。年轻夫妇渴望独立生活，但从母体家庭中析分出来的年轻家庭也将面临诸多生活困难。但从长远来看，分家可以减少家庭成员之间的矛盾摩擦，并可以调动每个家庭成员从事经济活动的积极性。因此，即便面对生存压力，年轻夫妇还是向往分门立户的独立生活。云南队李正运家经历了一分为三的家庭裂变过程，然而这一过程并非一步完成的，而是经历了前后两次析分才得以完成。

李正运家庭多次性析分案例

李正运夫妇育有三个儿子，长子李国清、次子李国富、幼子李国平。1998年，次子李国富和长子李国清先后结婚。按照苗族社会传统，已婚的兄长理应分家出去住。但由于当时经济困难，两个儿子没有能力建房分居，只能与父母和未婚的三弟共同居住。由此，其家庭结构也由原来的核心家庭发展为联合家庭。随着两对年轻夫妇陆续生育子女，其家庭人口规模进一步扩大，有限的居住条件已难以容下众多人口。2000年，李国富夫妇最先修建了住房，率先从母体家庭中析分出来。父亲李正运本想待三个儿子全部结婚后再进行分家，但当时居住条件十分有限，加之儿子们已经经济独立，便同意了次子提出的分家要求。考虑到幼子尚未成年，不可能对家产进行全部析分，李国富夫妇只分得4亩田地，而没有分得任何其他家产；李国清夫妇则继续留下来，与父母和兄弟共同居住。在其后的几年间，幼子李国平也结婚成家，两对年轻夫妇与其父母构成一个联合家庭。直到2014年，李国清修建房屋，才从母体家庭中析分出来。最后，仅留下幼子李国平夫妇与父母共同居住，其家庭结构由联合家庭演化为主干家庭。

对年轻的夫妇来说，从母体家庭中分离出来构建自己的小家庭是一个重大的生存挑战。李国富回忆当初的分家情形时略为无奈地说：" 在云南老家，还有几亩地，分家时要分一分。但在这里，大家都很穷，分家也没什么好分的，连田地都不是自己的。刚分出来的时候，老爸只给我4亩田地，其他的什么都没有。我们两公婆分家出来要建房子，房子建好后一分钱都没有。留在村里种田赚不到钱，我们两公婆都出去做工。当时两个孩子还小，出去做工都要带着孩子，那几年生活真是困难。我大哥和小弟跟爸妈一起住就好一点，至少孩子有老人在家照看，他们可以安心在外做工赚钱。"可以说，受经济社会条件的限制，苗族代耕农的家庭再生产过程也受到一定的制约。

分家不仅仅是家庭成员的析分，同时也是家庭财产重新分配的过程。土地和房产作为家庭财产的核心，往往成为分家过程中争论的焦点。费孝通曾指出："分家的过程也就是父母将财产传递给下一代的最重要的步骤之一。通过这一过程，年轻一代获得了对原属其父亲的部分财产的法定权利，对这部分财产开始享有了专有权。"[①] 美国人类学家孔迈隆（Myron L. Cohen）将家产分割视为分家的重要标志，在他看来，只要家计是共同的，即便分居的人们，也都是一个家庭的成员。[②] 有学者指出，分爨的意义要大于分产，只有分爨后独立的生活单位才会成为新的家政

---

① 费孝通：《江村经济——中国农民的生活》，商务印书馆，2005，第71页。
② 参见 Myron L. Cohen, *House United-House Divided: The Chinese Family in Taiwan*, Columbia University Press, 1976。

或消费单位。① 然而，这些判断都是基于传统农业社会做出的，在工业化的背景下，传统的分家行为发生了很大程度的变异。对贫困的苗族代耕农来说，他们几乎处于赤贫状态，甚至连赖以生存的土地也不完全属于他们，这使得以财产为核心的分家过程变得非常简单，其分家行为也变得模糊化。实际上，为了缓解分家对正常家庭生活带来的冲击，民间社会往往采取分家不析产、分家不分户、分家不分祭等折中方式②，从而使分家后的家庭成员仍可维持一种分工协作的关系。

实际上，分家析产后的小家庭并非完全独立的经济体，新成立的小家庭之间因生产生活的需要经常共爨共产。弗里德曼将兄弟间分家行为归因于经济上的竞争，他认为每个儿子都拥有对家庭财产的权利，父母去世之后，已婚的兄弟们往往会使基本家庭从联合家庭中分离出来。"一旦各自的家庭都建立起来之后，在法定意义上，两个或更多的兄弟便不再成为经济上相互协作单位的一部分。一个家户的成员对其他家户的成员也不再具有经济上的当然权利。"③ 弗里德曼过于强调兄弟间的竞争关系，而忽视了家庭的自然生长过程。在苗族代耕农群体中，兄弟关系不和引发分家的事例相对较少。相反，不管是联合家庭中的已婚兄弟之间，还是已经分家的兄弟之间，都保持着一种紧密的经济社会关系。

二 生存压力下的联合家庭

分家析产虽然是一个自然而然的家庭裂变过程，其背后却需要一定的经济基础作为支撑。年轻夫妇分家立户开始独立生活，需要具备一定的住房条件和经济来源。从母体家庭中析分出去的小家庭，首先要花费一笔不菲的费用修建住房，同时还要花费一定的开支维持家庭生活的正常运转。苗族代耕农中的大部分年轻夫妇没有经济能力独立修建住房。如此一来，即便年轻的夫妇想从母体家庭中析分出来，在实际生活中也

---

① 参见王跃生《20世纪三四十年代冀南农村分家行为研究》，《近代史研究》2002年第4期。
② 参见于鹏杰《城步苗族：蓝玉故里的宗族与族群认同》，社会科学文献出版社，2013。
③ 莫里斯·弗里德曼：《中国东南的宗族组织》，刘晓春译，上海人民出版社，2000，第29~30页。

很难付诸实践。

为降低生活成本，一些已婚兄弟不得不与父母居住在一起，这导致苗族代耕农群体中有相当一部分联合家庭。实际上，中国历史上累世同居的大家庭，"只有重孝悌伦理及拥有大量田地的极少数仕宦人家才办得到"①，农村的普通家庭难以支撑大家庭的存在。然而，苗族代耕农群体中的联合家庭，恰恰是他们在贫困状态下所采取的一种家庭策略。有限的住房条件和经济条件，迫使家庭成员之间相依为命。

陶文进家庭维持联合家庭案例

陶文进现已年逾六旬，夫妇二人育有三儿两女。随着时间的推移，三个儿子相继结婚，两个女儿也相继出嫁。因住房条件限制，三个儿子婚后并未分家独立生活，而是与父母居住在一起。兄弟三人各生育两个子女，其家庭由最初的核心家庭演变为一个有14口人的联合家庭。陶家在2005年修建起一栋一层半的楼房，共有6个房间，勉强能够容纳一家人。陶家虽然人口众多，但平时只有陶文进夫妇和长子陶剑龙夫妇在家务农，次子夫妇和三子夫妇常年在外做工，逢年过节才回家，孙子孙女也大多在学校住宿读书。因此，兄弟和姑娌间的矛盾摩擦相对较少。三兄弟虽然未正式分家，但都是独立的经济核算单位。夫妇务工赚得的收入由自己掌控，而不再上交给家长。直到2016年，陶文进家又修建了两栋楼房，三个儿子才正式分家析产，由一个联合家庭析分为一个主干家庭和两个核心家庭。

新成长起来的第二代苗族代耕农主要以务工维生，而不再像父辈那样依靠土地维持生存。因此，他们对家庭和父辈的依赖度大大降低。可以说，分家与否对他们的生活并无太大影响。作为家长的父辈，也不再是家庭生活的决策者和家庭财产的掌管者，而更多的是为儿子们照管孩子以及处理一些家务。苗族代耕农的联合家庭，已不是葛学溥所说的

---

① 瞿同祖：《中国法律与中国社会》，中华书局，1981，第5页。

"经济家庭"①,而仅是应对生存困境所采取的一种权宜之计。在工业化的影响下,家庭内部分工和权力结构发生一定变化,家庭权力由长辈向年轻一代转移。与此同时,家庭关系的轴心也逐步由父子轴向夫妻轴发生位移。

常年在外务工的年轻人不再把家庭视作资源竞争的场域,而是更多地将其视为在移居地的落脚点和精神上的归宿。相关研究表明,在城镇化的背景下,人口流动加剧,导致农村社会出现"不分家现象"②。实际上,现代社会中的"不分家"家庭仅是具有联合家庭的外在形态,其内在运行逻辑与传统意义上的联合家庭有本质的区别。通过留在母体家庭中生活,年轻夫妇可以获得各种支持。但这种联合家庭的维持仅是暂时性的,只要具备一定的经济条件,已婚的儿子便会试图从母体家庭中分离出去。近年来,随着苗族代耕农经济条件好转,一些兄弟共居的联合家庭陆续进行了分家析产。

从家庭策略的角度来看,联合家庭人口较多,劳动力相对充裕,在生产生活上更便于安排。一般情况下,老人会留在家里耕种田地,照顾年幼的孩子,年轻的夫妇则可以外出从事其他经济活动。而核心家庭中的年轻夫妇,往往陷于照顾子女与外出务工的两难困境之中。郑振满曾指出:"在自然经济与商品经济相互胶着的社会经济形态中,大家庭有利于维持多种经营的分工协作体系,具有一定的经济优势,因而被视为中国传统家庭结构的理想模式。"③ 联合家庭能降低生活成本,家庭成员之间也可相互照顾,从而保障每个家庭成员都能正常生活。

侯朝良家庭维持联合家庭案例

云南队侯朝良夫妇育有两个儿子,长子侯廷星40余岁,生育一

---

① 经济家庭的定义为以血缘或婚姻为基础并作为一个经济单位生活在一起的人群。它可以是一个自然家庭,也可以是许多未分割祖先财产的自然家庭。在葛学溥对"经济家庭"的定义中,只要家庭的收入和开支没有分开,整个群体由家长管理,所有生活在家长管理下的人就属于同一经济家庭。参见葛学溥《华南的乡村生活——广东凤凰村的家族主义社会学研究》,周大鸣译,知识产权出版社,2012,第86页。
② 姚俊:《"不分家现象":农村流动家庭的分家实践与结构再生产——基于结构二重性的分析视角》,《中国农村观察》2013年第5期。
③ 郑振满:《明清福建家族组织与社会变迁》,中国人民大学出版社,2009,第207页。

男两女。次子侯廷富为聋哑人,迟迟未能结婚。直到2013年,侯廷富年过而立时,才娶到一个越南籍妻子。次年,侯廷富夫妇生育一个儿子。家庭人口增多后,住房变得十分紧张。在侯廷富结婚之后,侯廷星曾提出过与弟弟分家,但这一意见遭到父母和亲友的反对。侯廷富身体残疾,难以独立生存,在这种情况下分家析产,无疑将他置于生存困境。亲友们建议,待侯廷富的小孩长大之后再进行分家。于是,侯廷星的分家计划只能作罢。为缓解住房紧张的局面,2014年,侯家在原有一层平房的基础上,又加盖了一层。至此,侯家也成为一个同胞多核构成的联合家庭。

贫弱的家庭往往不能正常分家析产,而维持联合家庭模式则成为应对生存困境的权宜之计。张鹂在研究中国城市的流动人口问题时指出:"随着经济、社会和空间的迅速变迁,用一种不加以区分的方式谈论中国人的'家'与'户'已变得更加没有意义。我们需要根据特定的历史和社会语境去重新考虑和想象'家'与'户'的各自构成及其与其他社会空间的关系。"[1] 从某种意义上说,苗族代耕农的生活处于一种阈限状态,因此其家庭结构也表现出较强的流变性和策略性。

不管是分家析产还是维系联合家庭,都是苗族代耕农的家庭策略安排。家庭的分与合也并不是绝对的,联合家庭可能随经济的好转分解为若干核心家庭。实际上,析分出去的核心家庭,也可能重新回归本家组建成联合家庭。麻国庆指出:"通常认为,分家有如细胞分裂,是一种整体的完全破裂,实则不然。由于分中有继也有合,所以,本家与诸分家经济上是分开了,但部分家庭义务、宗教义务以及文化意义上的种种约定,仍然把他们联系在一起。"[2] 在苗族代耕农的日常实践中,从母体家庭中析分出来的小家庭之间在经济上、生活上和信仰上仍保持着密切联系。特别是在一些祭祖仪式中,母体家庭与从中析分出来的各个小家庭仍作为一个整体而存在。如春节祭拜祖先时,如果父亲健在的话,析分

---

[1] 张鹂:《城市里的陌生人:中国流动人口的空间、权力与社会网络的重构》,袁长庚译,江苏人民出版社,2014,第126页。
[2] 麻国庆:《分家:分中有继也有合——中国分家制度研究》,《中国社会科学》1999年第1期,第117页。

出的小家庭的家长不能自己祭拜祖先，而是由父亲轮流到几个儿子家中进行祭祖。苗族代耕农分中有合、合中有分的家庭实践，既保障了家庭生活的正常运转，同时也为他们进行家庭再生产提供了必要的物质保障和情感支撑。

三 残缺家庭的重新组合

迁徙行动给家庭带来生存的希望，但同时也给家庭带来巨大的风险。在迁徙和定居的过程中，苗族代耕农可能会遭遇各种外部力量的冲击，其家庭也会遭遇前所未有的生存危机。在生存危机面前，苗族代耕农家庭并没有自我放弃，而是表现出较强的家庭弹性（family resilience）[1]。西方心理学用"家庭弹性"来描述家庭在逆境中进行修复和再生，家庭治疗领域的著名学者弗洛玛·沃希（Froma Walsh）指出，在面对不幸、威胁、创伤或危机时，每个家庭都有成长和修复的潜能。[2] 通过策略性地调整家庭结构，苗族代耕农努力使家庭生活回归正轨并逐步摆脱生存困境。

对苗族代耕农群体而言，迁徙活动给他们正常的婚姻家庭生活带来了较大冲击。其中，相当数量的家庭出现夫妻离异或其中一方离世的情况，费孝通将这类家庭称为"残缺家庭"或"不完整的家庭"[3]，并认为这一类家庭是不稳定的、不正常的[4]。残缺家庭的存在，给家庭成员和移民社区带来沉重的生存负担。在云南队的33户家庭中，有6户家庭经历过或正在经历残缺家庭阶段，其比例占到家庭总数的18%。其他苗族移民社区也存在一定比例的残缺家庭。可以说，每一个残缺家庭背后都有一段辛酸痛苦的故事，这也从另一个侧面说明了苗族代耕农生活之艰辛。云南队陶光凌家是一个典型的残缺家庭，透过其家庭生活状态可以感受到残缺家庭的生存困境。

---

[1] 参见 H. I. McCubbin and M. A. McCubbin, "Typologies of Resilient Family: Emerging Roles of Social Class and Ethnicity," *Family Relation*, 1988, 37 (3): 247-254.

[2] 参见 Froma Walsh, *Strengthening Family Resilience*, Guilford Press, 1998.

[3] 费孝通：《三论中国家庭结构的变动》，《北京大学学报》（哲学社会科学版）1986年第3期。

[4] 参见费孝通《论中国家庭结构的变动》，《天津社会科学》1982年第3期。

陶光凌，现已过而立之年，其家庭几经变故。其父陶金富十余年前在车祸中去世。父亲去世后，陶光凌母亲改嫁他人，家中仅剩尚未成年的陶光凌。在亲友的照顾下，陶光凌得以生存下来。其16岁那年与同一移民社区中的杨姓女子结婚。陶光凌孤身一人且家庭贫困，婚后便与岳父家一起生活。直到陶光凌夫妇生儿育女，才另建新居与岳父家分开居住。在生活略有起色之后，陶光凌把漂泊在外的母亲接回家中。母亲在家照看两个小孩，陶光凌夫妇则到阳江做工。但好景不长，在结婚十余年后，夫妇二人矛盾逐渐增多，并于2014年正式离婚。离婚后，陶光凌进厂做工，母亲在家照看两个年幼的孩子，一个完整的家庭变为残缺家庭。

　　残缺家庭中的鳏夫寡母既要承担家庭的生产劳动，同时也要照顾家中的未成年子女，生活之艰辛可想而知。陶光凌作为家里唯一的劳动力，必须外出赚钱以养家糊口。其母亲除照看两个孩子外，还要放牛种田，并上山采挖药材以补贴家用。每天早上7点，陶母把两个孩子用自行车送到乐安小学读书，返回家中后要马上去放牛、采挖药材。到下午5点左右，她又要去学校接两个小孩回家，并为他们做饭、烧水洗澡。陶母无奈地抱怨道："我老公死得早，现在儿子又离婚了。我在家又要带孩子，又要放牛，连犁田、耙田都是我一个人做，还要洗衣服、做饭，累得我饭都吃不下。想起这些事情我发愁得很，都快变成神经病了。"从陶光凌母亲一天的劳作中，可以看到残缺家庭生活之艰辛。

　　费孝通将家庭视为由父母和子女构成的三角形[①]，三角之间相互依存构成一个稳定的家庭，而残缺家庭无疑意味着稳定三角结构中缺失了重要的一角。对处于生存边缘的家庭来说，夫妻之间任何一方的缺失，均会打破两性之间的分工协作体系，从而难以开展正常的家庭生活。需要指出的是，残缺家庭并非恒定的家庭结构，婚姻结合是残缺家庭实现自我修复的重要途径。处于家庭困境中的鳏寡往往寻找具有类似境况的人相结合，从而将两个残缺家庭重新组合为一个正常家庭。加拿大人类学家朱爱岚（Ellen R. Judd）将这种婚姻形式视为"非标准婚姻"（non-standard marriages），并认为这是人们在有限婚姻选择下为维持家庭再生

---

① 参见费孝通《生育制度》，商务印书馆，2009，第107页。

产所采取的一种家庭策略。①

婚姻不仅解决了男女个人的婚配问题，同时也是维持家庭生活的一种策略选择。鳏寡再婚，是残缺家庭重新组合的常见形式。鳏寡再婚将两个残缺家庭整合为一个正常家庭，这种特殊的结合形式对维系家庭生活的正常运转具有重要意义。云南队李国胜、李国京兄弟，为了维持家庭生活的正常运转，分别与自己的寡嫂和寡婶结婚，进而将三个残缺家庭重新组合为两个正常家庭。

残缺家庭重组案例

云南队李国胜兄弟三人，李国胜排行老二。大哥李国强在1991年去世，剩下大嫂侯氏和两个年幼的孩子艰难度日。1992年，李国胜带领弟弟李国京和大嫂一家一起来到阳江代耕。迁徙到阳江之后，家庭的不幸再次发生。在来到阳江的第五年，李国胜的妻子熊氏因病去世。那时大女儿只有一岁多，小儿子刚刚出生。原本艰难的家庭再次变得支离破碎，李国胜对家庭的不幸感到无奈和无助。

其叔公李元章的家庭中同样发生了这种不幸。李元章夫妇生育一子三女，儿子李正德头脑较为灵活，在当地做一些小生意，其家庭条件在当地算是比较好的，加之李元章在村里做村干部，妻子熊氏也在当地县城工作，因此，李元章一家当时并未随侄辈们一起迁至阳江。1994年，李元章的儿子李正德意外身亡。当时，李正德已经结婚并生育一子，其意外身亡给李元章夫妇带来巨大打击。李正德死后，在阳江定居的李氏兄弟回到老家处理后事。侄子们担心没人为李元章养老，便接他一起迁来阳江定居。到阳江之后，李元章想为守寡的儿媳招上门女婿，以维持家庭生活的正常运转。

三个家庭的不幸困扰着李氏家族。当时，作为"村长"的杨发民找到李国胜兄弟，给他们提出一个拯救三个家庭的办法：李国胜和大嫂结婚，照顾大嫂一家，两个家庭并为一家庭；李国京与叔叔的遗孀结合，照顾其叔公一家。李国京与其婶婶虽不是同辈，但年

---

① 参见 Ellen R. Judd, "Family Strategies: Fluidities of Gender, Community and Mobility in Rural West China," *The China Quarterly*, 2010, 204: 921 - 938。

龄相近。只有这样安排,三个家庭才会有出路。面对生活的无奈,李国胜、李国京兄弟只能同意这种安排,分别与自己的嫂子和婶婶进行婚姻结合,进而使三个残缺家庭重新回归正常生活。

这种家庭策略纯属无奈之举,但在很大程度上维持了家庭生活的正常运转,同时可以将家庭财产和子女保留在家族范围之内。对苗族代耕农群体来说,残缺家庭之间的组合成为他们应对家庭不幸的一种家庭策略。对大多数鳏寡来说,如果无法在家族内部解决残缺家庭的重组问题,就只能在家族群体之外寻求合适配偶。

鳏寡再婚现象,在苗族代耕农群体中较为常见,仅在云南队就有6对鳏夫和寡妇的再婚案例。此类婚姻的发生,从侧面反映出移民群体的家庭生活存在诸多不稳定因素。在适应新环境的过程中,苗族代耕农的离婚率有所上升,这导致一批残缺家庭出现。面对生存压力,残缺家庭并没有就此放弃,而是采取了灵活的婚姻策略,重新组建自己的家庭。

鳏寡再婚案例

陶学民,1965年生,原籍为文山州广南县黑支果乡脚木塘村。1992年,陶学民带领妻儿和兄弟们来到阳江市程村镇来塘村代耕。在迁到阳江之前,陶学民夫妇已生育三个孩子。在阳江代耕两年之后,妻子不适应阳江的代耕生活,带着两个幼子返回云南老家,把长子留在了陶学民身边。陶学民回到云南接她,想让妻子和他一起回来。但妻子的态度非常坚决,"如果回云南就在一起,如果在阳江就只能离婚"。妻子的要求使陶学民陷于两难的境地,老家已经一无所有,他不可能再搬回去。最终,陶学民选择了离婚,留在阳江继续代耕。在其后的几年时间里,陶学民带着儿子和兄弟们生活在一起。2000年,有人介绍陶学民到程村牛岭苗族移民社区的一个寡妇家做上门女婿。该妇女名为杨永芬,与前夫生育有两个小孩,其前夫在一场车祸中丧生。为了将生活稳定下来,陶学民同意了这门婚事。二人婚后又生育了两个子女。按苗族社会传统,寡妇带着子女改嫁外姓,其子女一般要改为与继父同姓。杨永芬与前夫熊氏所生之长子改为陶姓,次子为继承老家财产则保留了自己的熊姓。

第五章 家庭策略与社会结合

鳏寡再婚在仪式上较为简单，仅邀请关系较近的亲友吃一顿便饭，将再婚的对象介绍给亲友。再婚的夫妇，一般也不会再按照法律程序领取结婚证。对再婚的鳏寡来说，他们的结合更像是凑在一起过日子。有学者据此认为："再婚家庭的关系比一般家庭更脆弱，更容易破裂。"[①]实际上，鳏寡家庭的重新组合往往是权衡家庭利益的结果，生存的压力使两个残缺家庭紧密地结合在一起。与此同时，苗族社会内在的文化机制可以弥合重组家庭之间的裂痕。在残缺家庭重组后，女方子女要更名改姓，将原来生父的姓氏改为继父的姓氏。由此，在文化意义和继嗣意义上实现两个残缺家庭的真正结合。

在理想的社会状态下，家庭是一个根植于地方、充满温情且具有高度稳定性的社会组织。然而，在人口频繁流动的现代社会，个体赖以依存的家庭也处于流动之中，家庭地点与家庭结构频繁转换已成为一种常态。从某种意义上说，家已不再是一个固定的位置，而是一种生存策略，是一种流动的和不固定的概念。[②] 尽管移民群体处于流动性与不确定性之中，但这并不代表移民群体处于漂泊无根的状态。实际上，移民群体一直在努力"做家"（home making），他们在不同地方所生产出来的家，既是维持自身生存的一种策略，同时也标记着自己于该社会空间中的存在状态。[③]

家庭策略的研究视角，将个体、家庭、社会三者有效联结起来，改变了将家庭作为社会变迁附属品的研究路径，使我们更为清晰地看到家庭在社会变迁面前所具有的生命力和创造力。通过策略性地调整家庭结构，苗族代耕农逐步摆脱生存困境并使家庭生活回归正轨。实际上，在日常生活实践中，很难明确区分哪些行动是家庭生活的常规状态，哪些行动属于家庭有意为之的策略手段。因此，"家庭策略"被一些学者视为一个具有模糊性的实践概念。在实践主义的视角下，家庭是一个灵活的决策制定单元，而不是仅仅对结构被动遵守和服从。尽管家庭是社会

[①] 金一虹：《再婚与再婚家庭研究》，《学海》2002年第1期，第93页。
[②] 参见封丹、李鹏、朱竑《国外"家"的地理学研究进展及启示》，《地理科学进展》2015年第7期。
[③] 参见林蔼云《漂泊的家：晋江—香港移民研究》，《社会学研究》2006年第2期。

中的微小单元，但它也会以自身的特点对外部社会做出积极响应，并对其所依存的社会进行修改和再生产。由苗族代耕农的各种家庭策略可以看出，在新的生存环境中，他们努力使家庭结构与其所处的生存环境相适应。可以说，正是缘于对家庭生活的坚持，苗族代耕农才得以渡过生存危机并实现自身的繁衍生息。

四　祖先信仰下的家族整合

在苗族社会，家庭并非孤立的社会单元，而是从属于更大的家族集团。从个体家庭外推，可以依次扩展到房族、家族，乃至整个苗族社会。美国苗族学者杨道（Dao Yang）对苗族人的家族组织如此评价："Hmong 人社会可以看成是由相互关联的群体而不是单个的个体所构成的。或者换句话说，Hmong 人个体是在一种复杂的家庭、房族以及家族责任下组合在一起。这些很大程度上决定了 Hmong 人每天的生活，并缩减了个体选择的自由，但同时也为每一位成员提供了一个给予支持的社会关系网络。"[1] 家族组织的存在，不仅使苗族移民避免了个体化的倾向，同时也为个体成员提供了一张巨大的保护网。

苗族人具有迁徙传统，为了谋求生存，父子、兄弟往往分散在不同村落甚至是不同的区域社会。但不管走到哪里，苗族人都保留着强烈的家族观念。已有研究表明，即便是离散到海外的苗族群体，也依然保留着自己的家族组织和民族认同。[2] 在汉族社会，家族组织往往要借助族谱、祠堂、公田等要素来维系。西方学者通常将中国的家族视作功能性的亲属团体，从而忽视了其纯粹系谱性的内涵。苗族的家族组织形态中并不存在祠堂、公田等功能性的标识，其家族社会的运行主要靠共同的祖先记忆和家族文化来维系。受汉族文化影响，苗族人采用汉姓汉名已有相当长的一段历史。苗族人采用字辈制度进行汉名命名，即在取名时，

---

[1] Dao Yang, "The Hmong: Enduring Tradition," in Judy Lewis, *Minority Cultures of Laos: Kammu, Lua', Lahu, Hmong, and Mien*, Southeast Asia Community Resource Center, 1992, 转引自左振廷《关于 Hmong 人家族组织的文化生态整体性研究》，《广西民族大学学报》（哲学社会科学版）2015 年第 1 期。

[2] 参见张晓《美国社会中的苗族家族组织》，《民族研究》2007 年第 6 期。

按照家族先辈预先排列好的字辈来取名。从苗族人的姓名中,可以清晰地看出其家族归属以及其在家族谱系中的位置。

从外部来看,苗族移民社区是一个整体,但其内部则由不同的家族集团构成。云南队的33户代耕农,由李、杨、陶、熊、侯五个家族集团构成。在这五个家族集团中,李氏家族和杨氏家族人口较多(见表5-3)。最初的迁徙是由李氏和杨氏的家族成员共同组织发起的,而人口较少的陶氏、熊氏和侯氏家族则是通过亲属关系加入移民社区的。

表 5-3 云南队家族构成情况(2016 年)

单位:户,人

家族	户数	人数	原籍村落
李氏家族	22	137	曙光乡马堡村(老沙底村、龙街坝子村)
杨氏家族	6	43	曙光乡马堡村(水淹塘村)
陶氏家族	2	11	曙光乡马堡村(菖湾村)
熊氏家族	2	11	曙光乡马堡村(老沙底村)
侯氏家族	1	8	曙光乡马堡村(菖湾村)

资料来源:笔者根据调查资料整理汇总。

在苗族社会,房支是家庭与家族之间重要的联结点。当问及苗族人的家族谱系时,他们经常会谈及"房支"概念,并以房支对家族内成员进行分类。他们会谈到"某人是大房","某人是二房","某人是大房的后人"。从谱系意义上说,"房支"是一个相对概念,儿子相对于父亲即为一房,诸子所构成的房支均从属于以其父亲为主的家族。房支与家族之间的关系如同部分与整体之间的关系,不同房支以共同祖先为核心,构成或大或小的家族集团。台湾学者陈其南认为,"房支"是一个具有伸缩性的概念,其指涉范围并不受世代的限制。一个房支的成员既可以指一个儿子,也可以指属于同一祖先之男性后代及其妻等所构成的父系团体。[①] 在苗族人的观念中,出自同一祖先的三代人构成一个房支,如果追溯更为久远的祖先的话,则会使房支过于宽泛而失去意义。

根据云南队李氏家族成员回忆,其先祖原本生活在贵州,一百多年

---

① 参见陈其南《家族与社会》,(台北)联经出版社,2004,第132页。

前由于战乱被迫迁徙到越南境内，战乱结束后，又由越南迁徙至云南文山定居。李正武对家族谱系进行了整理，其家族记忆最远可追溯到一位名叫"那包"的先祖。李氏家族最初只有苗名而无汉姓汉名。直到"那包"的第五代后人才普遍使用汉姓汉名，其第八代后人为"元"字辈，其后依次是"正""国""大"。现在，"大"字辈已经成年结婚，但在"大"字辈之后，人们便不再遵循家族的字辈命名制度。实际上，年轻一代已记不清家族字辈的排列顺序，因此无法按字辈为后代命名。据说，现在李氏家族成员已有 300 余户。由于长期的迁徙流动，同一家族成员往往天各一方。以云南队的 22 户李氏家庭来说，他们虽然分属不同房支，但均可追溯到同一位先祖，在日常生活中视彼此为同一家族成员。在共同祖先的记忆下，李氏成员凝聚为一个联系紧密的家族集团。通过李氏的家族谱系，可以清晰地看出各家庭在家族结构中所处的位置。

　　家族谱系对苗族人具有重要意义，它不仅告诉人们从何处来，同时也告诉人们死后往何处去。由于大部分苗族群体没有掌握系统的文字体系[①]，他们对家族历史的记忆全靠口耳相传，因此他们所能追忆的祖先代数非常有限。学会汉字之后，一些有心的老者会将记忆中的祖先用汉字记录下来，以便在葬礼仪式中使用。云南队的李元章生前曾对李氏家族的谱系进行系统整理，并将整理出的家族谱系交给侄子保管。现在，这份家族谱系对李氏家族来说有非常重要的作用。每当李氏家族中有人去世时，都要用这份家族谱系来召唤祖先。

　　在家族组织的运作过程中，祖先信仰起到重要的凝聚作用。在人生礼仪、年节庆典以及家庭生活的重要节点，苗族人均要举行祭祖仪式。在仪式实践中，不同的家族存在微妙差异。如云南队李氏家族在祭祖时，遵循"孙不孝祖"的规定，即祭祖时，只祭拜同辈和父辈两代逝者，父

[①] 传说和苗族古歌里都说苗族有文字，但是至今存世的只有在湖南城步发现的一些苗文碑，且是零散的，已经无法构成系统的文字。1905 年英国的传教士伯格里来到贵州石门坎苗族聚居地，因传教所需，他用苗族服饰上的一些图案符号和拉丁字母，以石门坎为标准音点创制了拼音文字，该文字流行于川黔滇苗区。伯格里苗文主要适用于贵州省毕节市、安顺市、六盘水市和云南省昭通市、昆明市、楚雄彝族自治州等地操滇东北次方言的苗族人，熟悉这种苗文的苗族人有 5 万多。如今主要是信基督教的苗族群众使用，一些知识分子和干部也掌握。新中国成立后，国家用拉丁字母为苗族制定了四套拼音文字，加上国外苗族的国际苗文，现在一共有五套拼音苗文通行。

辈以上的先祖不再祭拜。而杨氏家族则需祭拜同辈、父辈和祖辈三代逝者。杨氏家族成员不吃动物的心脏，在葬礼即将结束之际，要将分解的牛头、牛蹄、牛尾按照牛的肢体结构进行摆放。据说，这是杨氏葬礼仪式的独特之处，同时也是他们区别于其他家族的重要标志。这些看似微不足道的文化差异，实则成为苗族人建构家族文化和家族意识的重要元素。也正因家族文化的存在，苗族人才可以在频繁的迁徙中，找寻到自己的家族并从中得到帮助。①

频繁的祭祖仪式不仅表达了对家族祖先的追思，同时也强化了家族成员彼此之间的认同感。苗族人的家族观念在祭祖仪式中得到充分表达：祭祖仪式中祭拜的家族祖先，不仅包括一个家庭中去世的直系长辈，同时也包括三代（或二代）以内本家族所有去世的成员。法国社会学家莫里斯·哈布瓦赫（Maurice Halbwachs）将家庭视为集体记忆的重要载体，认为祭祖仪式能够不断唤醒人们的家族记忆，"死者崇拜给家庭提供了机会，让家庭重新确认它的关系纽带，定期与对已经过世的亲人的记忆交融在一起，重新确认家庭的统一感和连续感"②。在祖先记忆的凝聚下，苗族个体、家庭与家族被有机地整合在一起。

在苗族家族内部，讲究长幼之序，以辈分高者为尊，同辈则以年长者为尊。人们的辈分和年龄经常会出现较大反差，年幼者可能拥有较高的家族辈分，辈分较低的年长者要尊之为长辈。在苗族社会，个人和家庭都要依靠家族的庇护。家族为个体提供了一张强大的保护网，同时也为解决社会内部问题提供了一种机制。一般来说，每个家族都有一个家族成员公认的头人。头人由精明强干、办事公正的男子充当，其职责是组织和协调家族内部的重大活动，并处理与其他家族和外部社会的关系。特别是在重大事务的处理过程中，家族往往构成社会行动的基本单位。成员较多的家族，在处理重大事务时可以集思广益，并能得到家族成员的支持；而人口较少的家族，在处理重大事务时只能求助于血缘关系上较近的亲友。

---

① 参见王乃雯《社会网络关系的想像与实践：以作为"跨境民族"与"天主教徒"的滇东南 Hmong 人为例》，《考古人类学刊》（台湾）2015 年总第 82 期。
② 莫里斯·哈布瓦赫：《论集体记忆》，毕然、郭金华译，上海人民出版社，2002，第 113 页。

苗族人的家族归属，不仅是自我身份的定位，同时也是他们进行人群分类和社会交往的一条重要准则。在与群体内部的陌生人交往时，他们首先会询问对方姓氏。如若是同一姓氏，他们则会追溯各自的家族历史，努力寻找共同的祖先，并通过字辈来进一步确定相应的辈分关系。苗族人家族观念具有较强的伸缩性，他们可以通过这种可自由伸缩的家族观念，将不具有血缘关系的社会成员纳入自身的家族结构。苗族学者张晓指出，苗族人的家族关系，就像一个平面圆圈，"它以家庭为核心，以血缘为半径，血缘越近的，关系就越亲。但是贯穿其中的轴心，就是拥有共同的祖先，区别仅在于各自所处的位置离这位祖先有多远，彼此的距离又有多远"[1]。对移民群体来说，"同姓认同"[2] 是进行社会建构的一种有效策略。

在社会交往实践中，苗族人通过"认家门"的形式确定彼此在家族中的位置。所谓"认家门"，指苗族人在与同姓群体交往时，通过追溯自己的祖先找到彼此共同的祖先，便可将对方看作同一家门的家族成员。对移民群体来说，"认家门"是进行社会结合的一种有效策略。分布在不同移民社区的苗族代耕农，会主动到其他苗族移民社区"认家门"。随着彼此联系的加深，这种拟制的家族则会转变为一种真实的家族，从而使同姓之人结合为一个联系紧密的集团。

在人地关系稳定的情况下，血缘群体与地缘群体之间具有较高的一致性。然而，苗族社会存在较为频繁的迁徙活动，血缘群体与地缘群体并不完全吻合，同一血缘群体往往分布在不同的村落社区之中。共同的祖先记忆和血缘关系成为凝聚家族成员的纽带。在日常生活中，家族成员保持着密切的社会往来，并且具有较高的家族认同感。在他们看来，"只要是出自同一个祖宗，大家就是兄弟。如果哪家有事情，不管相隔多远，都要前去帮忙处理"。可以说，家族组织不仅为苗族人提供了可以利用的社会网络，同时也为他们的生存安全提供了一重保障。

苗族人的家族观念有时甚至超越民族界限，将其他民族的同姓群体也整合进来。苗族代耕农在遇到与自己相同姓氏的汉族人时，会感到异

---

[1] 张晓：《美国社会中的苗族家族组织》，《民族研究》2007年第6期，第42页。
[2] 麻国庆：《永远的家：传统惯性与社会结合》，北京大学出版社，2009，第115页。

常亲切并尝试从姓氏源头上建立起某种联系。如在阳江市程村镇红光村牛岭村代耕的杨永贵，与程村镇上一个经营首饰的杨姓汉族妇女认作兄妹。每逢年节杨永贵都为她送去自己饲养的鸡鸭，这位杨姓妇女也会回赠一些小银饰作为答谢。这种超越民族界限的家族认同机制，能够使苗族代耕农更为有效地融入地方社会。

第六章 婚姻选择与族群边界

婚姻是实现家庭再生产的基本保障，同时也是不同家族之间建立社会联系的重要途径。正因如此，任何婚姻的缔结都不是单纯的个体性行为，而是在社会制度和道德准则的规约下做出的行动选择。在历史的发展过程中，苗族人形成了自己的婚姻习俗和婚姻制度。迁徙到异乡社会，一方面，他们坚守着自己的婚姻习俗，并以此维持自身的族群边界；另一方面，随着与外部社会交往的增多，苗族青年的择偶观念也在发生微妙变化，苗族传统的婚姻家庭观念受到冲击和挑战。

一 传统规约下的婚姻选择

表面上看，婚姻选择是个体性行为，只要男女双方情投意合便可缔结婚姻。然而，事实并非如此，任何一个社会都有一套复杂的制度规范着婚姻选择行为。美国社会学家威廉·J. 古德指出："婚姻本身似乎是一桩公共事务，对局外人和亲属都至关重要。"[1] 苗族社会的传统婚姻模式遵循"同姓不婚"和"族群内婚"两大基本原则。时至今日，苗族代耕农仍在竭力遵循这种传统婚姻选择模式。

苗族人"同姓不婚"的习俗由来已久。在他们的观念中，同一姓氏即意味着是同一祖先的后代，因彼此之间有事实上的或建构出的血缘关系而不能通婚。吴泽霖等人在20世纪50年代对贵州苗族社会进行调查时，便注意到苗族人"同姓不婚"的现象："如果同姓同宗开了亲，同宗族的各寨就要约集许多'父老'（代表人物），以破坏宗族体面为名，大兴问罪之师，到当事人家去质问。"[2] 没有血缘关系的同姓男女之间的结合也会遭到人们的反对。在苗族人看来，同姓结婚触犯了传统的婚俗

---

[1] 威廉·J. 古德：《家庭》，魏章玲译，社会科学文献出版社，1986，第73页。
[2] 《中国少数民族社会历史调查资料丛刊》修订编辑委员会编《苗族社会历史调查》（三），民族出版社，2009，第79页。

禁忌，会给家庭和子孙后代带来不利影响。王富文从家族互惠的角度对苗族人的"同姓不婚"现象进行解释，他认为，苗族有一种家族互惠的理想，可以将亲属关系不断拓展出去，使之超越血缘的真实性，并打破人类学家划分的"真实亲属"与"类型亲属"的界限。[①]

在阳江定居初期，苗族代耕农人数有限，在其群体内部难以找到合适的婚配对象。因此，许多苗族男子只能返回云南家乡寻求配偶。当然，也有部分女子嫁回家乡。进入汉族地区的苗族代耕农无疑是拥有独特文化的少数民族群体。苗族代耕农尽管在空间上嵌入汉族社区，但在婚姻选择上仍力图维持族群内婚的理想模式。在他们看来，苗族人有自己的语言文化、生活习惯和宗教信仰，如与其他民族通婚，则不可避免地会出现沟通上的障碍。威廉·J. 古德指出，一切择偶制度都倾向于"同类联姻"，"宗教派别或种族群体强迫其成员在自己群体内部选择伴侣，是意识狭隘造成的，同时也因为他们相信，具有不同态度和背景的外来者在婚姻中不如自己群体的成员那么容易适应，因此也就不利于维护传统的生活方式"[②]。在这种观念下，迁徙到阳江的苗族同乡自然成为婚配对象的首选。可以说，苗族代耕农的族群内婚模式，既能最大限度地保持其传统的生活方式，同时也能够实现移民群体内部的社会整合。

一些学者对族际通婚的研究发现："愈是人口规模小的群体，其群体外婚的倾向愈显著。"[③] 然而，这一判断需要严格的限定条件，即族际通婚建立在族群间的相互理解和尊重之上。如果小群体与其他群体之间存在较大文化差异，并且两种群体之间难以相互理解和尊重，那么小群体宁愿采取内部通婚的模式来保持自身的人格独立和文化独立。实际上，在苗族代耕农群体中，尚未发现汉族女子嫁给苗族男子的案例。即便偶有这样的情况发生，也会遭到男方家族和亲友的反对。他们担心，汉族女子嫁入苗族家庭，文化生活上的巨大差异会给家庭生活带来诸多不便。

随着进入阳江的苗族移民陆续增多，他们在婚配问题上也有了更大

[①] 参见 Nicholas Tapp, "Hmong Places and Locality," in Stephan Feutchwang (ed.), *Making Place*, UCL Press, 2004, p. 142.

[②] 威廉·J. 古德：《家庭》，魏章玲译，社会科学文献出版社，1986，第 87 页。

[③] Peter M. Blau, Terry C. Blum, and Joseph E. Schwartz, "Heterogeneity and Intermarriage," *American Sociological Review*, 1982, 47: 45 – 62.

的选择空间。在移居地的婚姻实践中,苗族代耕农建构出两个不同层次的通婚圈。第一个圈层为阳江苗族移民社区内部以及苗族移民社区之间通婚;第二个圈层为苗族代耕农与家乡苗族群体之间通婚。在两个通婚圈的相互补充下,苗族代耕农有效地解决了自身的婚配难题。

在异文化的社会环境中,苗族代耕农的社会交往主要局限在群体内部,进而导致其通婚圈封闭狭小。以云南队为例,截至2015年底,在阳江完成婚配的29对年轻夫妇中,本社区内部通婚的有9对,与其他苗族移民社区通婚的有8对,与云南家乡苗族群体通婚的有9对,与其他人员通婚的有3对(其中2人与广西籍苗族女子通婚,1人为云南家乡汉族上门女婿)。苗族移民社区中家族的多元构成,为苗族代耕农的内部通婚提供了可能。

由于苗族代耕农人口规模较小,对家族构成相对单一的移民社区来说,仅仅依靠移民社区内部通婚难以满足青年男女的婚配需求。分布在阳江的苗族移民社区,彼此之间都有频繁的通婚往来,进而形成相对稳定的通婚圈。在结构主义人类学家克劳德·列维-斯特劳斯(Claude Levi-Strauss)看来,通婚是建立社会联系的有效手段,同时也是社会共同体形成的基础。[①] 通婚使不同家族之间、不同社区之间形成稳定的社会网络和互助关系,进而将分散在不同区位的苗族代耕农整合为一个有机整体。

对苗族代耕农来说,族群内婚是一种理想的婚姻模式。因为缔结婚姻的双方具有共同的文化习性,而且彼此知根知底,有利于家庭内部的稳定和谐。皮埃尔·布迪厄(Pierre Bourdieu)将婚姻选择与社会再生产联系在一起,在他看来,婚姻的缔结具有很强的策略性。他指出:"一种婚姻形式的特征,尤其是其在从政治婚姻到平行堂亲婚这一连续体中占据的特定位置,取决于有关集团之集体策略的目的和手段。"[②] 苗族代耕农的族群内婚模式,也具有很强的策略意味。这种婚姻模式不仅解决了男女的婚配问题,同时也加强了移民群体的内部联系,这使他们的移居生活进一步稳固下来。

---

① 参见 Claude Levi-Strauss, *The Elementary Structures of Kinship*, Beacon Press, 1969。
② 皮埃尔·布迪厄:《实践感》,蒋梓骅译,译林出版社,2003,第296页。

当在群体内部无法找到合适的婚配对象时，苗族代耕农便会通过亲属关系返回云南家乡物色婚配对象。虽然苗族代耕农已定居阳江近30年，但他们与家乡亲友仍保持着较为密切的社会往来。其中，通婚是联系移民群体与家乡亲友的一条重要纽带。对生活在云南文山的苗族群众而言，广东阳江生存条件好且就业机会多，因此他们愿意与远在阳江代耕的苗族同乡联姻。与家乡的通婚往来，延续了苗族代耕农与移出地之间的社会联系。如果说族群认同有赖于族群边界的维持，那么，族群内婚无疑构成一道最为牢固的族群边界。

二　姻亲网络中的家族联结

有关汉族社会亲属制度的研究大多强调以父系继嗣为核心的家族组织的重要性，这在一定程度上忽略了姻亲网络在社会生活中的作用。姻亲网络虽不像家族组织那样在制度化的层面存在，但在人们日常生活中却发挥着重要的支持作用。如果说家族组织从纵向层面凝聚家族成员，那么姻亲网络则从横向层面将不同的家族有机联结起来。

苗族社会虽是父系社会，但女性在社会结合中起到了至关重要的作用。通过女性建立起的姻亲关系，不仅将不同的家族集团凝聚在一起，同时也扩大了苗族人的社会网络和活动范围。托马斯·许兰德·埃里克森指出："婚姻是不同家族群体之间建立联盟的重要机会，也是象征社会延续性的重要机会。"[1] 可以说，婚姻为缔结姻亲关系的双方提供了一项重要的生存保障。一旦遭遇生存危机，苗族人往往会向其姻亲家族寻求帮助。

苗族代耕农人数虽然不多，但其亲属网络却错综复杂。以广西队为例，移民社区由陶氏、杨氏、王氏三个家族构成，三个家族可以通过亲属关系联结在一起。从亲属网络看，陶氏家族处于广西队亲属网络的核心位置，其他两个家族均与其有亲密的亲属关系。陶文进的妻子来自杨氏家族，杨氏家族下一代要称陶文进为姑父。而陶文进的妹妹则嫁给了

---

[1] 托马斯·许兰德·埃里克森：《小地方，大论题——社会文化人类学导论》，董薇译，商务印书馆，2008，第183页。

王氏家族，对王氏家族下一代来说，陶文进则成为他们的舅舅。在其下一代中，仍延续了这一婚姻传统，陶文进的长子陶剑龙娶了舅舅杨开明的女儿，陶文进的一个女儿则嫁入王氏家族，这使三个家族之间的姻亲关系得到进一步巩固。三个家族在婚姻形式上构成交表婚模式，在台湾学者简美玲看来，"交表联姻的价值，在于以简洁的形式，紧密地结合一群人，并具有世代进行再生产与组合的一致性，这是人类社会结群的一种方式"[①]。通过缔结婚姻，移民社区中的各个家族结合成一个联系紧密的亲属群体。

对苗族移民来说，亲属网络越庞大，其可利用的社会资源也就越多。在日常生活中，苗族人会有意识地建构自身的亲属网络。缔结婚姻是实现家族延续的重要保障，同时也是不同家族之间建立社会联系的重要途径。一旦两个家庭间建立起姻亲关系，两个家庭便处于千丝万缕的亲属网络之中。一个家庭往往会有几个不同的亲属集团，特别是子女众多的家庭，可以通过姻亲关系建立起广泛的亲属网络。从这一意义上说，一个家庭所拥有的亲属集团往往比家族集团更为庞大。

以大更村杨正法家为例，杨正法夫妇育有五儿两女，现在七个子女均已结婚成家。杨正法的五个儿子，分别与王氏、李氏、侯氏、罗氏结亲（其第四子和第五子的妻子均是罗氏家族成员）。两个女儿在云南时便已出嫁，长女嫁给谢氏，次女嫁给田氏。杨正法迁徙到阳江后，其长女和次女家也追随父亲一起来到阳江代耕。通过姻亲关系，杨正法家建立起庞大、复杂的亲属网络。

亲属网络为苗族人的迁徙创造了条件，实际上，移民社区中的后来者均是通过亲属网络加入其中的。大更村的罗文义、罗文才两兄弟原本在阳西县蒲排镇代耕，1998年，罗氏兄弟因田地灌溉和当地村民发生矛盾，罗文义决定放弃代耕田地，带领家人投奔在大更村代耕的亲家杨正法。罗文义长女嫁给杨正法第四子，罗氏与杨正法家构成姻亲关系。在亲属纽带的联结下，罗氏兄弟得以进入大更村。

相对于亲属的生物属性，人类学更为关注它的社会属性。在英国人类学家罗德尼·尼达姆（Rodney Needham）看来，亲属的特性是社会秩

[①] 简美玲：《贵州东部高地苗族的情感与婚姻》，贵州大学出版社，2009，第196页。

序，而非其生物属性。① 在苗族人的日常生活中，主要社会关系均是借助亲属网络展开的。许多苗族代耕农在迁到阳江之前彼此并不熟识，其社会关系在到阳江定居之后才逐渐建立起来。在移居地社会，具有共同文化认同和族群特质的苗族代耕农自然结合在一起。在群体内部进行交往时，遇到同姓的便认作兄弟姐妹；如若不同姓，便从配偶那里寻找亲属关系。这种拟制的亲属关系，既是苗族人亲属观念的扩展，同时也是苗族人建构出的一种地域关系上的互助制度。

王应荣原本在平冈镇的寨山村代耕，在放弃代耕的田地后来到乐安辖区内的飞龙小组买房定居。在寨山村代耕时，因路途遥远，他与这里的苗族同乡并不熟识。来到这里之后，他便主动到乐安的几个苗族移民社区中认亲戚。在乐安的代耕农群体中，王姓较少，王应荣便从妻子侯氏的关系入手来建构自己的亲属网络。王应荣得知云南队有一户侯姓人家，便主动前去认亲。用他的话说："我们在阳江的苗族亲友，不是哥弟就是亲戚。我老婆姓侯，云南队也有几户姓侯，虽然以前大家不认识，但现在认识了，他们都叫我姑爹，不管谁家有事，大家都会相互帮忙。"可以说，姻亲网络的重要作用已经渗透到苗族人日常生活的各个方面。有学者认为，在局部范围内，姻亲关系堪比家族甚至房支层面的联系。②

通过女性建立的姻亲网络，将不同的家族集团联结在一起，这在很大程度上拓展了苗族人的社会网络和生存空间。与家族兄弟不同，姻亲一般居住在不同的村落乃至不同的区域，这为苗族人的迁徙行动提供了潜在的选择空间。格迪斯在研究泰国北部的苗族群体时发现，苗族人在生活窘迫之时往往会选择迁徙到其姻亲家族的土地上谋求生存。③ 在苗族代耕农群体中，类似的情况也较为普遍。实际上，在移民社区创立之后，陆续有苗族移民通过姻亲关系加入其中。姻亲网络不仅为苗族移民提供了社会结合的重要纽带，同时也使他们在家族组织之外多了一重生存保障。

---

① 参见 Rodney Needham, "Descent Systems and Ideal Language," *Philosophy of Science*, 1960, 27 (1), pp. 96 - 101。
② 参见左振廷《关于 Hmong 人家族组织的文化生态整体性研究》，《广西民族大学学报》（哲学社会科学版) 2015 年第 1 期。
③ 参见 W. R. Geddes, *Migrants of the Mountains: The Cultural Ecology of the Blue Miao (Hmong Njua) of Thailand*, Clarendon Press, 1976, p. 47。

对身处异乡的苗族代耕农而言，他们所拥有的资源非常有限，而姻亲网络成为他们在异乡生存和发展的重要资本。从苗族代耕农的生存实践中可知，唯有主动融入所依存的姻亲网络，才能充分利用各种资源以促进自身的生存和发展。借助家族组织和姻亲网络，苗族代耕农凝聚为一个联系紧密的移民共同体，从而避免了一盘散沙式的生存状态。相关研究表明，珠三角地区代耕农采取个体化的生存策略。[1] 在面对生存困境和当地村民的挤压时，他们往往处于孤立无援、被动无助的境地。而分布在阳江的苗族代耕农通过将分散的苗族个体凝聚为一个有机的整体，在很大程度上增强了移民群体自身的生存能力。

周敏通过对移民群体进行研究指出："不同的种族群体基于历史的和现有的经验形成不同的文化模式和方法策略，来回应不同的社会待遇，并应对群体的生存问题和流动性问题。一些群体用积极主动地拒绝优势群体标准的方式来回应自身的结构劣势。另一些群体可能仰仗民族团体或民族社会关系网克服结构劣势，争取与优势群体的结构性平等。"[2] 对处于弱势地位并拥有独特文化的移民群体来说，放弃自身的传统文化和社会网络并不意味着能够在主流社会中获得生存优势；相反，移民群体的传统社会网络与族群特性，在适应新环境的过程中仍发挥着积极作用。正是凭借亲属网络的联结，苗族代耕农形成一个团结互助的移民群体，并在异文化的社会环境中生存下来。

三 社会变迁下的婚姻缔结

婚姻缔结是实现家庭延续和社会结合的重要形式，因此，不管对个体家庭还是社会整体而言均具有重要意义。在苗族社会，婚姻缔结有严格的禁忌和一套完整的程序。吴泽霖对苗族社会的婚姻缔结进行过详尽的描述，在他看来，任何缔结婚姻的形式，主要的节目都只有两项，即

---

[1] 参见黄晓星、徐盈艳《双重边缘性与个体化策略——关于代耕农的生存故事》，《开放时代》2010年第5期。

[2] 周敏：《社会资本的族裔特征：基于社区组织与镶嵌其中的社会关系网络》，载格伦·C. 劳瑞、塔里克·莫多德、斯蒂文·M. 特莱斯主编《族裔特性、社会流动与公共政策：美英比较》，施巍巍等译，东方出版社，2013，第145页。

正式的婚姻缔结和新娘的上门。① 在苗族的传统婚姻仪式中，订婚和结婚是缔结婚姻过程中的两个必经阶段。传统苗族社会有游方、跳场等青年男女的交流活动，因此，大多数青年男女是由自由恋爱走向婚姻缔结的。小部分无法找到合适婚配对象的青年男女，则由父母物色人选并积极促成婚姻的缔结。

不管是自由恋爱还是父母包办，缔结婚姻都要遵循一套既定的婚礼程序。只要物色到婚配对象，男方家长便要请媒人到女方家中说媒。在说媒过程中，一般要请三个媒人，即苗族人所说的"三媒六证"。在三个媒人中，一人需是家族成员，另外两人则是家族之外的成员。媒人需是夫妇双全、儿孙满堂并且在当地社会具有较高威望的人。一般来说，叔伯、舅舅、姑父这些重要亲属会充当媒人的角色。在婚姻生活中，媒人有两个重要作用。一是在订婚时对聘礼金额进行协商。在协商聘礼金额时，双方家长都不好意思开口谈价钱，只能委托媒人代为商议。二是对夫妇日后可能产生的家庭矛盾进行调解。可以说，媒人是苗族人婚姻生活合法性和稳定性的重要保障。

媒人前往女方家中提亲时，需携带一把油纸伞、一壶酒和三只熟鸡。在前往女方家的路上媒人要吃掉一只鸡，另外两只鸡和酒则要到女方家中食用。到女方家中后，媒人要将带来的鸡和酒摆在桌上，邀请女方家人享用。同时，媒人要给女方家长敬烟、敬酒。鸡不仅是送给女方家的礼物，同时也要通过看鸡卦占卜男女双方能否结为连理。

如女方家长同意亲事，则要择日举行订婚仪式。在订婚仪式中，确定聘礼的数额是最为重要的一项内容。对普通的苗族家庭来说，聘礼是一项金额较大的开支。因此，聘礼的数额往往成为双方家长争论的焦点。双方家长就聘礼数额达成一致，订婚仪式便大功告成。除聘礼之外，男方要为女方提供一定数量的猪肉和酒水，用于订婚时宴请女方亲友。聘礼数额协商一致之后，要根据男女双方的生辰八字选定结婚日期。一般来说，结婚日期要比订婚日期晚一两年。如果在结婚前女方违反婚约，女方要原数赔偿男方的经济损失。

---

① 参见《中国少数民族社会历史调查资料丛刊》修订编辑委员会编《苗族社会历史调查》（三），民族出版社，2009，第109页。

尽管婚姻缔结受到诸多限制，但苗族人对年轻人的婚姻选择持开放包容的态度。如是青年男女自由恋爱，家长一般不会反对。一旦男子将女朋友带回家中，男方家长便会为即将入门的准儿媳举行过门礼。过门礼的程序是：男子把女方带到家门外，家里的男主人捉来家里的公鸡，站在家门里面，然后拿起公鸡在两人的头上方绕三圈并向祖先祷告祈福。① 完成过门礼，即意味着准儿媳的魂已被叫到男方家里，她已成为男方家正式的家庭成员。王乃雯对滇东南的苗族进行研究时注意到，婚礼作为苗族人最重要的生命礼仪之一，其过程中不断强调新娘的魂（blis）如何顺利转移到夫家。相较于男性魂与家的天然关联，女性魂与家的关联在婚姻缔结中需要经历一个转换的过程。② 在过门礼结束三天后，男方家长要派人告知女方家长并商议具体缔结婚姻事宜。实际上，一旦举行过门礼，女方家长就只能同意这门亲事。

苗族社会早婚早育、多子多福的传统观念影响着个体的婚育行为。在苗族代耕农群体中，早婚现象非常严重，青年男女年届十七八岁便要谈婚论嫁。在笔者亲身参与的多场婚礼仪式中，新婚夫妇均未达到法定结婚年龄。③ 与此同时，由于缺乏有效的避孕措施，夫妻生活对妇女来讲意味着要怀孕生产。按照现行的婚姻法，大部分新婚夫妇尚未达到法律规定的结婚年龄，因此无法办理婚姻登记手续。早婚的年轻夫妇，在婚后一两年间便会生儿育女，办理"非婚生"子女的户口登记问题成为很多苗族代耕农家庭面临的一道难题。

随着时代的变迁，苗族社会婚姻缔结的一系列仪式也在发生着微妙的变化。在缔结婚姻的过程中，仪式性活动大大减少。在云南省文山州的苗族村寨，婚礼仪式要持续三天三夜，其中有吹芦笙、唱山歌等活动。苗族代耕农从原本的社会环境中脱离出来，其婚礼仪式由原来的三天缩减为一天。经济条件较差的家庭，甚至不再举行正式的婚礼仪式，只是请关系较近的亲友简单地吃一顿饭。

---

① 参见马光明《文山苗族过门礼现状和传承保护途径探索》，《文山学院学报》2019年第4期。
② 参见王乃雯《漂泊中的依归：从"家"看苗族人的社会关系》，硕士学位论文，台湾大学文学院人类学研究所，2008，第53页。
③ 《中华人民共和国民法典》规定的结婚年龄为，男不得早于22周岁，女不得早于20周岁。

2013年11月7日,乐安五队熊明福之女熊小妹出嫁。新娘熊小妹仅16岁,新郎张光荣刚刚满18岁。实际上,熊张两家在上一代就有姻亲关系,两家人也非常相熟。两个年轻人早就相识,小学毕业后进入阳江的同一家工厂做工。在工厂做工时,两人交流渐多并发展为恋爱关系。双方家长知道子女谈恋爱后,便商讨子女结婚事宜并为他们积极筹备婚礼。在双方家长看来,结婚是早晚的事情,早一天结婚便早一天了却父母的一桩心事。

对熊明福夫妇来说,这是一场仓促的婚礼。熊明福夫妇二人本在广州打工,他们请了十天假回家给女儿举办婚礼。在婚礼前一天,熊明福的家族兄弟到双捷镇上租借了桌凳,准备了30桌酒席。按苗族的习俗,婚宴的饭菜要请苗族亲友帮忙筹备。熊明福请了云南队的李正高做主厨,具体负责炒菜煮饭等事宜。李正高在本村召集了几个年轻人来帮忙,他们从前一天晚上就开始准备——杀猪、杀鸡、切肉、备菜,一直忙碌到第二天上午。

上午9点,客人陆续前来。客人来到之后,先在婚礼的记账人那里登记礼金。客人的礼金以一两百元居多,一些重要亲友的礼金略高一些。据事后汇总,女方共收到礼金两万余元。在熊小妹出嫁当天,男方向女方支付了26000元聘金。除此之外,还带了60斤猪肉和40斤白酒。在婚礼仪式中,主客之间比较随意,来客似乎对新郎和新娘并没有太多的关注,而是三五成群地聚在一起聊天或打牌。苗族婚宴为流水宴,来客坐满一桌即开席,吃完即离席。几十张餐桌摆在房前的空地上,场面颇壮观。在宴席中,普通来客在露天的餐桌上随意落座,姻亲家的主要成员和媒人则被安排到主人家祖宗牌位前的主桌用餐。在主桌客人用餐前,家长要先祭拜祖先,以家中有婚嫁喜事告慰先人。

婚礼仪式上,新娘熊小妹穿着一身苗族服装,新郎则穿着一身西装。下午2点,来客用餐基本结束,新郎在女方家长的安排下进行认亲仪式。女方亲属顺次站立在新郎面前,新郎则要依次给他们下跪、敬酒。下午3点多,认亲仪式结束,男方家长带着新郎、新娘以及女方家里的嫁妆(一个红色箱子和一床棉被)回家。随着婚礼进入尾声,来客也逐渐散去,留下的亲友则在女方家里打牌娱乐。女方家长熊明福一再强调,这次婚礼搞得太简单,苗族传统的婚礼程序非常多。"现在大家经济都比较困难，而且都忙着做工，没时间搞那么多程序，能简单一点就简单一点。"

11月20日，男方家长设宴举行迎亲仪式，正式将新娘迎进家门。男方婚礼的筹备工作与女方家里类似，参加婚礼的亲友基本上是原班人马。熊小妹的婚礼仪式虽然显得简单和仓促，但仍尽量按照苗族社会传统的要求完成了。对经济困难的家庭来说，在凑足必须支付给女方的聘金后，几乎无力筹办婚礼。因此，许多贫困的家庭在儿子结婚时，只能省去婚礼这一重要环节。在经济条件有限的情况下，苗族代耕农对传统的婚姻仪式环节做出了一定调整。

近年来，苗族代耕农中的年轻人大多进入城市务工，工厂成为年轻人在城市生活的主要场域。工厂不仅为年轻人提供了就业机会，同时也为他们提供了更多的婚姻选择机会。相关研究指出："打工经济让青年男女远离熟人社会的场域，在城市的陌生人社会中相遇并相恋，这使与熟人社会相匹配的传统婚姻制度逐渐失效。"[①] 苗族代耕农中的许多年轻夫妇，均是在工厂务工时相识相恋并最终结为夫妻的。年轻人的这种婚姻选择模式，在很大程度上摆脱了传统婚姻习俗的束缚，也不再需要媒人提亲这些传统的仪式环节。

与此同时，QQ、微信等现代通信媒介的使用，也进一步扩大了年轻人的社会交往范围。QQ、微信聊天成为当下年轻人最热衷的交友方式，这种虚拟的社交方式也为人们建立起现实的社会联系。苗族年轻人利用这些现代通信工具谈情说爱并找到了自己的婚配对象。苗族年轻人向往现代生活，同时也在追求现代社会的"浪漫之爱"。在安东尼·吉登斯（Anthony Giddens）看来，"浪漫之爱直接把自身纳入自由与自我实现的新型纽带之中"[②]。苗族年轻人也将自由恋爱视作自我实现的一种重要标准。年轻人对浪漫之爱的大胆追求，无疑会给苗族社会传统的婚姻模式和家庭秩序带来冲击和挑战。随着年轻人社会交往范围的扩大，其原有的通婚圈也被逐步打破，人们有更多的机会寻找适合的婚配对象。

[①] 宋丽娜：《婚恋转型：新生代农民工的婚恋实践》，社会科学文献出版社，2021，第5页。
[②] 安东尼·吉登斯：《亲密关系的变革——现代社会中的性、爱和爱欲》，陈永国、汪民安等译，社会科学文献出版社，2001，第53页。

四 单向流动的族际通婚

族际通婚在族群关系中扮演着相当重要的角色。一般认为，族际通婚是促进族群间相互了解、相互融合的有效途径。美国社会学家辛普森和英格尔认为："不同群体间的通婚（intermarriage）的比率是衡量任何一个社会中人们之间的社会距离、群体间接触的性质、群体认同的强度、群体相对规模、人口的异质性以及社会整合过程的一个敏感的指标。"[①]文化同化论者将族际通婚视作社会整合的一个重要指标，因为它表明不同族群或阶层之间的亲密关系已在相当程度上为社会接受。甚至有学者预言："婚姻同化如果全面发生，那么少数群体就会在较大的东道主社会或核心社会中丧失其族群认同，于是认同同化便发生了。"[②] 可以说，一个群体如何进行婚姻选择与其族群意识和文化认同有紧密的联系。

虽然婚姻选择处于社会制度的规约之下，但不可否认的是，并非每个社会个体都遵从这种结构安排，个体情感与个体选择在婚姻选择中仍然起着重要作用。台湾学者简美玲从情感的角度出发，对苗族社会的情感与婚姻进行研究。她认为苗族社会既遵循交表婚的婚姻传统，同时又有自由恋爱的婚姻自由，社会个体的婚姻选择往往处于"结构与情感的暧昧"[③] 之中。个人在婚姻选择和婚姻生活中，经常会突破社会结构所规约的固定模式。特别是在日益开放的现代社会中，苗族人的婚姻选择模式也日益受到外部因素的干扰。

随着与其他民族群体社会交往的增多，苗族代耕农群体中族际通婚的现象也逐渐增多，然而，苗族代耕农的族际通婚并非一种双向互动的通婚，而是一种单向流动的通婚，即大部分族际通婚是苗族女子嫁给汉族男子，而苗族男子则很难娶到汉族女子（见表6-1）。这种单向流动的族际通婚，在某种程度上反映出两个群体经济状况的差异。

---

① G. 辛普森、J. 英格尔：《族际通婚》，载马戎编《西方民族社会学经典读本——种族与族群关系研究》，北京大学出版社，2010，第315页。
② 米尔顿·M. 戈登：《同化的性质》，载马戎编《西方民族社会学经典读本——种族与族群关系研究》，北京大学出版社，2010，第105页。
③ 简美玲：《贵州东部高地苗族的情感与婚姻》，贵州大学出版社，2009，第253页。

表 6-1　三个苗族移民社区族际通婚统计 (2016 年)

单位：人

社区	男子娶外族女子	女子嫁外族男子	配偶民族 民族	配偶民族 人数	配偶籍贯 籍贯	配偶籍贯 人数
云南队	0	8	汉族	8	阳江	2
					云南	2
					湖南	1
					江西	1
					湖北	1
					广西	1
广西队	0	5	汉族	5	阳江	4
					汕头	1
大更村	0	5	汉族	4	阳江	3
					惠州	1
			壮族	1	广西	1

资料来源：笔者根据调查材料整理汇总。

贝克尔 (G. Becker) 在构建其婚姻家庭经济理论时，提出"婚姻市场"理论，并认为经济学的基本理论同样适用于婚姻和家庭领域。[①]"婚姻市场"理论突破了通婚圈理论地理空间的局限性，对现代社会的婚姻选择问题具有更强的解释力。与此同时，"婚姻市场"理论引入了经济学中的理性人假说，用经济理性和供求关系解释婚姻选择行为。以"婚姻市场"理论来看，苗族代耕农在经济上处于劣势地位，这导致苗族男子在婚姻选择上必然处于相对劣势的地位。

对移民群体而言，进入移居地不仅意味着进入了当地的劳动力市场，同时也意味着进入了当地的婚姻市场。在苗族代耕农定居之后，当地的一些未婚男子便进入移民社区寻找合适配偶。为了在当地社会站稳脚跟，苗族代耕农也愿意与当地村民缔结姻亲关系。在费孝通看来，外来移民群体若要融入村落社会，真正成为村子里的人，需要具备两个条件："第一是要生根在土里，在村子里有土地。第二是要从婚姻中进入当地的亲

---

① 参见 G. Becker, *A Treatise on the Family*, Harvard University Press, 1981。

属圈子。"[①] 苗族代耕农群体力图通过婚姻关系融入当地社会,进而实现在移居地的长期定居。然而,由于与当地村民的通婚所占比例较低,苗族代耕农群体难以编织出系统性的亲属网络。与此同时,文化上的差异也在一定程度上阻碍了苗族代耕农与当地村民的社会交往。

与男性相比,女性更具有流动性。苗族女性不单是传统文化的传承者,她们对现代生活也同样充满渴望。她们对现代生活的追求,亦体现在她们的婚姻选择上。一些年轻的苗族姑娘在工厂务工时结识外地男性并愿意追随他们远嫁他乡。在苗族姑娘看来,汉族男子在经济条件和文化水平上要优于她们身边的苗族男子。尽管实际情况可能并不如她们想象的那般美好,但这种远嫁他乡的婚姻选择似乎成了女性拓展生存空间、改善生存境况的一条途径。在工业体系的影响下,苗族代耕农原本封闭的婚姻市场也被卷入全国性、开放性的婚姻市场之中。

苗族女子外嫁案例

李国珠,女,1988年生,乐安云南队李正运之女。小学毕业后,李国珠便到阳江的工厂做工。在工厂做工时,与湖北恩施籍的一名姓肖的汉族男子谈恋爱。最初,李正运反对女儿远嫁外地,担心她在外面受欺负。但李国珠执意嫁给该男子,与此同时,该男子也来到李正运家当面求婚。李正运见两个人是真心相爱,便要求男方家长过来商谈。李正运本以为男方家长会因路途遥远拒绝前来,但男方家长第二天便从湖北老家赶到阳江。李正运见男方很有诚意,而且两个人也是真心相爱,便同意了这门亲事。2004年,年仅17岁的李国珠远嫁湖北。结婚时,李正运父子也曾到湖北恩施的男方家中。虽然李国珠嫁给了湖北籍男子,但夫妇二人长期在阳江做工,空闲之时经常回乐安云南队看望家人。直到2010年,李国珠才跟随丈夫正式回湖北老家定居。李国珠对现在的生活较为满意,丈夫家中虽然条件一般,却也丰衣足食,重要的是丈夫对她和孩子都很好。

女性的外嫁,无疑给移民社区中的男性造成巨大的婚姻挤压。现在,

---

① 费孝通:《乡土中国》,人民出版社,2008,第90页。

苗族代耕农群体中已经出现一些大龄未婚男青年。实际上，当前中国农村男性普遍面临婚姻困境。① 特别是家庭经济条件较差的未婚男性，很难在婚姻市场上找到合适的配偶。面对严峻的婚姻挤压，苗族代耕农构建的通婚圈发挥了积极的调节作用。当迁徙到阳江的苗族男子难以解决婚配问题时，他们大多选择返回云南迁出地寻求配偶。由于阳江的生存条件好于迁出地，移民社区中的苗族男子返回迁出地择偶具有一定的优势。

在市场化、工业化和现代化的进程中，苗族代耕农的婚姻不可避免地受到外部因素的干扰。无论是否愿意，他们都被强大的外部力量控制着、引导着，以至于婚姻观念发生巨大变化。在迁徙流动和外出务工的背景下，其婚姻生活也面临诸多不确定性与情感危机。苗族女性外出务工，使其生活的独立性和自主性得以增强。在外出务工和社会交往的过程中，年轻夫妇容易受到他人诱惑，进而对他们的婚姻家庭生活造成严重冲击。近几年，苗族代耕农群体中年轻夫妇的离婚事件时有发生，甚至有一些年轻的媳妇抛夫弃子与他人私奔。在贫困且难以改变自身生活状态的情况下，一些年轻的已婚妇女选择离婚或离家出走来改变自身命运。此类事件的发生，不仅给相关家庭带来极大的伤害，同时也在很大程度上扰乱了苗族代耕农群体的婚姻秩序。实际上，这些年轻夫妇在结婚时大多未达到法定结婚年龄，甚至在生儿育女之后尚不能领取结婚证。这种婚姻模式难以得到法律的保护，同时也进一步增加了婚姻风险和家庭生活危机。② 从家庭的角度来看，这种不负责任的行为因违背社会道德准则而难以被人们接受。然而，从生存和情感的角度来看，这种行为可能是年轻女性面对生活苦难的无奈选择。因此，我们不能对其进行过多的指责和非议。对贫困的移民群体来说，若要维持自身的生存和发展，需要在物质和情感上付出一定的代价。苗族代耕农所经历的婚恋转型，从根本上说是现代性给他们带来的必然结果。尽管迁徙流动和现代社会给苗族代耕农带来巨大的生存压力，但不管怎么说，他们正在不断走出自我封闭的小社会，并努力融入更为广阔开放的现代社会。

---

① 参见彭大松《村落里的单身汉》，社会科学文献出版社，2017，第19页。
② 参见宋丽娜《结婚未成年——河南农村的早婚及其社会运作机制》，《中国青年研究》2017年第11期。

第七章　生命仪式与文化传承

在人生成长的重要转折点上，总是伴随着各种生命仪式。透过各种生命仪式，可以洞见不同民族群体的宗教观、生命观和宇宙观。苗族人拥有从出生、成年、结婚到死亡以及疾病治疗等一整套复杂而神秘的生命仪式体系。从功能的维度来看，每种仪式都有其特有的意涵与功能。各种生命仪式看似神秘虚幻，但并非虚构的象征体系，而是现实的生存技术，其维系着人们的日常生活。[①] 对苗族代耕农而言，这些生命仪式不仅为个体成员提供了生命的意义支撑，同时也是维系苗族社会运行的文化法则和社会规范。

一　诞生仪式中的生命观

无论是对个体家庭还是对社会整体而言，新生命的孕育和诞生均具有重要的意义，它意味着对个体家庭和社会整体的传承延续。从世界范围来看，新生命的孕育和诞生过程总是伴随着各种仪式活动。在传统社会，妇女的怀孕、分娩是一个神奇的生命现象，同时也是一个充满生命危险和诸多限制的阈限时期。对此，法国人类学家阿诺尔德·范热内普（Arnold van Gennep）指出："女人一旦怀孕，她便被置于隔离状态，或是因为她被视为不洁和危险，或是因为怀孕本身使她在生理和社会方面处于不正常状态。这一点已广为人知，将她视为病人或陌生人反倒变得最自然不过。"[②] 妇女在怀孕期间及分娩后的一段时间里，有一种区别于正常状态的身体体验，其在社会生活和社会结构中也处于一种阈限状态。因此，很多民族群体会设置各种禁忌将孕妇及产妇进行暂时性的文化隔离。阿诺尔德·范热内普进一步指出："怀孕仪式与分娩仪式通常合成为

[①] 参见郭于华主编《仪式与社会变迁》，社会科学文献出版社，2000，第340页。
[②] 阿诺尔德·范热内普：《过渡礼仪》，张举文译，商务印书馆，2010，第34页。

一个完整体,体现过渡礼仪进程。起初所行礼仪常将孕妇与社会、家族,有时甚至与其性别群体分隔开。随后所遵行的礼仪便适于孕期本身,也视为边缘期。最后为婴儿诞生礼仪,其目的是将她重新聚合入曾归属的群体,或确立其新母亲之社会地位,特别是当她初次分娩或生下儿子时。"[1] 可以说,阿诺尔德·范热内普的研究具有普遍意义,大多数民族的妇女在分娩前后普遍经历了分隔仪式、边缘仪式与聚合仪式三个阶段。

苗族妇女在怀孕期间和分娩后的一段时间里有种种禁忌。诸如,苗族人认为,孕妇不能采摘果实,因为这样可能会使果树歉收;孕妇不能从牛马的缰绳上跨过,否则会导致胎儿流产;孕妇不能走进产妇的房间,因为这样会把产妇的母乳带走;坐月子期间,产妇不能走房屋的正门,而只能从房屋的侧门进出,因为房屋的正门是祖先进出的通道,而刚刚分娩的产妇是不洁的,其从正门进出会冲撞祖先进而对家庭不利。因为这一禁忌,苗族代耕农在修建房屋时会专门开出一个侧门,供妇女在坐月子时进出使用。苗族妇女孕期及产后的诸多禁忌,缘于苗族传统文化将妇女怀孕及分娩视为不正常的生理状态,认为其有可能对正常的社会秩序和神灵世界造成干扰。与此同时,在分娩之后苗族人会举行一系列诞生仪式,从生理上和文化上保证母子平安并将他们整合到既有的社会结构之中。

在传统苗族社会,孕妇多在家中分娩,由婆婆或夫家的女性长辈接生。在苗族人的观念中,胞衣(胎盘)具有重要的象征意义,它既是孕育生命的地方,同时也是个体生命的最终归宿。婴儿降生之后,胞衣要埋放在家中固定的位置。一般来说,生下男婴,胞衣要埋放在房间左侧的房柱下;生下女婴,胞衣则要埋放在房间右侧的房柱下。在人过世之后,指路先生要指引逝者找回自己的胞衣重新投胎转世。如果无法找回自己的胞衣,则无法投胎转世。因此,每个人都要牢记自己胞衣埋放的位置。子女长大成人之后,父母便会将早年埋放胞衣的位置告诉他(她)。子女要将此事牢记一生,待年老之后再将埋放胞衣的位置告诉自己的子女,以便死后指路先生能够为其指路重新投胎转世。

在阳江定居最初的十余年间,苗族妇女多是在家中分娩。近年来,

---

[1] 阿诺尔德·范热内普:《过渡礼仪》,张举文译,商务印书馆,2010,第34页。

随着医疗卫生条件的改善，苗族妇女多是到正规医院进行分娩。医院医生在接生时往往将胞衣丢弃，这对苗族传统的诞生仪式造成了重大冲击。在这种情况下，人们必须记住是在哪家医院出生的，以便死后灵魂能够找到自己的胞衣，进而顺利投胎转世。

孕妇的分娩活动必须在夫家进行，而不能回娘家或在其他人家进行。在苗族人的传统观念中，女子一旦出嫁就不再是娘家的家庭成员，所以无法得到娘家祖先的庇佑。如是在娘家或其他人家分娩，则会冒犯他们的祖先。如迫不得已在他人家分娩，则只能在房屋旁的柴棚中生育。即便今日，苗族人仍在遵守这一传统文化禁忌。

2014年夏，笔者在苗族代耕农群体中调查时便遇到过这种情况。李国胜的妹妹李国香在东莞打工，其怀孕之后行动不便，无法回到云南老家生育。无奈之下，李国香夫妇投奔在云南队的兄长。李国胜新修建了楼房，有足够的房间居住，但他却没有让妹妹在正房中分娩，而是将其安置在正房旁边的一个堆放杂物的棚屋之中。直到婴儿满月之后，李国胜才允许李国香母子进入正房中居住。李国香对哥哥也没有任何抱怨，在她看来，这是苗族的传统，大家都必须遵守。

生儿育女不仅是两性结合的产物，也是两个家族结合的产物。在诞生仪式中，姻亲家族扮演着非常重要的角色。孕妇分娩当天，要派人前往后家（娘家）报喜。如若生男孩，报喜人要带一只公鸡前往。如若生女孩，报喜人则要带一只母鸡。一般来说，向后家报喜必须由女婿携带礼物亲自前往，而不能委托别人或是以电话告知。娘家人接到喜报后，不能马上前去探望，必须等到孩子出生后的第三天才能前去探望。

在苗族人的观念中，刚出生的婴儿仅是肉身来到人世，其灵魂还在阎王老爷那里。因此，在新生儿出生后的第三天，家长要为其举行叫魂仪式。只有通过叫魂仪式，灵魂才会来到家中与其肉体合一。在叫魂之前，要先为新生儿取一个苗语小名（乳名），小名一般由新生儿的父亲或家族长辈来取。[①] 有了小名之后，便可为新生儿举行叫魂仪式。苗族

---

① 苗族人有两套命名系统，即汉名和苗名。汉名即以汉字命名，汉名一般会按照家族字辈排序进行命名。苗名即以苗语命名，也是人们在日常交流中使用的名字。在出生之时，家长会为孩子起小名，待其长大成人结婚生育后举行改老名仪式。即日后称呼老名，而不再称呼小名。

人对此形象地说道:"小婴儿的叫魂仪式就像人间的迁户口,要把他的户口从阎王老爷那里迁过来。只有通过叫魂仪式,婴儿的魂才会附到他的身上。"王富文在研究川东南地区的苗族时发现,叫魂是苗族社会的一种常见仪式,广泛分布于从泰国经越南一直到中国的绝大多数苗族村寨中,并且各地的叫魂词调极为相似。[①] 从文化传播的角度来看,这种文化现象可归因于苗族人大范围的迁徙。由此可以看出,尽管苗族人分布地域广泛,但他们在很大程度上保留着自身的民族文化特征。

新生儿的叫魂仪式一般在早上举行。举行叫魂仪式时,要在家门口摆放一个犁头,并将犁尖朝家门方向放置,意味着把其他鬼魂拦截在家门之外。新生儿的父亲或爷爷要杀一公一母两只鸡,煮熟后用来祭祀神灵。叫魂仪式一般由家族长辈进行。叫魂者在厅堂内门口位置摆放一张长凳,长凳上放一个米碗,然后点燃三根香插在米碗中。叫魂者口中为新生儿叫魂,手中则尝试将一枚煮熟的鸡蛋竖立起来。为新生儿叫魂的内容一般是:"今天是个好日子,某家生了个男/女孩,起了名字叫××。××的三魂七魄全部归家,和父母同生同住,和兄弟同生同住,和姐妹同生同住,永不生病。不管你在东在西在南在北,都要回到家中……"

叫魂者口中反复念诵这些内容,鸡蛋被竖立起来,则说明新生儿的魂已从阴间进入他的身体。[②] 仪式结束后,叫魂者将鸡蛋剥开,并根据蛋黄的位置卜算新生儿的命运。

叫魂仪式结束后,要祭拜祖先。在祖先牌位前供奉一碗饭、一碗菜和一瓶酒,祭拜者象征性地为祖先敬酒、喂饭,同时以家中又增添了丁口告慰祖先,并祈求祖先保佑小孩健康成长。在祭祖仪式中,祭拜者会对过世的家族长辈说:"家中的各位祖先、爷爷、奶奶、大伯、叔叔……(家族中已过世的长辈,一般是往前追溯两三代人),现在我们家族中又增添一个人口。是个男孩/女孩,刚刚起了名字叫××。请两代/三代老祖保佑孩子健康成长,不要生灾生病,保佑孩子以后能富贵长寿……"

苗族人有强烈的祖先观念,他们认为祖先虽然过世,但仍会在阴间

[①] 参见 Nicholas Tapp, *The Hmong of China: Context, Agency, and the Imaginary*, Brill Academic Publishers, 2003, p. 248。

[②] 除用鸡蛋叫魂外,也可用抛掷剪刀的办法叫魂。剪刀口朝向家门表示魂魄已被叫回来,剪刀口背对家门则表示魂魄还未回到家中。

庇佑自己的后代。在新生儿出生后第三天的取名、叫魂仪式中，家长要邀请家族成员以及姻亲来参加。由诞生仪式中的祭祖仪式可以看出，苗族社会是一个以家庭、家族为基础的父系血缘社会。

苗族的诞生仪式是一个连续的过程，在新生儿满月之前，一般不允许外人随意闯入产妇的房间。如是夫妇生育的第一个孩子，则要在满月之日为新生儿举行祝米酒仪式。仪式当天，亲友陆续从周边移民社区赶来为新生儿祝米酒。后家亲属会携带活鸡、鸡蛋以及一些小孩的衣物前来，其他亲友则多是以现金随礼。一般情况下，普通亲友的礼金多是一百元，关系较近的亲友礼金可能多至两三百元。

在有条件的家庭，小孩满一周岁时也会举行周岁礼仪，邀请亲友聚会用餐。有学者指出："在出生礼包含的关系密切又相互独立的仪式中，参加人员的范围在空间上表现为一种渐进的扩散性，孩子的社会身份也随之一步一步地取得社会的承认。"[①] 通过一系列仪式，新生命逐步被纳入所属的家族和社会。与此同时，产妇最终也回归到正常的社会状态，并通过繁育子嗣巩固自身在夫家和社会中的地位。

二 成年仪式与社会资格

成年仪式是为承认年轻人进入成年社会和取得成年资格而举行的一种仪式。不同的民族群体往往通过举行不同形式的成年仪式来实现个体身份的转换。在民俗意义上，"自然年龄不是人成熟的唯一尺度；只有经过成年礼的承认，人才具有社会成熟的意义"[②]。只有经历成年仪式之后，一个人的社会身份和社会地位才能得到彻底转变，其也由此获得之前不具有的一系列社会资格与社会责任。

在大多数社会，成年主要以年龄或某些生理特征为标志。不同国家根据本国国民的生理发育水平和传统社会习惯，对成年人的年龄规定各不相同。我国现行的《中华人民共和国民法典》规定："十八周岁以上的自然人为成年人。不满十八周岁的自然人为未成年人。""成年人为完

---

① 郑宇、曾静:《仪式类型与社会边界:越南老街省孟康县坡龙乡坡龙街赫蒙族调查研究》，中国社会科学出版社，2013，第56页。
② 钟敬文主编《民俗学概论》，上海文艺出版社，1998，第168页。

全民事行为能力人，可以独立实施民事法律行为。"① 实际上，在民间社会，各民族群体均有自己的成年标准与相关仪式。苗族代耕农属于苗族中的白苗支系，白苗群体认为，只有生儿育女才意味着年轻夫妇真正步入成年。子女的出生，一方面给予年轻夫妇在家族谱系中一个新的社会位置，另一方面也会进一步巩固姻亲之间的关系。一般情况下，在年轻夫妇第一个孩子满月之时，要为初为人父的男子举行改老名仪式，即为其更换一个新的名字。②

对白苗群体来说，改老名是最为重要的人生仪式之一，也是一个男人成熟和获取社会地位的重要仪式。一个成年男子如果没有举行改老名仪式，便不具有成人资格，在涉及村落集体事务的讨论中便没有发言权和表决权。只有经过改老名仪式之后，白苗男子才会获得成年人的社会地位，才能在村落中发表自己的意见。

在传统的改老名仪式中，要杀猪杀鸡，召集亲友前来见证。当客人离开时，还要给每位来客赠送二三斤猪肉。对普通的苗族家庭来说，举办改老名仪式需要花费一笔不菲的开支。经济困难的家庭无法及时为新晋父亲举办改老名仪式，要等到生第二胎或第三胎做满月酒的时候再举行改老名仪式。更有甚者，一些贫困家庭直至子女赚钱养家之后，才有经济能力为自己举行改老名仪式。在他们看来，"每个做父亲的男人都要改老名，如果当了父亲还不改老名会羞愧的"。因此，即便承受一定的经济压力，白苗群体也会尽力及时举行改老名仪式。经过改老名仪式之后，人们在日常生活中便要称呼其老名，以前的小名则不再使用。与此同时，对其妻子的称呼也要更改，与丈夫使用同一个老名。

老名的命名规则一般是在小名的基础上进行更改。如果小名是两个字，则更改前面的字，后面的字保持不变。如果小名是一个字，则要在这个字的前面增加一个字。如陶文进小名叫"阿耶"，老名改叫"那耶"；陶剑龙小名叫"阿赞"，老名改叫"连赞"；陶剑祥小名叫"阿冲"，老名改叫"大冲"；杨开能小名叫"米桥"，老名改叫"森桥"；杨明源小名叫"骚"，老名改叫"菜骚"。他们认为，名字对人会产生潜

---

① 《中华人民共和国民法典》，人民出版社，2020，第 10 页。
② 给初为人父的男子改老名，只是苗族社会中花苗（蒙碑）和白苗（蒙楼）这两个苗族支系的习俗。

移默化的影响，因此名字既不能太大气，也不能太难听，要与自己的身份地位相匹配。

在名义上，白苗男子的老名需由岳母来取。在改老名仪式中，后家女性亲属，如岳母、婶婶、嫂子、姐妹这些人要坐主桌，一起商讨给新晋父亲取老名。在改老名仪式中，后家的女性亲属备受尊重。名字取好之后，女婿要向参加改老名的后家亲属磕头致谢并向她们敬双杯酒。苗族男子们开玩笑说："我们苗族女人只有在这一天权力最大，吃饭都是等她们女人吃完了我们男的才能吃。"

后家女性亲属是改老名仪式中的主角。但实际上，苗族女性文化水平相对较低，因此老名多是由男子自己事先确定好，在仪式上借由岳母之口为其更名。用他们的话说，"名字必须事先定下来，然后告诉岳母，不能临时讨论。那时七嘴八舌，肯定取不出名字来"。之所以要请岳母来取老名，是出于对后家的尊重。在苗族人的观念中，一个男子能够生儿育女、成家立业，真正获得成人资格，有一半的功劳要归于妻子和后家。

罗永敏改老名仪式

2014年2月5日（正月初六），定居乐安飞龙村民小组的王开金为上门女婿罗永敏举行改老名仪式。罗永敏小名叫"小林"，妻子王小芳在2014年1月5日生下一个儿子。在小孩满月之时，罗永敏举行了改老名仪式。在仪式的前一天晚上，王家人便开始借桌凳、买肉菜，并请周边的亲友来帮忙做饭。在改老名仪式开始之前，王开金为女婿想了三个名字："森林""树林""发林"。但罗永敏对这三个名字都不满意，他自己起了一个名字叫"园林"。他将这个名字告诉岳母、岳父，大家同意之后便用这个名字做老名。2月5日早上8点，女性长辈围坐一桌，象征性地为女婿取老名。老名取好后，即祭拜祖先。由于在王家做上门女婿，罗永敏祭拜祖先时要祭拜王、罗两家的祖先。上门女婿虽要同时祭拜两家祖先，但在仪式上却有主次之分，即要先祭拜王家祖先，然后再祭拜罗家祖先。通过祭祖仪式告诉祖先："王家生儿子了，女婿今天要改老名，以后大家要叫他老名了，从今天起他就是一个成人了。"当天上午，邻近的亲友陆续来到王家，共同见证罗永敏的改老名仪式。自此之后，人们便称呼他"园林","小林"这一小名不再使用。

改老名仪式中要祭拜祖先,以得到祖先的接纳和庇佑。他们认为,不改老名的话,死后灵魂便无法找到自己的祖先。按苗族的历史记载,他们是从中原地区迁徙到西南地区的。在迁徙途中历经各种磨难,如果不改老名,祖先便对不上号,亡灵便无法回到祖先那里。可以说,改老名不仅是现世生活的需要,同时也是苗族人世界观与宗教观的一种体现。

即便在现代社会,改老名仍是每个白苗男子必须经历的生命仪式。2015年笔者到文山州广南县进行田野调查时,广南县民族宗教局陶根利副局长为笔者讲述了他改老名的经历。陶根利当时已年过不惑,并且曾经担任过乡长一职。作为一名受过现代教育的地方干部,陶根利本想摆脱传统习俗的束缚。他认为,这些传统习俗是苗族的一种陋习,是老一辈留下来的"迷信"活动。他在小孩出生几年后,都未按传统习俗举行改老名仪式。每次回老家,陶根利都会遭受一定的社会压力。在婚丧等重要仪式场合,他本应被安排在重要的位置上就座,但因没有改老名而无法被安排在相应的位置上。他在村里发表意见,也无法得到长辈们的认可。迫于压力,陶根利在儿子5岁那年,回到村里举行了改老名仪式。

白苗社会的改老名仪式,不仅使年轻人获得社会成员资格,同时也是其文化传承的重要内容。如苗族中的一些知识分子说:"改老名是白苗的文化传统,白苗群体都要遵守这一传统。如果破坏了这些传统,我们苗族人就不是苗族人了。一个男人如果不改老名,不但在苗族社会中不被承认,死后也回不到祖先那里。"可以说,正是通过这些仪式,苗族社会的文化传统才得以传承下来,同时,这也彰显了苗族群体与其他群体的文化差异。

三 葬礼仪式与社会网络

对大多数民族群体而言,葬礼是人生中最后一个仪式,同时也是最为庄严和隆重的仪式。苗族的葬礼仪式隆重而复杂,其中体现了苗族的生命观与宗教观。按流程,苗族葬礼仪式主要包括净身、指路、报丧、吊唁、下葬、回煞以及烧灵等环节。在阳江调查期间,笔者曾多次参加苗族代耕农的葬礼仪式。一旦有苗族亲友去世，散布在阳江的苗族代耕农就会前往吊唁。葬礼仪式不仅使苗族传统文化得到展演和传承，同时也强化了群体内部的社会联系与情感认同。

老人临终之前，子女们要守在其身旁，并随时做好料理后事的准备。老人过世之后，儿子便到房屋外燃放三支响炮通知本村村民。逝者子女要为逝者净身，即为逝者洗脸、剃头、修剪指甲，表示为逝者清洗在人世间受到的污染。逝者若是男性，净身一般由逝者的儿子来做；逝者若是女性，净身则由女儿或儿媳来做。逝者只有经过净身仪式，才能被家族的祖先认出来。在净身仪式之后，子女们要为逝者换上寿衣和草鞋。在苗族人的观念中，如果逝者不穿草鞋，其灵魂就不能顺利回到祖先那里。

在苗族人的生命观中，人的灵魂由三魂七魄构成。人死后，一个魂重新投胎转世，一个魂留在坟墓之中，一个魂回归祖地成为家族祖先。因此，生和死实际上是灵魂在阴间与阳间转换的过程。灵魂从阳间进入阴间并不是一个自然而然的过程，它需要借助指路仪式的引导才能完成。如果缺少指路仪式的引导，亡灵在阴间会迷失方向，以致因无法和祖先团聚而沦为孤魂野鬼。因此，在为逝者净身之后，家属要派人去请指路先生来为逝者灵魂进行"指路"。"指路"即引导逝者灵魂回到自己祖先的发祥地，让逝者的灵魂与祖先的灵魂团聚在一起。在操川黔滇方言的苗族群体中，指路仪式中普遍流行念诵"指路经"。各地"指路经"的细节略有差异，但其大体内容相似，主要包括开天辟地、苗族起源、民族历史、死亡原因、寻找祖先等内容。通过念诵"指路经"，苗族群体的民族情感与历史记忆被一次又一次地激发出来。

指路先生一般是懂得苗族历史并熟稔葬礼仪式的年长者。指路先生站在逝者身旁，怀抱公鸡，手持竹卦，口中念诵"指路经"。"指路经"中细数逝者的生活经历，赞颂逝者一生的功绩，逐步将其灵魂指引到祖先的发祥地。指路先生虽然要尽可能地往前追溯逝者家族的历史，但实际上人们能够记忆的历史非常有限，有具体姓名的先人只能追溯到祖父一辈，再往前追溯只能以笼统的家族祖先来指代。在念诵"指路经"的同时，指路先生会象征性地将饭菜、酒肉等祭品献给逝者。在给逝者献祭的同时，要用竹卦进行占卜，看亡灵是否接受了祭品。竹卦由竹根纵向剖开制作而成，是苗族葬礼仪式中必须用到的器具。竹卦是生者和逝者沟通的媒介，通过卦象来判断逝者是否接受了祭品。使用竹卦占卜时，将两片竹卦抛掷在地上，会呈现三种卦象：两片竹卦均平面朝下为阴卦；两片竹卦均平面朝上为阳卦；两片竹卦平面朝向一上一下为顺卦。如抛出的是阴卦，说明逝者接受了祭品，否则说明逝者未接受祭品，要继续抛掷竹卦，直到抛出阴卦为止。葬礼仪式必须使用竹卦，且为一次性使用，仪式开始前挖竹根制作，仪式结束后即丢弃。

指路完毕后，逝者的灵魂即回到祖先那里，逝者的女性家属便放声痛哭，开始为逝者守灵。葬礼仪式是将逝者从生者世界分隔出去的过程，念诵"指路经"充分体现了葬礼仪式的分隔性特点。指路先生在指路过程中要倒穿鞋，意味着留下一串倒行的脚印，防止逝者灵魂再追随指路者返回。指路是人与鬼魂相分隔的一个关键性仪式，这一环节如果处理不善，指路先生会遭受病殃。

在指路仪式结束后，逝者家属要组织家族男性成员向亲友报丧。报丧的顺序很有讲究：若逝者是男性，则要先通知其同胞姐妹等家人；如逝者是女性，则要先通知后家亲属。报丧人到亲属家报丧时，要向亲属家下跪敬拜，同时为亲属敬上一支烟，告知逝者的死亡时间及死亡原因，并邀请亲属家前来吊唁。在传统葬礼仪式中，报丧者须对逝者的亲属登门报丧，而不能通过电话或他人传递消息。然而，随着现代通信技术的发展，苗族人对这一做法也做出了灵活调整。如果路途遥远难以登门报丧，人们也会通过打电话的形式进行报丧。接到报丧通知的亲友，不管路途远近，都会前来吊唁。虽然苗族代耕农与文山家乡距离遥远，但无论哪方接到报丧通知都会前往吊唁逝者。

吊唁是整个葬礼仪式的核心，也是生者和逝者告别的仪式。在吊唁环节，大量亲友携带礼物前来吊唁逝者，逝者家属要迎接来客并在逝者灵前哭丧。在吊唁环节，逝者直系亲属不直接操办各项具体事务，而是委托一位阅历丰富的家族成员作为主事人来具体负责。主事人在亲友中挑选几个办事得力的助手帮忙，分别负责接客、记账、做饭、宰牲、挖墓等工作。吊唁仪式隆重而复杂，参加人员多，持续时间长，因此需要较多的人手来帮忙，仅杀猪、杀牛、做饭就需要数十人。但凡同乡亲友举行葬礼仪式，苗族移民社区中的年轻人都会去帮忙。

在吊唁仪式正式开始之前，主事人会召集家族主要成员开会，对吊唁仪式中的各项事务进行分工。待各项事务安排妥当之后，吊唁仪式即正式开始。在悲怆的氛围中，主事人向木鼓师傅和芦笙师傅各献上一碗酒，请他们开始击鼓、吹奏芦笙，由此宣布吊唁仪式正式开始。木鼓师傅将鸡血涂抹在鼓面上，并将鸡肉、牛板油等祭品挂在鼓上用于祭祀鼓神。如诉如泣的芦笙曲配合抑扬顿挫的鼓点，听起来仿佛是在诉说一段凄凉的故事。

在苗族的葬礼仪式中，芦笙和木鼓的乐声是将逝者灵魂送往祖先居住地的重要媒介。如果没有芦笙和木鼓的乐声引路，逝者将无法顺利抵达祖先的居住地。迁徙到阳江代耕之后，定居乐安的几个苗族移民社区共同出资制作了木鼓。木鼓保存在云南队李国京家，谁家有事就拿来借用。借用木鼓时要拿一瓶酒给保管者，用毕要及时归还。在整个吊唁仪式中，芦笙要不停地吹奏，木鼓则要配合芦笙敲打出抑扬顿挫的鼓声。据说，芦笙可以吹奏出逝者一生的经历与功过，生者要说的话都可以用芦笙吹奏出来。

吊唁仪式一般会持续三天两夜，其间涉及大量苗族亲友的吊唁慰问，同时也是人、物、事件和各种象征集中展现的场域。在吊唁仪式的第一天，逝者的至亲会前来吊唁，与逝者家人一同守夜。进入吊唁仪式的第二天，周边苗族移民社区中的亲友都会前来吊唁。在整个吊唁仪式中，陆续前来吊唁者多达上千人。吊唁者携带大米、白酒、筒钱、现金、牲畜以及煮熟的饭菜等物品前来吊唁。

吊唁一般以家族为单位进行，吊唁者要由芦笙师傅吹奏芦笙迎接进入灵堂。由于同一时间前来吊唁的人员较多，吊唁者会自觉停在进入社区的道路上排队等候，并将香烛、纸钱捆绑在树枝上带入。待吊唁队伍进入逝者家，吊唁者所带之礼品要全部摆放在桌子上。芦笙师傅围绕礼品吹奏芦笙曲，以表达对吊唁者的感谢，同时也通过芦笙曲将礼品送给逝者。在吊唁仪式中，亲友所送礼品均需详细记录在账簿上，逝者家属必须将其妥善保管并作为日后回礼的依据。

当吊唁队伍将要进入灵堂之时，逝者家族的男性成员要头戴孝布跪在道路两旁迎候。前来吊唁的男子们以手抚摸跪拜者的头部以示安慰，直到最后一人通过，迎接队伍才能起身随亲属进入灵堂。逝者家族的男性成员负责接待吊唁者，而逝者家族的女性成员主要负责守灵和哭灵。

在整个葬礼仪式中，妇女都会穿戴传统苗族服饰。有人前来吊唁时，守灵妇女要趴在逝者身边哭丧。在吊唁仪式中，祭拜者不断象征性地为逝者喂食酒肉饭菜。民国时期的《马关县志》记载了苗族人葬礼的场景："自人死时，即敲鼓、吹芦笙以乐鬼，昼夜不停。鼓间数秒一敲，笙间数分一吹，直至埋葬而后已。朝暮荐食，子孙各以酒肉喂塞死者之口。一二日后，死者枕傍酒肉狼藉，秽气蒸腾。"[1] 从这一点看，苗族社会的葬礼仪式与儒家葬礼礼制中"如死如生，如亡如存"[2] 的观念如出一辙。

吊唁者带来的牲畜要献祭给逝者之后才能宰杀。宰杀之前，要在牲畜脖颈处系上绳子，绳子的另一头连接到逝者的手里，以表示祭品是专门献祭给逝者的。在献祭牲畜的过程中，芦笙师傅要吹奏相应的曲调，并告诉逝者祭品是由谁献祭的。献祭之后，再由人拉出去宰杀。在苗族的观念中，逝者的灵魂在阴间也过着和人间一样的生活，他们也要养鸡养猪，养牛犁地。因此，如果不献祭这些东西，逝者在阴间就无法生活。在为逝者献祭时，需不断用竹卦进行占卜，以确认逝者接收到这些祭品。

逝者的子女必须献祭一头牛和三头猪以报答逝者养育之恩。对于葬礼必须杀牛的原因，苗族代耕农将其追溯到一个历史传说。在历史传说中，苗族是有文字的，而且每个家族都有自己的家谱。在 1000 多年前，苗族的家谱被牛吃掉，其文字也被牛毁掉。后来，苗族便成为一个没有文字、没有家谱的民族，而苗族的家谱就藏于牛肚之中。在这个历史传说中，牛百叶被视为一页一页的纸张，那就是苗族的家谱。后来，苗族人把家谱记录在芦笙里面，通过吹芦笙就可以追忆自己的家谱。牛对苗族人犯了大罪，所以在葬礼仪式中必须用牛祭祀苗族的祖先。如果不杀牛，葬礼仪式便不够庄严，逝者也得不到应有的尊重。可以说，葬礼仪式中蕴藏着苗族人的生命观与宗教观。即便今天，苗族人仍在传承传统

---

[1] 何廷明、娄自昌校注《民国〈马关县志〉校注》，云南大学出版社，2012，第 69 页。
[2] 《荀子·礼论篇第十九》载："丧礼者，以生者饰死者也，大象其生以送其死也。故如死如生，如亡如存，终始一也。"（安继民注译《荀子》，中州古籍出版社，2008，第 340～341 页）意为，葬礼的礼仪，就是按活人的生活方式来装饰死人，模拟他的生前来为他送终。所以侍奉死者如同侍奉生者，侍奉亡灵就像侍奉活人，生命的终结和生命的开始一样，人们要同样慎重对待。

的丧葬礼制并将其视作自己的信仰。

葬礼仪式上演着生死离别,逝者亲友因失去亲人而感到心痛和惋惜。然而,这种心痛和惋惜是短暂的。苗族人具有豁达的生死观念,不会长久地沉浸在失去亲人的痛苦之中。相反,在苗族人的观念中,人死后会进入另一个世界,进而成为祖先庇佑家族后人。虽然葬礼仪式中有伤感,但葬礼仪式更多的是送别逝者的一种分隔仪式。实际上,前来吊唁的客人能够很快地化悲伤为娱乐。亲友们聚在一起,会以喝酒、打牌的方式来消磨时间。兰德尔·柯林斯(Randall Collins)指出:"在殡葬仪式上,短期的情感是悲伤,但葬礼主要的'仪式工作'是产生(或恢复)群体团结。"[1] 葬礼仪式为散居各地的苗族代耕农提供了聚集和交流的机会。

吊唁仪式结束后,要举行下葬仪式。苗族人重视墓地的风水,逝者家属会请风水先生在附近山地中选择风水好的地方作为墓地。在云南老家,苗族村落一般有自己固定的墓地。然而,迁徙到异乡后,苗族代耕农只拥有有限的代耕田地,周边的山林并不属于他们,因此他们不能随便在山林中安葬逝者。为了避免遭到山林主人的反对,苗族代耕农往往会选择在远离村落的山林中安葬逝者。

在苗族的葬礼仪式中,每个家族都有一些自己独特的仪式内容。诸如棺椁如何摆放、木鼓如何安置等,每个家族都有自己具体的仪式要求。只有按照自己家族的葬礼仪式流程操办,才能将逝者的灵魂顺利送达祖先居住的地方。[2] 葬礼仪式不仅可以使逝者善终,同时也是家族文化传承的重要事件,通过葬礼仪式可以将家族文化传给下一代。

在下葬之后的第13天,要举行回煞仪式,意即将逝者的灵魂接回家中,让其最后看一眼生前的家园和亲友。在苗族人的观念中,下葬后的第13天逝者会变成鬼魂。因此,要在第13天的时候举行回煞仪式。当天早上,逝者家庭男性成员前往墓地,取出在下葬时藏匿于坟上的竹卦,打卦请逝者灵魂回家。逝者的女性亲属则在村口的路上等候哭丧。将逝者灵魂接至家中后,用酒、肉、饭等祭品对逝者进行献祭。下午再将亡

---

[1] 兰德尔·柯林斯:《互动仪式链》,林聚任、王鹏、宋丽君译,商务印书馆,2009,第161页。
[2] 参见王乃雯《漂泊中的依归:从"家"看苗族人的社会关系》,硕士学位论文,台湾大学文学院人类学研究所,2008,第43页。

灵送出，回煞仪式便算结束。

在汉族社会，回煞仪式意味着整个葬礼仪式的终结。然而，在白苗社会，回煞仪式结束后还需为逝者举行烧灵仪式。在苗族人的观念中，逝者的灵魂仍在承受生前的种种束缚与枷锁，这致使它们无法顺利回到祖居地，只有为逝者举行烧灵仪式，才能使其灵魂获得真正解脱，进而避免对在世的家属带来干扰。烧灵仪式可以紧跟回煞仪式之后举行，也可在数年之后择日举行。经济条件较好的家庭，举办了隆重的吊唁仪式并为逝者献祭了猪、牛等必需的祭品，往往选择在回煞仪式结束后马上举行烧灵仪式。一些家庭由于经济困难或其他原因，无法为逝者举办隆重的吊唁仪式，甚至无法为逝者献祭猪、牛等必需的祭品，则只能等到数年之后具备经济条件时再举行烧灵仪式。尽管有时两次仪式会相隔较长时间，但烧灵仪式是白苗葬礼仪式中必不可少的一个环节。无论等多久，最终都要为逝者举行烧灵仪式。烧灵日期要根据逝者的出生日期和死亡日期来确定，在烧灵日期确定之后即通知亲友到时前来祭奠。

有研究者认为，苗族烧灵仪式是二次葬仪式化的传承。[①] 有所不同的是，在烧灵仪式中，用逝者生前的衣物象征性地做出一个人形以供祭奠。具体做法是，在堂屋摆放一个圆形簸箕，簸箕里放置一大块糯米糍粑；然后用竹篾在簸箕上搭一个支架，支架套上逝者生前的衣服，其状如人蹲坐于糯米糍粑上。逝者若是男性，则由其姊妹之子负责安置；逝者若是女性，则由其兄弟之子负责安置。在烧灵仪式中，这件衣服就成为逝者的象征。因其束缚在簸箕上，一些地方也称为解簸箕仪式。相传，在苗族历史上，有一位英雄为保护族群的迁徙与敌人誓死抗战，簸箕在战场上起到盾牌的作用，这位英雄战死时簸箕还压在他背上，为了纪念他，人们举行了隆重的仪式为其解下簸箕。[②]

如果前面各仪式环节隆重而完整，烧灵仪式则可以简单进行，一天时间即可完成。反之，如果前面各仪式环节不完整，在烧灵仪式中则要为逝者补办前面缺失的环节，仪式时间也相对较长。仪式结束后，孝子

[①] 参见刘锋、张敏波《"蒙萨"苗族"烧灵"：二次葬的仪式化传承与变迁》，《民族研究》2011年第1期。
[②] 参见郑宇、曾静《仪式类型与社会边界：越南老街省孟康县坡龙乡坡龙街赫蒙族调查研究》，中国社会科学出版社，2013，第96页。

们即拆下簸箕上的衣物,并将簸箕竖起往外滚。在簸箕倒地时,如若簸箕口罩在地上,表示灵魂已经离去;如果簸箕口朝上,则表示灵魂还不愿意离去,还需要继续滚簸箕,直至簸箕口罩在地上为止。烧灵仪式可以说是整个葬礼仪式的终结,从此之后,逝者便成为家族祖先中的一员。

广西队陶文进母亲烧灵仪式

2013年10月5日陶文进母亲吴氏去世,享年91岁。老人去世之际,广西队正因修建村路之事与当地山仔村民发生纠纷。为了处理与山仔村民的纠纷,陶家无法为逝者举行吊唁仪式,也未能及时向亲友报丧。陶家子孙商议,在老人死后第13天的烧灵仪式中,再为其举办隆重的吊唁仪式,以及前面缺失的其他仪式环节。在老人去世的次日即举行了下葬仪式,埋葬在距离他们住地30多公里的山地中。

2013年10月18日,陶家为逝者举行烧灵仪式。当日下午2点,陶家和主要亲友召开家庭会议,对烧灵仪式中的各项事务进行分工。陶家请家族堂兄弟陶剑灵做烧灵主事,家长陶文进对他行跪礼,并赠送4条烟和4瓶酒作为酬谢。同时,请了9位陶氏家族兄弟分赴各处报丧。待分工完毕,各项事宜安排妥当之后,木鼓师傅吊起木鼓,烧灵仪式正式开始。烧灵仪式持续三天三夜,前来参加的有近1000人。在礼金记账簿上,记录了400余个上礼者的名字,这意味着有400多个家庭参加吴氏的烧灵仪式。

在烧灵仪式中,陶家杀了两头牛、四头猪,购买了150斤鸡肉和100斤鸭肉,各项开支累计超过5万元。逝者家属收到的礼金共有8万多元,除去开支后有3万多元的盈余。陶氏兄弟早年就已分家,陶母吴氏与第四子陶文兵一起生活,故葬礼仪式中的各项费用全部由陶文兵承担,礼金也归陶文兵所有。

对苗族代耕农来说,葬礼仪式不仅构筑了阳间与阴间的过渡空间,同时也是维系族群边界和实现族群团结的重要纽带。苗族代耕农经常拿他们的葬礼仪式与当地人的葬礼仪式进行比较,言语间透露出对本民族文化的自豪。陶文进说:"阳江当地人不重视葬礼仪式,老人去世之后只有最亲的一些亲戚才会参加送葬，几桌人简单吃一顿饭就结束了，葬礼不够隆重。我们苗族是一家有事百家担，有福同享，有难同当，不管哪家有事，我们都要过去给人家帮忙。我们苗族人搞葬礼，一般都有几百上千人参加，比他们阳江本地人搞得隆重。"在地方社会，葬礼仪式是考察人际关系和族群关系的重要内容。苗族代耕农分布在不同的社区，但不管哪一个移民社区举行葬礼仪式，阳江范围内的苗族代耕农都会前来吊唁。与之形成鲜明对比的是，那些同样来自广南县且与苗族代耕农毗邻而居的汉族移民却不会参加苗族的葬礼仪式。这些汉族群体认为，苗族的风俗习惯和他们不同，即便参与苗族的葬礼活动也难以融入其中。

家庭成员的死亡会对家庭的完整性造成一定伤害，并引起其他成员对死亡的恐惧。葬礼仪式具有抚慰个体和整合社会的积极作用。在葬礼仪式中，个体死亡所带来的伤害被稀释和淡化了，逝者家属可以感受到超越家庭范围的群体关爱。各种仪式活动是共同体联结的媒介，同时也是培育人们共同体意识的场域。在涂尔干看来，各种仪式活动是维系社会团结的重要机制。涂尔干指出："仪式首先是社会群体定期重新巩固自身的手段。"[①] 各种仪式活动不仅激发了苗族代耕农的民族情感，同时也促进了他们相互的交往和联系，有效地推动了移民群体的社会整合。

[①] 爱弥尔·涂尔干：《宗教生活的基本形式》，渠东、汲喆译，上海人民出版社，2006，第367页。

第八章　多元医疗与文化整合

　　多元医疗现象在世界范围内普遍存在，不同医疗手段如何实现共生与整合成为医学人类学关注的焦点。尽管现代医学（也称为生物医疗或生化医疗，下文按中国社会习惯称之为"西医"）成为主流医疗模式，但其未能完全取代各种民间医疗手段，而是被一些民族群体整合到自身的多元医疗体系之中。苗族代耕农综合运用仪式治疗、草医治疗和西医治疗等手段应对疾病问题，多元化的医疗手段相互补充并在信仰层面实现整合。苗族移民多元医疗体系的形成，一方面源于人们治疗疾病的现实诉求，另一方面也是苗族人基于传统文化信任做出的选择。借助多元医疗体系，苗族代耕农化解了西医与民间医疗之间的冲突，这有助于实现传统文化与现代文化的整合。

一　疾病治疗中的文化信任

　　疾病是每个人的生命历程中都不可避免的，疾病治疗因此成为人类社会必须面对的重要问题。在疾病治疗的实践中，不同民族群体形成了自己的疾病观念和治疗手段。诸多研究表明，疾病不仅仅是生命机体本身的问题，同时也受到生态环境与历史文化等多种因素的影响。[1] 处于不同生态区位与文化体系中的群体，会有不同的病症表现并发展出不同的医疗体系。医学人类学家塞西尔·赫尔曼（Cecil Helman）指出："在所有的人类社会中，与疾病有关的信仰和实践是文化的一个中心特征。"[2] 可以说，一个民族的医疗体系既是其文化的重要组成部分，同时也是其生命观和世界观的重要表征。

---

[1] 参见阿瑟·克莱曼《疾痛的故事：苦难、治愈与人的境况》，方筱丽译，上海译文出版社，2010，第3页；罗伯特·汉《疾病与治疗：人类学怎么看》，禾木译，东方出版中心，2010，第1页。

[2] Cecil Helman, *Culture, Health and Illness*, Wright, 1990, p.7.

在传统部落社会，由于对疾病缺少科学认知，人们多是将疾病与神灵世界联系在一起。早在1924年，英国人类学家里弗斯（W. H. R. Rivers）就出版了《医学、巫术和宗教》一书，书中将人类的世界观划分为巫术的、宗教的和自然的三种类型。[①] 在里弗斯看来，每种世界观都会衍生出一套与之相对应的病理学观念，进而导致疾病治疗方法上的差异。里弗斯的研究对后继学者产生了深远影响，人类学家在田野调查中大都会关注当地居民的疾病与医疗问题。

布罗尼斯拉夫·马凌诺斯基（Bronislaw Malinowski）20世纪初对特罗布里恩德岛的研究发现，巫术力量对当地居民的健康有重要影响。在当地居民的观念中，"人只不过是巫术力量、妖魔鬼怪和黑巫术的玩偶而已。任何形式的死亡都是这种力量造成的后果"[②]。拉德克利夫-布朗（A. R. Radcliffe-Brown）对安达曼岛人的研究也有类似发现，当地居民认为"所有的疾病以及病死都是精灵所致"[③]。在非洲阿赞德人部落，人们认为疾病并非个人身体出了问题，而是他人施加巫术所致，并相信通过巫医、神谕、魔法等仪式手段可以治疗疾病。[④] 与阿赞德人一样，恩登布人也将身体疾病归因于神灵世界，他们对疾病的治疗大多按照顺势巫术原则进行，认为对代表疾病的某种东西采取仪式措施即可对疾病本身产生相应的效果。[⑤] 总体来看，在人类学研究的部落社会中，人们多是在地方的社会文化体系中寻求疾病治疗方案。传统部落社会中各种仪式治疗行为，实际上是他们基于传统文化信任做出的医疗选择。

实际上，米歇尔·福柯（Michel Foucault）对疯癫治疗史的研究发现，中世纪的欧洲社会同样经历过类似顺势巫术的治疗尝试。[⑥] 20世纪以来，随着科学技术的发展，西医在世界范围内成为主流医疗模式。各

[①] 参见 W. H. R. Rivers, *Medicine, Magic and Religion*, Kegan Paul, Trench, Trubner & Co., 1924。
[②] 马凌诺斯基：《西太平洋的航海者》，梁永佳、李绍明译，华夏出版社，2002，第340页。
[③] 拉德克利夫-布朗：《安达曼岛人》，梁粤译，广西师范大学出版社，2005，第100页。
[④] 参见 E. E. 埃文思-普里查德《阿赞德人的巫术、神谕和魔法》，覃俐俐译，商务印书馆，2010。
[⑤] 参见维克多·特纳《象征之林——恩登布人仪式散论》，赵玉燕、欧阳敏、徐洪峰译，商务印书馆，2006，第309~311页。
[⑥] 参见米歇尔·福柯《疯癫与文明》，刘北成、杨远婴译，生活·读书·新知三联书店，2007。

具特色的民间医疗手段，日益受到来自科学主义和西医的质疑与批评，主流观点往往将各种民间医疗手段视为"落后"与"不科学"的表现。实际上，各种民间医疗手段并非人们观念"落后"的产物，而是人们在特定社会文化体系中对疾病治疗做出的积极探索。

建立在现代科技基础上的西医是当前较为有效的疾病治疗手段。与此同时，西医与国家权力的紧密结合，赋予了西医治疗合法性与权威性。[①] 西医力图将不同人类身体视作标准化的存在，这在一定程度上忽视了身体间的生物社会差异。[②] 然而，在面对一些民族群体特有的文化束缚综合征时，西医也难以对其进行有效诊断和治疗，这为各种形式的民间医疗手段留下了生存空间。有学者指出，西医用群体概率来预测个体情况，探讨人类物种的普遍生物机制和过程，将个体与其所处生态和社会历史过程截然分开。因此，西医在处理大群体的瘟疫和灾难时成效惊人，但对个体的很多疾病，尤其是与个体生活和社会文化密切相关的慢性病和精神疾病却收效甚微。[③] 因此，即便在经济社会发展水平较高的欧美国家，主流的西医治疗之外仍存在形形色色的民间医疗手段。[④] 与此同时，在现实生活中，并非所有民族群体都有机会、有能力进入正规医疗机构接受西医治疗。正规医疗机构大多集中在城镇，加之较高的医药费用和烦琐的就医流程，将许多偏远地区的贫困患者拒之门外。因此，在面对难以治愈的慢性病或"怪异"病症时，诸多民族群体会采取"神药两解"或"多元医疗"的治疗策略。[⑤]

[①] 参见田阡、阿拉坦《国家、鬼神、偏方：多元医疗实践的正当性来源——肾结石病在官南寨》，《北方民族大学学报》（哲学社会科学版）2014年第5期。

[②] 参见余成普《地方生物学：概念缘起与理论意涵——国外医学人类学新近发展述评》，《民族研究》2016年第6期。

[③] 参见张文义《社会与生物的连接点：医学人类学国际研究动态》，《医学与哲学》2017年第10A期。

[④] 参见阿瑟·克莱曼《疾痛的故事：苦难、治愈与人的境况》，方筱丽译，上海译文出版社，2010，第312页；汉妮克·明克坚《从神灵那里寻求引导——现代荷兰社会中的新萨满占卜仪式》，郑文译，《世界宗教文化》2011年第6期。

[⑤] 参见刘志扬《"神药两解"：白马藏族的民俗医疗观念与实践》，《西南民族大学学报》（人文社科版）2008年第10期；李婧《壮族"神药两解"观念下的治疗实践》，《南京医科大学学报》（社会科学版）2012年第1期；冯智明《身体认知与疾病：红瑶民俗医疗观念及其实践》，《广西民族研究》2014年第6期；周大鸣、廖子宜《烧蛋：对于一种湘西边城民间医疗习俗的探究》，《民俗研究》2015年第4期。

如今，大多数国家和地区的医疗体系是多元体系而非一元体系，其中也伴随着不同医疗手段之间的冲突与整合。当前，在科学主义和国家权力的共同作用下，西医对民间医疗体系具有支配性作用。[①] 然而，在诸多民族群体的医疗实践中，西医未能完全替代各种民间医疗手段，反而被嵌入地方性的多元医疗体系。诸多研究表明，中国多元医疗中的"多元"是一种"渗透的多元"[②]，其显著特点是多种医疗方式相互渗透与互补共生[③]。

实际上，各种民间医疗手段的广泛存在和普遍应用，与各民族群体长期以来形成的文化信任有密切关系。在社会学意义上，信任是对他人或系统之可依赖所持有的信心。社会学家卢曼将信任理解为一种社会关系，并认为"信任构成了复杂性简化的比较有效的形式"[④]。在复杂的社会情境中，信任成为人们行动选择的一条重要标准，而信任在一定程度上源于人们对生活世界的熟悉。借用社会学的信任理论，这里将文化信任界定为个人或群体信赖某一文化体系并将其作为行为选择的逻辑基础。一般而言，社会个体对身处其中的母体文化会产生天然的文化信任，而对外部社会的文化体系则会产生不解、防备和抵制。正因如此，诸多民族群体对西医治疗体系感到遥远而陌生，而对地方历史文化中的各种民间医疗手段有天然的经验认识和文化信任。苗族代耕农群体之所以形成自身的多元医疗体系，一方面缘于治疗疾病的现实需要，另一方面则是其自身根深蒂固的文化传统和文化信任使然。

二 神灵信仰下的多元医疗

在长期的山地生活中，苗族人形成了自己的生命观与世界观，并衍

[①] 参见 H. A. Baer, *Biomedicine and Alternative Healing Systems in America: Issues of Class, Race, Ethnicity, and Gender*, University of Wisconsin Press, 2001。

[②] Jae-Mahn Shim, "Three Plural Medical Systems in East Asia: Interpenetrative Pluralism in China, Exclusionary Pluralism in Korea and Subjugatory Pluralism in Japan," *Health Policy and Planning*, 2018, 33 (3).

[③] 参见许烺光《驱逐捣蛋者》，王芃、徐隆德译，（台北）南天书局，1997；余成普《多元医疗：一个侗族村寨的个案研究》，《民族研究》2019 年第 4 期。

[④] 尼克拉斯·卢曼：《信任：一个社会复杂性的简化机制》，瞿铁鹏、李强译，上海人民出版社，2005，第 10 页。

生出一套与之相对应的疾病观念和医疗体系。在苗族人的传统观念中，人是灵魂与肉体的统一体，与人类休戚相关的自然界也充斥着各种鬼神。人的灵魂一旦被自然界的鬼神干扰纠缠，便会导致不同程度的疾病甚至是死亡。即便受到现代文明的冲击，苗族人仍保留着这一信仰底色，他们往往将疾病与鬼神世界联系在一起。

万物有灵信仰被认为是原始宗教的一种典型形态。在人类社会发展早期，人们对世界的认知有限，往往认为世间万物皆是灵性的存在。人类学家泰勒（E. B. Tylor）指出："万物有灵观构成了处在人类最低阶段的部族的特点，它从此不断地上升，在传播过程中发生深刻的变化，但自始至终保持一种完整的连续性，进入高度发展的现代文化之中。"[1] 时至今日，万物有灵信仰依然影响着一些民族群体的世界观和认知逻辑。现代人将自然世界看作外在于人类社会的领域[2]，但在诸多民族群体的认知逻辑中，往往将人类社会与自然世界视作一个连续的统一体。法国人类学家菲利普·德斯科拉（Philippe Descola）指出，万物有灵信仰在很大程度上弥合了自然世界与人类社会之间的鸿沟。[3]

文山州的苗族人长期生活在闭塞的山地环境中，因此其传统的宗教信仰和民间医疗手段得以延续。文山州地方志记载："苗族相信万物有灵，认为天地万物都由看不见的鬼神主宰着，生活的每个角落也都有无形的鬼神存在。"[4] 在频繁的迁徙流动中，苗族人仍保持着这一传统信仰。即便是迁徙海外的苗族群体，也仍然保留着万物有灵信仰，并普遍采用仪式手段进行疾病治疗。[5] 在迁徙流动过程中，各种民间医疗手段对保障苗族人的身心健康和维系族群认同发挥了重要作用。

---

[1] 泰勒：《原始文化：神话、哲学、宗教、语言、艺术和习俗发展之研究》，连树声译，广西师范大学出版社，2005，第349页。
[2] 参见武宁《〈超越自然与文化〉与西方人类学本体论研究》，《原生态民族文化学刊》2019年第3期。
[3] 参见 Philippe Descola, *Beyond Nature and Culture*, University of Chicago Press, 2013。
[4] 文山壮族苗族自治州民族宗教事务委员会编《文山壮族苗族自治州民族志》，云南民族出版社，2005，第99页。
[5] 参见吴晓萍《美国苗族移民的巫师信仰和实践》，《贵州民族学院学报》（哲学社会科学版）2004年第1期；黄秀蓉《灵魂的世界——美国苗族传统萨满信仰探析》，《西南民族大学学报》（人文社科版）2009年第1期；李亚著，侯万平编译《澳大利亚苗族的传统宗教》，《民族研究》2011年第4期。

苗族人的万物有灵信仰，从本质上说是对自然世界的遵从和敬畏，并力图在人类社会与自然世界之间找到联结点。苗族人可以在自然世界中找到各种鬼神，诸如天神、雷神、山神、树神、灶神、土地神、药王神、家族祖先以及自然界中的各种鬼等。在苗族人的传统观念中，对自然界的各种鬼神要敬而远之，否则会招来疾病和灾难。比如，在山林中劳作时无端出现腰痛、腿痛等症状，他们会认为是冲撞到山林中的某些山鬼所致。格迪斯对泰国北部苗族的研究指出，每当苗族人生病之时，他们都会将其归因于鬼神作用的结果。① 即便今日，西南山地中的苗族人仍习惯将疾病与鬼神作祟联系在一起，并采取相应的仪式手段进行治疗。

在苗族人的观念中，人的灵魂由三魂七魄构成，只有三魂七魄牢牢附着于肉体时生命体才是完整健康的。② 疾病的发生，通常被苗族人解释为部分魂魄离开肉体所导致。因此，一旦发生疾病，人们便会从肉体和灵魂两方面寻找病因并进行相应的治疗。对于感冒发烧、身体外伤等常见生理病症，人们会求助于民间西医或到正规医疗机构就医治疗。对西医难以确诊和治愈的"怪异"病症，人们往往将疾病归因于自然界的某些鬼神作用的结果。所谓"怪异"病症，是指在苗族人的医疗实践中难以理解或难以治愈的病症。尽管西医可能会对这些"怪异"病症做出科学解释，但苗族人以自身的认知结构并不能完全理解和接受西医的科学解释。在这种情况下，苗族人会求助魔公举行"驱鬼""叫魂"仪式，从心理和精神层面为患者进行治疗。在英文文献中，苗族魔公通常被称为萨满（shamanism）。法国人类学家李穆安（Jacques Lemoine）认为，苗族的仪式治疗并非一种宗教，而是一种心理疗法。③

---

① 参见 W. R. Geddes, *Migrants of the Mountains: The Cultural Ecology of the Blue Miao (Hmong Njua) of Thailand*, Clarendon Press, 1976。
② 参见 Bruce Thowpaou Bliatout, "Guidelines for Mental Health Professionals to Help Hmong Clients Seek Traditional Healing Treatment," in Glenn L. Hendricks, Bruce T. Downing, and Amos S. Deinard (eds.), *The Hmong in Transition*, Joint Publication of the Center for Migration Studies of New York and the Southeast Asian Refugee Studies of the University of Minnesota, 1986, p. 351。
③ 参见 Jacques Lemoine, "Shamanism in the Context of Hmong Resettlement," in Glenn L. Hendricks, Bruce T. Downing, and Amos S. Deinard (eds.), *The Hmong in Transition*, Joint Publication of the Center for Migration Studies of New York and the Southeast Asian Refugee Studies of the University of Minnesota, 1986, p. 339。

第八章 多元医疗与文化整合

长期以来，生活在文山州的苗族人较难得到中西医治疗，只能依靠自身的民间医疗手段进行治疗。相关文献记载："在今文山州苗族地区，中医的传入是在改土归流以后，西医的传入则是民国时期的事，中华人民共和国成立以前，中西医对山区苗民的影响并不大。"[①] 近年来，文山州的医疗卫生条件有了较大改善，医院和卫生所等现代医疗机构在城乡社会普及，这在很大程度上方便了苗族群众接受西医治疗。然而，西医并没能将各种民间医疗手段取而代之，当地形成了传统的仪式治疗、草医治疗和西医治疗共生并存的多元医疗体系。值得注意的是，苗族群众的西医治疗并非单纯依靠正规医疗机构的专业医务人员，同时也包括民间西医治疗，即苗族群众自发学习西医技术进行治疗。

迁徙至广东阳江的苗族代耕农群体中，有魔公、草医和民间西医三类行医者，这为解决自身的疾病问题提供了一定的医疗保障。魔公被认为具有沟通鬼神世界的超自然能力，一旦身患西医难以治愈的"怪异"病症，人们便会求助魔公进行仪式治疗。草医则利用草药进行治疗，每位草医都有自己熟悉的药方和擅长治疗的疾病。民间西医则自学西医治疗技术，并根据自身掌握的经验和技术用各类西药为患者进行治疗。民间西医拥有的医疗资源和医疗技术非常有限，通常是为患者注射一些常用抗生素类药物，但对解决苗族移民的日常病痛发挥着重要作用。阳江苗族代耕农群体中行医人员基本信息见表8-1。

表8-1　阳江苗族代耕农群体中行医人员基本信息（2016年）

姓名	性别	出生年份	职业	治疗方式	医术获得方式	行医器具与药物
熊开和	男	1966	务工	仪式治疗	神灵授予	法器
杨朝龙	男	1969	务工	仪式治疗	神灵授予	法器
杨莲花	女	1957	务农	仪式治疗	神灵授予	法器
陶剑灵	男	1985	务工	仪式治疗	神灵授予	法器
杨金义	男	1967	务工	仪式治疗	神灵授予	法器
杨正法	男	1953	务工	仪式治疗	自学经书	经书、符咒
陶有清	男	1951	务农	仪式治疗	自学经书	经书、法器

---

① 文山壮族苗族自治州民族宗教事务委员会编《文山壮族苗族自治州民族志》，云南民族出版社，2005，第96页。

续表

姓名	性别	出生年份	职业	治疗方式	医术获得方式	行医器具与药物
杨发财	男	1970	务工	仪式治疗	自学经书	经书、符咒
陶文进	男	1955	务农	草医治疗	家传/自学	草药、刺针
杨发民	男	1966	务工	西医治疗	自学成医	注射器、西药
李元光	男	1956	务农	西医治疗	自学成医	注射器、西药
侯朝明	男	1969	务工	西医治疗	自学成医	注射器、西药
李正武	男	1979	务工	西医治疗	自学成医	注射器、西药
李正强	男	1976	务工	西医治疗	自学成医	注射器、西药

资料来源：笔者根据调查材料整理汇总。

仪式治疗在苗族社会有悠久的历史，历史文献及各类地方志中存在诸多记载。时至今日，定居阳江的苗族代耕农群体中仍存在较频繁的仪式治疗活动。在科学主义盛行的现代社会，仪式治疗活动往往与"愚昧""落后"等概念联系在一起。苗族代耕农的仪式治疗可大致分为"叫魂"和"走阴"两种形式。一般而言，较轻微的病症会采用简单的叫魂仪式，对于久病不愈的"怪异"病症或重大疾病，苗族人会请魔公进行走阴治疗。近年来，随着西医的日益普及和苗族群众文化水平的提高，西医治疗成为人们治疗疾病的主要手段。然而，对于现代西医难以治愈的病症，人们还是会求助传统的仪式治疗。

三 神灵庇佑下的行医实践

有学者指出，所谓的"多元医疗"是精英群体客位视角下的分类体系，并不能准确反映普通民众的医疗认知图式。[①] 实际上，普通民众对身边的医疗资源有自己的认知和分类图式。在苗族人的传统观念中，并非只有专业医务人员才有资格进行疾病治疗，普通民众也可以通过各种仪式或自学医药知识进行疾病治疗。医学人类学家莱斯利（C. M. Leslie）曾指出："所有拥有丰富医疗体系的文明都有一系列行医者，从博学的专业医生到只掌握有限医疗知识或没有经过正式培训的个人，他们实践的

---

① 参见王瑞静《整合药礼：阿卡医疗体系的运作机制》，《社会》2020年第1期。

是伟大医疗传统的简化版本。"① 在苗族人的多元医疗体系中,各种医疗手段并非独立运转的体系,其在信仰层面有内在一致性。无论是魔公、草医还是民间西医,其行医实践背后均有自己的神灵信仰。

(一) 神授能力与仪式治疗

仪式治疗在人类社会曾普遍存在,中国历史上存在医巫合一的医疗传统。② 在今天的苗族社会,仪式治疗活动仍较为普遍。魔公是苗族仪式治疗的重要专家,其具有医巫合一的特殊身份,同时也具有沟通神灵世界的特殊能力。在日常生活中,他们与普通人无异,仍要通过农业生产或进厂务工维持家庭生计。通过对阳江苗族代耕农群体中的多位魔公进行访谈发现,他们大都有类似的人生经历:在人生的某个阶段经历过一场重病,在康复之后即获得能够进入神灵世界的超凡能力。在苗族人的解释中,这种即生即死的生命阈限过程即是凡人与神灵世界交流互动、接受神灵旨意的过程。一旦熬过这一生命危机,患者即有可能成为魔公,从而获得沟通神灵世界、驱鬼治病的仪式治疗能力。对海外苗族社会的相关研究表明,魔公(萨满)由神灵选中之后,还需跟有经验的魔公师傅学习才能获得强大的法力。③ 但就阳江苗族代耕农群体来看,魔公的仪式治疗能力主要来自神灵授予,而不需要同行内部的学习交流。

年近六旬的熊开和是阳江苗族代耕农群体中一个较有影响力的魔公。据其讲述,他在12岁那年生过一场大病,大病初愈后便获得了沟通神灵世界的能力,并可以为患者进行走阴仪式治疗。当时他年龄尚小,给苗族亲友做仪式治疗需要父亲带领前往。对于自己是如何获得这种能力的,熊开和也无法进行清晰解释。在他看来,自己命中注定会成为魔公,是神灵冥冥之中选中了他。成为魔公后,熊开和在家中设置神龛定期祭拜自己的"魔公神",并根据神灵托梦提示制作了铃铛、神杖、卜卦等法器。熊开和在走阴仪式治疗实践中治愈了为数众多的苗族患者,因此在苗族同乡中具有一定威望。

---

① C. M. Leslie, "The Modernization of Asian Medical Systems," in John J. Poggie and Robert N. Lynch (eds.), *Rethinking Modernization*, Greenwood Press, 1974, pp. 69 – 107.
② 参见李建民主编《从医疗看中国史》,中华书局,2012年。
③ 参见黄秀蓉《从神选萨满到法力萨满:美国苗人萨满当代传承机制探微》,《民族研究》2016年第5期。

在熊开和的描述中，走阴仪式并不需要自己做什么，一路都由自己供奉的神灵引领。熊开和为笔者讲述了他进行走阴仪式时的做法："病人家属来请我看病时，要带一炷香和一公一母两只鸡。我在家里烧香拜神，用两只鸡在神坛献祭。不用去病人家里，从点燃的香炷上便可看出病人得了什么病。我在神坛前念驱鬼咒语，如果阴间的鬼怕我，自然会从病人身上离去。祭拜之后如果病人的病情有好转，说明我和病人有缘，然后再到病人家中为病人走阴驱鬼；如果病人没有感应，说明我与病人没有缘分，那样即使去病人家里也治不好。"在熊开和看来，只有找到并祛除使人致病的鬼，患者才能从根本上得到康复。尽管仪式治疗较为普遍，但不同患者的治疗效果可能会存在较大差异，熊开和将此归因于魔公与病人之间的"缘分"。

从治疗成本看，魔公走阴仪式治疗成本较低。除必要献祭用品外，魔公不会主动提出治疗费用问题，患者家属一般会支付一两百元作为酬劳。可以说，仪式治疗为苗族人的疾病治疗提供了一种重要选择方案。虽然苗族人自己也认为仪式治疗具有"迷信"色彩，但其治疗效果的或然性却给人们带来一丝希望。正是缘于仪式治疗可能给苗族患者带来帮助，有学者建议在西医治疗方案中加入传统的仪式治疗手段。[1] 面对病痛与死亡的威胁，仪式治疗可以从精神层面使患者解脱，这在很大程度上缓解了患者承受的病痛、压力与焦虑。相关研究表明，有些心因性、神经失调性的疾病吃药不一定能见效，对此类疾病只能通过对患者的心理和生理进行调节的方式来治疗，最大限度地调动人体内在的自我康复能力。[2] 有心理学家从脑科学与心理认知理论整合的视角对仪式治疗做出科学的解释，认为仪式治疗活动如果恰好与患者脑—心灵活动模型相匹配即会产生一定的治疗效果。[3] 从这一意义上说，仪式治疗有其内在

---

[1] 参见 Bruce Thowpaou Bliatout, "Guidelines for Mental Health Professionals to Help Hmong Clients Seek Traditional Healing Treatment," in Glenn L. Hendricks, Bruce T. Downing, and Amos S. Deinard (eds.), *The Hmong in Transition*, Joint Publication of the Center for Migration Studies of New York and the Southeast Asian Refugee Studies of the University of Minnesota, 1986, p. 363。

[2] 参见色音《萨满医术：北方民族精神医学》，《广西民族大学学报》（哲学社会科学版）2014年第6期。

[3] 参见高长江《萨满教"灵魂治疗"的心灵奥秘——一种脑与心理认知理论整合的视角》，《世界宗教研究》2015年第4期。

的合理性和科学性。

(二) 家族传承与草医治疗

在长期的山地生活中，苗族群众积累了丰富的草药知识并形成了自己的草医治疗体系。特别是针对跌打骨折、腰腿疼痛、风湿疾病、虫蛇叮咬等，苗族草医治疗具有较好疗效。民国《马关县志》记载："苗俗信鬼，有病不服药，惟请巫公禳改退送，或于野旷之地悬竿为记，击鼓吹笙，焚香奠酒，然后执斧椎牛，以祭祖先。男女聚唉，谓能却病，不效亦无悔悟。至于外科，又每有良药接骨生筋，其效如神，又复秘而不宣，流传不广，识者惜之。"[①] 时至今日，苗族群众对传统的草医治疗仍具有较高依赖性。与仪式治疗相比，草医治疗具有较强经验性，草医需要对草药药性及适用病症有较为丰富的经验认知。

苗族草医治疗具有家族传承特点，每个草医家族都有擅长治疗的病症。陶文进家族是草医世家，其家族行医治病传统已延续四代人。陶文进18岁开始跟随父母上山采药，逐渐熟悉各种草药药效及适用病症，到28岁时开始独立行医治病。在长期的行医实践中，陶文进形成了自己的治疗方法，尤为擅长治疗跌打损伤、毒蛇咬伤、胃肠疼痛等病症，苗族同乡遭遇病痛时多会请他治疗。

陶文进对西医治疗和仪式治疗并不排斥，在他看来各种医疗手段之间是相互补充的关系。如对骨折、跌打损伤等病症，陶文进会建议患者先到医院检查，他认为根据医院X光拍片检查结果对患者进行草医治疗效果会更好。对于自己无法治愈的疑难杂症，他也会建议患者采取一定的仪式治疗方式。草医治疗成本较低且具有一定疗效，对于跌打损伤等外科病症，苗族群众更喜欢求助草医进行治疗。

2014年8月，云南队的李国京攀爬高压线塔采摘蜂窝时不慎触电，肩膀和手臂被高压电严重电伤。事发之后，李国京被送至阳江市人民医院救治。经医院抢救，李国京脱离了生命危险，但治疗电伤的医药费需要5万多元。考虑到自家刚修建房屋，家庭经济较为困难，李国京便选择回家请陶文进进行草药治疗。经过一个月多的草药治疗，其伤口基本痊愈，草药治疗费用共3000多元。与医院西医治疗相比，苗族草医治疗

---

① 何廷明、娄自昌校注《民国〈马关县志〉校注》，云南大学出版社，2012，第69页。

具有较好的治疗效果,而且为患者家庭节省了一笔可观的医疗费用。李国京对自己的快速康复感到非常欣慰,同时也对陶文进充满感激之情。

陶文进行医使用的药材多是托亲友从云南老家寄来的,他认为阳江当地药材种类较少且药效较差。这一做法赢得了苗族同乡亲友的信任,苗族群众也认为来自云南家乡高海拔山区的草药治疗效果会更好。在适应现代社会过程中,苗族传统草医治疗面临传承危机。在传统山地环境中,苗族群众与大自然密切接触,从中能够认识各类草药并将其用于疾病治疗。迁徙到阳江定居之后,年轻人大多通过进城务工谋生,缺少认识各类药材的机会。陶文进的三个儿子现在均在外务工,没人愿意跟他学习草医治疗技术。陶文进经常无奈地感叹:"现在几个儿子都在外打工,我们家族行医治病的本领到我这代也就失传了。"

(三) 自学成医与民间西医

随着现代医疗机构日益普及,少数民族群众对西医不再陌生,一些少数民族群众甚至自学西医进行疾病治疗。相关研究表明,在四川凉山彝族地区,许多家庭都备有注射器并能使用注射器进行肌肉注射。[①] 阳江的苗族代耕农群体中也存在自学西医进行疾病治疗的情况。实际上,在迁徙到阳江定居之前,部分苗族群众已掌握一定的西医治疗技术。自学西医的原因有两个:第一,苗族村寨交通不便,发生疾病时难以及时去城镇医院就医治疗;第二,与到医院治疗相比,自己购买西药和医疗器具进行治疗成本更低。

云南队的李元光从 25 岁开始自学西医,在谈及自学西医的经历时他如是讲:"为什么我要学点西医呢?以前我们住在云南大山里,村里一个医生都没有。我的几个小孩经常生病,从村里到医院路途太远,有时候跑到医院医生又不在。后来,我就买书学习西医知识,自己尝试打针用药,慢慢就掌握了静脉注射、肌肉注射这些基本治疗方法。"时至今日,李元光家中仍保留着《农村医生手册》《医院卫生员教材》等几本陈旧的医学教材,他的西医知识和医疗技术就是从这些书本上学到的。李元光的曾祖父、祖父和父亲都会给人看病。迁徙到阳江定居的头几年,李

---

① 参见刘小幸《彝族医疗保健:一个观察巫术与科学的窗口》,云南人民出版社,2007,第 56~57 页。

元光经常给病人打针用药，治愈了不少病人。后来，在给一名病人打针治病时，由于针头消毒不彻底，打针处发炎化脓了。那次医疗事故之后，李元光便不再行医看病。

由云南文山迁至广东阳江定居之初，这些苗族代耕农受诸多疾病困扰，患病率和死亡率较之以往大幅提高，诸如水土不服、精神疾病、交通事故、意外工伤等状况时有发生。云南队在定居伊始，即出现大量"打摆子"的病症。"打摆子"是疟疾的俗称，从西医来看是由疟原虫引起的传染性寄生虫病。然而，部分苗族代耕农认为这种病症是触犯当地的恶鬼所致，有些人甚至因担心触犯当地恶鬼而返回云南老家。从某种程度上说，各种病症与意外的发生是文化震撼在他们身体上的反映。在定居之初，这些苗族代耕农面临较大的经济困难，即便是治疗感冒、头疼、痢疾等小病也要大家一起凑钱。为节省医疗开支，头脑灵活的年轻人开始摸索学习西医，帮助同乡亲友治疗一些身体疾病。

杨发民在阳江定居之后开始自学西医，他讲道："我们刚迁到阳江定居的时候，大家穷得连病都看不起。为了解决老乡们的看病难题，我就自学西医给大家治病。去医院打针每次要花几十块甚至上百块，我自己买药注射只要花几块钱，这样可以帮大家节省一笔开支。"杨发民的治疗手段多是为患者注射抗生素类药物，其所用药物是从附近城镇药店购买的。在多年的行医实践中，杨发民掌握了一定的西医治疗经验：给儿童注射西药剂量要适当减少，给成年人或老年人注射西药剂量要适当加大。

自学西医的苗族行医者并非科学主义的信奉者，他们对疾病治疗的认知往往是将科学主义与鬼神信仰杂糅在一起。在苗族行医者的观念中，行医者行医需要药王神的庇佑，唯有如此才能在行医实践中顺利治愈患者。在苗族人的医疗实践中，他们将西医治疗有机地嵌入自身既有的多元医疗体系，并试图将多种医疗模式置于统一的观念体系之中。

四　医疗实践中的文化整合

近年来，随着生活水平的提高和医疗条件的改善，苗族代耕农的就医选择也发生了变化。当前，苗族代耕农群体生病时会进行如下就医选择：对于较轻微的疾病，他们首先会求助于群体内部的草医和民间西医进行治疗；对于较严重的疾病，他们会到城镇正规医疗机构就医治疗；当遇到医院难以治愈的疑难杂症时，他们则会求助于苗族魔公进行仪式治疗。在具体的疾病治疗实践中，他们会根据病症特点采取不同的治疗手段抑或同时采用多种治疗手段。某种治疗手段的失效，会导致苗族代耕农对行医者失去信任。在这种情况下，患者及其家属也会失去对这种疾病治疗方式的信任。大卫·帕金（David Parkin）指出，在这种不信任的环境中，地方与区域的治疗者变得越来越商业化。[1] 而阳江苗族代耕农群体中的行医者，将治疗过程中获得的商业利益控制在适当范围，努力避免治疗商业化造成的人际不信任问题。

在阳江苗族代耕农的医疗实践中，他们既相信西医所做的科学解释，同时也相信各种民间医疗的实证经验和文化解释。在科学主义的冲击下，苗族社会的各种民间医疗手段得以保留下来，在很大程度上缘于苗族人长期以来形成的文化信任。由于人类机体的复杂性和医疗认知的有限性，西医尚不能解决人类所有疾病问题。在这种情况下，人们更倾向于选择与自己"社会距离"较近的民间医疗手段。[2] 基于长久以来形成的文化信任，苗族人在自身的社会文化结构中赋予民间医疗正当性和合法性。

在苗族人的医疗实践中，其并不排斥西医治疗，同时也不否认仪式治疗的效果。在他们的观念中，仪式治疗更多的是从心理层面发生作用，患者的身体康复还需要药物手段进行配合。[3] 各种医疗手段可以相互补充，共同维护人们的身心健康。可以说，苗族社会特有的信仰体系，将仪式治疗、草医治疗与西医治疗有机结合起来，进而使多元化的医疗手段在苗族社会中长期并存。

在民间医疗实践中，各种医疗手段在功能上相互补充，为患者治疗疾病提供了多种选择方案。西医更多的是借助医疗设备对疾病进行检查

---

[1] 参见大卫·帕金《医学人类学与信任研究》，张原译，《西南民族大学学报》（人文社科版）2017年第4期。

[2] 参见周爱华、周大鸣《多元医疗及其整合机制——以青海互助县一个土族村落为例》，《民族研究》2021年第1期。

[3] 参见 Jacques Lemoine, "Shamanism in the Context of Hmong Resettlement," in Glenn L. Hendricks, Bruce T. Downing, and Amos S. Deinard (eds.), The Hmong in Transition, Joint Publication of the Center for Migration Studies of New York and the Southeast Asian Refugee Studies of the University of Minnesota, 1986, p. 345。

确诊，进而从病理学层面对疾病做出科学的解释并进行相应的治疗。然而，这种做法在一定程度上忽视了患者致病的社会文化因素。相关研究表明，一些民族地区医院的医生已经认识到这一点，并鼓励患者采用民间医疗手段（包括仪式治疗）进行疾病治疗。[1]

对苗族群众而言，正规医疗机构不仅是寻医治病的场所，同时也是他们接触主流社会和主流文化的重要窗口。与此同时，正规医疗机构中的挂号、检查、缴费、复诊等一系列复杂流程也令他们感到陌生与茫然。定居云南队的李国明说："我们这些老乡文化水平低，年纪大一些的连普通话都不会讲，到医院看病，搞不懂医院的各种检查程序。由于语言不通，跟医生也沟通不好。有时自己还没把病情说清楚，医生就急着给我们开药。"苗族代耕农在就医过程中，深刻感受到人与机器、人与科技、人与制度之间的张力。在西医治疗体系中，患者在医生和各种设备面前沦为被动的客体，其作为社会人的主体性未能得到充分尊重。

与此同时，即便是正规医疗机构能够确诊的某些病症，患者也难以基于自身知识结构对其加以理解。由于语言文化上的巨大差异，苗族代耕农在就医过程中难以和医务人员就自身病情进行有效沟通。在患者就医过程中，医患双方医疗知识的不对等会导致医患之间的结构性不信任。[2] 在这种情况下，一旦正规医疗机构不能有效治愈疾病，患者便会对其产生怀疑并回归民间医疗寻求解决方案。心理治疗的相关研究表明，对治疗本身的期待、对治疗者的信任、可信赖的安全感、获得病情的解释等因素构成疾病治愈的内在机制。[3] 从这一点来看，苗族社会的仪式治疗起到了类似心理治疗的作用与功效。

有学者指出，民间医疗所具有的生理性、心理性与社会性多层次疗效，是一些民族群体信任和采用民间医疗的重要因素。[4] 田野调查期间，

---

[1] 参见张文义《现象与现象的链接：中国西南边境多元知识体系的交融与衍异》，《开放时代》2021年第2期。

[2] 参见彭杰《知识不对等与结构性不信任：医疗纠纷中患者抗争的生成逻辑》，《学术研究》2017年第2期。

[3] 参见曾文星、徐静《心理治疗：理论与分析》，北京医科大学、中国协和医科大学联合出版社，1994，第8~13页。

[4] 参见汪丹《分担与参与：白马藏族民俗医疗实践的文化逻辑》，《民族研究》2013年第6期。

笔者住在杨发民家中，看到每天前来找他打针输液的患者络绎不绝。前来治疗的患者多是其亲友，他们可以用本民族语言就病症进行沟通交流。一般情况下，杨发民仅收取十几元到数十元的医药费用，这在很大程度上降低了患者的就医成本。为方便治疗，一些患者甚至在其家中吃住。民间西医治疗拉近了患者与医生之间的关系，同时也为患者的疾病治疗提供了社会文化支持。苗族妇女杨发莲体弱多病，经常找杨发民打针输液。对于自己的治疗经历，杨发莲说："我生病就找大哥（杨发民）来输液，我们自己人不会像外面的医生那样乱收费。"

不可否认，西医治疗已成为苗族人应对疾病的主要手段，但各种民间医疗手段对解决苗族群众的疾病问题仍起着重要作用。需要指出的是，各种民间医疗手段并非完全有效并且存在一定风险。阳江苗族代耕农群体中曾发生过多起民间医疗事故，诸如注射器消毒不慎导致患者发炎、抗生素滥用引发副作用、仪式治疗使患者病情恶化等。尽管如此，苗族群众并未放弃传统的民间医疗，在他们看来，西医治疗也同样会存在类似的医疗事故。特别是对于癌症等重大疾病而言，西医治疗也难以从根本上治愈，而且高昂的医药费用会使家庭陷入困境。多元医疗体系的存在，不仅为苗族群众的疾病治疗提供了多元化的选择，同时也在很大程度上保持了其社会文化的连贯性与整体性。

透过阳江苗族代耕农的医疗实践可以看出，多元医疗体系并非苗族群众愚昧落后的表现，而是他们积极利用各种可能的医疗资源进行的尝试性选择。多元医疗体系中的不同医疗手段也并非矛盾对立的存在，它们相互补充并被有机地整合到苗族社会的信仰体系之中。从苗族社会多元医疗体系中的各类行医者来看，不论何种类型的行医者，其信仰层面都保留着传统的万物有灵信仰。正是借助传统的神灵信仰体系，苗族群众将西医治疗纳入自身的认知结构，并由此发展出一种新的多元医疗体系。可以说，多元医疗体系为苗族群众应对疾病提供了多种选择，同时也为他们面对疾病与生死提供了一个多元的解释框架。

多元医疗体系之所以能够在诸多社会中保留下来，一方面缘于医疗行为具有较强的地方文化色彩，另一方面也在于人们仍在一定程度上保留着万物有灵的信仰底色。正如泰勒所指出的："事实上，万物有灵观既构成了蒙昧人的哲学基础，同时也构成了文明民族的哲学基础。"① 对个体生命而言，疾病与生死带有很强的不确定性，西医治疗尚不能解决所有疾病问题。乌尔里希·贝克（Ulrich Beck）曾对现代医学刻薄地批评道："多亏有了更灵敏的医疗技术设备，这些疾病才能被诊断出来，但目前尚无有效的方法治疗这些疾病，就连相应的希望也看不到。"② 西医在解决人类疾病的同时，也给人类带来更多的恐惧、焦虑与不确定性。从这一点上看，各种民间医疗手段能够给病人一定的信心和慰藉。

疾病的发生具有较强的复杂性和不确定性，人们需要在没有充分疾病认知的情况下进行医疗选择。对苗族人而言，现代医疗机构是完全陌生的场所，同时也存在巨大的代价和风险。在这种情境下，他们的医疗选择更多地依赖长久以来形成的文化信任。尽管各种民间治疗手段在现代社会显得不合时宜，但人们长期信任的文化体系不会被轻易抛弃。在由传统社会向现代社会转型过程中，苗族群众既不能抛弃固有的民间医疗传统，同时也无法拒绝作为主流的西医治疗手段，这使他们面对疾病问题时在多种医疗手段之间游走。苗族社会的多元医疗体系，在某种意义上是苗族传统文化与现代文化的整合，同时也是苗族社会本土现代性的一种特殊表达方式。

---

① 泰勒：《原始文化：神话、哲学、宗教、语言、艺术和习俗发展之研究》，连树声译，广西师范大学出版社，2005，第349页。
② 乌尔里希·贝克：《风险社会：新的现代性之路》，张文杰、何博闻译，译林出版社，2018，第260页。

第九章　制度变革下的土地纠纷

尽管苗族代耕农在移居地定居近30年，但他们尚未取得当地的户籍身份和完全成员资格，这衍生出一系列土地纠纷问题。在当地村民看来，这些来自异乡的苗族代耕农既是自己的友好近邻，同时也是不具备当地户籍的外来移民。虽然双方签订了土地承包协议，但苗族代耕农仅享有承包期内的土地经营权，而并非土地的真正拥有者。随着农业税的减免以及地价的上涨，一些当地村民试图收回转包给苗族代耕农的土地。围绕土地归属和土地权利问题，苗族代耕农与当地村民之间产生了一系列矛盾纠纷。为巩固自身在移居地的定居生活，苗族代耕农做出了让步，较为有效地化解了双方之间的矛盾纠纷。

一　免税之后的"公粮"之争

移民群体在异乡定居生存，必须学会与当地人和谐相处，并设法将自身整合进当地的社会秩序之中。从苗族代耕农的生存实践来看，他们一方面坚守着自身的民族特性，另一方面也在积极融入当地的社会秩序。为此，他们对内加强自我约束，避免负面因素的出现；对外则小心地维系与当地村民之间的关系，避免矛盾冲突的发生。苗族代耕农清楚地认识到："来到这里就要服从这里的管理，尊重这里的领导干部，要跟当地群众处好关系。否则，我们就会有麻烦，在这里住着也不安稳。"尽管他们谨慎地维系与当地村民之间的关系，但各种形式的土地纠纷还是不期而至。

在公购粮任务的压力下，当地村民要依赖苗族代耕农完成农业生产任务，因此，在迁入之初，当地村民对他们非常友善，一些村干部甚至牵着自家的耕牛来帮他们犁地种田。每到插秧的时节，村干部都要前去检查农业生产情况，并敦促他们搞好农业生产，按时完成国家的公购粮任务。对普通农民而言，村干部扮演着国家代理人和村落当家人的双重角色。① 在苗族代耕农眼中，村干部的承诺和友善态度即代表政府和村集体对他们的接受。然而，2006年农业税取消②在某种程度上意味着苗族代耕农失去了存在的意义，当地村民和村干部对苗族代耕农的态度逐渐冷淡。

农业税取消之后，当地村民与苗族代耕农之间在是否该继续上缴"公粮"问题上出现分歧。当地村民仍要求苗族代耕农继续缴纳"公粮"，所不同的是，原本上缴国家的公粮被转化为土地的租金。苗族代耕农对此意见颇大，他们认为，国家既然取消了农业税，按合同约定就不应该向当地村民继续缴纳"公粮"。

最先出现"公粮"之争的是云南队。2006年10月，乐安茅田村民小组的组长找到云南队的带头人杨发民，要求他们以一亩地150斤稻谷的标准向田地的发包户缴纳土地租金。杨发民听到这种要求后立刻回绝，因为他们签订的土地承包合同中明确规定："承包水田的公购粮任务如国家有增减由承包方负责，与发包方无关。"按照土地承包合同中的约定，既然国家取消了农业税，苗族代耕农自然可以免除原来的公粮负担。双方就是否应继续缴纳"公粮"问题展开了激烈的争执。

为了维持与当地村民之间的友好关系，避免和当地村民发生矛盾纠纷，杨发民在和移民社区中的苗族亲友商议后决定做出让步。经过双方反复协商，最终确定以每亩地100斤稻谷的标准给田地的发包户缴纳土地租金。其他移民社区的苗族代耕农认为云南队的让步起到了不好的示范作用。因为这件事，山仔村的负责人也要求广西队给当地村民缴纳土地租金，其标准也是一亩地100斤稻谷。

虽然苗族代耕农与当地村民就土地租金问题达成和解，苗族代耕农承包的土地却被一些个体老板和开发商所觊觎，这些个体老板和开发商试图以村集体名义征用苗族代耕农的土地。一旦遇到集体或国家征地，

---

① 参见 Helen F. Siu, *Agents and Victims in South China: Accomplices in Rural Revolution*, Yale University Press, 1989；徐勇《村干部的双重角色：代理人与当家人》，《二十一世纪》（香港）1997年第8期。

② 2005年12月29日第十届全国人民代表大会常务委员会第十九次会议通过了《关于废止〈中华人民共和国农业税条例〉的决定》，这意味着在中国延续两千多年的农业税制度结束了它的历史使命。参见《中华人民共和国主席令》（第四十六号），2005年12月29日。

苗族代耕农必须服从集体和国家的政策安排。在其签订的土地承包合同中，也大多做出约定："遇到国家和集体的土地征用，承包方要服从国家和集体的需要。"从产权性质来看，农村土地产权归农村集体所有。然而，在社会实践中，"国家成为集体所有制经济要素（土地、劳动和资本）的第一决策者、支配者和收益者，集体在合法的范围内，仅仅是国家意志的贯彻者和执行者"①。特别是在涉及农村土地问题时，农村土地的产权成为一个模糊地带。

云南队前后经历了几次土地征用风波，并因土地征用先后失去了大片田地。早在1996年扩建325国道时，地方政府就征用了云南队十余亩田地，苗族代耕农仅得到了有限的青苗补偿，而土地征用款全部归当地村民所有。2012年，有开发商在乐安村征地修建寺院，占用云南队16亩田地。项目开发商仅按每亩地1000斤稻谷产量补偿苗族代耕农，折合成现金就是每亩地补偿1500元。相关研究表明，在土地权利问题上，由于土地是国家在土地改革时无偿分配给农民的，在法律上是一种赠予，并没有任何对价支持，国家和集体在需要时可以较为容易地收回农民的土地。②有研究者指出，我国现行农地制度的根本缺陷是，农地产权主体拥有的产权残缺不齐，在不明晰的产权制度和不完全的市场机制下，农民的权益极易受到伤害。③

二 地权归属的主客纠纷

1992年12月，杨正法、杨德成二人从云南省文山州广南县来到阳江寻找田地代耕。经苗族亲友介绍，他们在罗琴村（阳江林场罗琴分场农业队）找到一块田地代耕。罗琴村最初隶属于阳江林场罗琴分场，因林场有部分田地，所以也有一定的农业生产任务。于是，阳江林场罗琴分场分流出一部分工人进行农业生产，所以才有了自己的农业队——罗琴村。罗琴村有270多亩田地，而当时只有十余户人家，而且一部分年轻

---

① 罗必良等：《产权强度、土地流转与农民权益保护》，经济科学出版社，2013，第60页。
② 参见刘承韪《产权与政治——中国农村土地制度变迁研究》，法律出版社，2012，第40页。
③ 参见刘守英《中国农地制度的合约结构与产权残缺》，《中国农村经济》1993年第2期。

人外出打工，因此出现大量抛荒田地。为顺利完成国家下达的公购粮任务，罗琴村急于转让部分抛荒的田地。

杨正法和杨德成二人找到当时罗琴村的生产队长郑德英协商田地代耕事宜。郑德英对他们的到来非常高兴，并买酒买肉款待他们，饭后即带他们去查看田地。杨正法和杨德成对田地位置和田地面积都比较满意，双方很快达成永久性代耕意向。为尽快将代耕事宜确定下来，郑德英马上召集村民开会讨论转让田地事宜。经全体村民讨论，一致同意将富余的田地转让给杨正法等代耕。1993年3月20日，双方正式签订《协约书》，罗琴村将75.9亩抛荒田"割让"给杨正法等耕种。在土地承包协议中，罗琴村专门指定了一块土地给这些苗族移民建村定居使用，并将其命名为"大更村"。

签订合同之后，杨正法、杨德成二人便返回老家接家属来阳江代耕定居。跟随杨正法、杨德成前来代耕的苗族亲友有十余户，75.9亩田地无法满足他们的土地需求。于是，双方在1994年4月又签订了一份《农田割让协约书》，罗琴村又将33.7亩抛荒田"割让"给大更村苗族代耕农耕种。

协约书

甲方：阳江林场罗琴分场农业队（罗琴村）

乙方：原云南省广南县者太乡大田村卫马队，现定名大更村

因甲方田地多，人力少，无法耕种，经甲方全体农户通过，把本村所属的更仔、老虎坑、下塘、白石坑、养牛塘、牛岭一带水田、坟背旱地割让给乙方耕种，具体协约如下。

一、乙方同意接收甲方几条坑水田、旱地耕作。

二、甲方应提供乙方住宅基地和晾晒用地，东至水田边，南至路边，西至水塘边，北至水田边，如有四至不清楚，请参看林场给甲方附图为准。

三、甲方割出水田面积柒拾伍亩玖分（75.9亩），旱地面积捌亩，每年农业税任务（公粮）陆仟陆佰伍拾伍市斤（6655斤），购粮任务壹仟伍佰壹拾捌市斤（1518斤）。

四、乙方从1993年起向国家上交农业税6655斤，不得以任何

借口拒交或拖欠。

五、乙方有权在本地从事各种生产劳动，但不准毁林开荒，还要遵守本地的《治安管理条例》和林场的护林防火规则。

六、乙方今后不得以任何借口向甲方索要其他用地。

七、今后政府对农业税任务有变动，则按原来的总面积均分，要以政府文件为凭，任何人不得乱增减。

以上协约签订之日生效，各自执行。协约分为三份，甲乙方各执一份，另一份上报白沙财政所。

甲方代表签名：郑德英　郑国杨

乙方代表签名：杨正法　杨德成

一九九三年三月二十日

农田割让协约书

甲方：阳江林场罗琴分场农业队（罗琴村）

乙方：原云南省广南县者太乡大田村卫马队，现定名大更村

因甲方田地多，人力少，无法耕种，经甲方农户通过，把本村所属的走马坑、涩坑、卓坑、惰角一带的农田割让给乙方耕种。

一、乙方同意接收甲方几条坑仔的农田耕种。

二、甲方割让的水田面积叁拾叁亩柒分，每年公粮任务贰仟伍佰玖拾玖市斤（2599斤），购粮任务陆佰柒拾市斤（670斤）。

三、今后政府对公购粮任务有变动的，要以政府文件为凭，按原来的总面积均分，任何人不准增减。

四、乙方不准以任何借口拒交或拖欠国家农业税（公粮）。

五、乙方有权在本地从事生产劳动，但不准毁林开荒，要遵守本地的《治安管理条例》和林场的护林防火规则。

六、乙方今后不得以任何借口向甲方索要其他用地。本协约自签订日起生效。

甲方代表签名：郑德英

乙方代表签名：杨正法

一九九四年四月十六日

长期以来，罗琴村村民与大更村的苗族代耕农一直维持着友好的社会关系。在代耕之初，苗族代耕农受到罗琴村村民的诸多关照。特别是夏季遇到台风天气时，苗族代耕农经常在罗琴村村民家中借宿躲避台风。在民间社会交往中，苗族代耕农与当地村民实现了融合互嵌。尽管如此，最近几年，罗琴村与苗族代耕农还是发生了土地纠纷。

2014年，阳江林场进行体制改革，罗琴村从林场管理体制中剥离出来，被划归阳江市江城区白沙街道石河村委会管辖。在划归地方管理时，大更村的苗族代耕农被遗漏了。在林场管理时期，大更村的苗族代耕农自认为是林场的农业工人。现在，大更村在行政体制上处于无人管理的尴尬境地，既不属于阳江林场，同时又不归地方管辖。阳江林场的体制改革，直接影响到土地产权的归属以及大更村苗族代耕农的定居问题。

2014年前后，罗琴村新上任的生产队长郑国福要求收回苗族代耕农承包的田地。郑国福的要求遭到杨正法等人的拒绝，双方关系陷入矛盾僵持状态。2016年，郑国福到法院起诉杨正法等人，并向法院提出两点要求：第一，被告方杨正法向原告方支付自2005年至2015年33.7亩水田的租金（共28589斤稻谷，折合现金为38595.15元[①]）；第二，确认原告与被告杨正法签订的协约书期限至2029年12月31日止。

大更村的苗族代耕农也希望通过法律途径解决这一纠纷，然而，现行的法律制度并不承认他们签的土地"割让"合同。因此，被告杨正法一方从人情与历史的角度来申辩。第一，承包的土地原本属于阳江林场罗琴分场，原告方罗琴村并不具备起诉权利。第二，苗族代耕农的社会贡献问题。苗族代耕农离开老家来到阳江代耕，将无人耕种的田地变成良田，投入了大量的人力物力财力。若失去赖以生存的土地及住所，必然会引发社会不稳定问题。第三，苗族代耕农代耕定居的历史已有30余年，移民社区事实上已经成为特殊的集体经济组织，相关政府部门也认可了这一历史事实。[②]

然而，地方司法部门在判决代耕农群体的土地纠纷问题时，大多援引2009年修正的《中华人民共和国农村土地承包法》，将土地承包合同

[①] 其折算方式为：自2005年起至2015年止共11年，每年公粮任务2599斤稻谷，11年共28589斤稻谷，按国家最低收购价1.35元/斤折合现金为38595.15元。

[②] 参见阳江市江城区人民法院（2016）粤1702民初51号民事判决书。

中的"割让""转让"等行为认定为土地承包关系。与此同时,在这一案件中,法院从土地的用益物权出发,将原来的公购粮任务等同于现在的土地承包费用。鉴于罗琴村成立于 2014 年,土地承包费用仅从 2014 年算起。对于"割让"土地的承包期问题,法院根据 1999 年底第二轮土地承包时的政策规定,在原承包期限范围内再延长 30 年。按这一政策,土地承包合同中的"割让"土地行为,法律认可的有效期到 2029 年 12 月 30 日止。

面对这一判决,杨正法等人感到很无奈,但也只能接受。2019 年 11 月,原告与被告双方就法院判决到所属的白沙街道进行司法调解。经调解,双方同意解除签订的《协约书》和《农田割让协约书》两份协议,双方不再存在任何土地承包关系。罗琴村也不再收取大更村苗族代耕农拖欠的土地租金。对于大更村苗族代耕农的建房用地,罗琴村同意他们继续使用,后续是走是留等待政府相关部门处理。至此,大更村苗族代耕农与当地村民之间的土地纠纷告一段落。值得庆幸的是,他们的建房用地被保留下来,这为他们继续在移居地定居提供了基本的保障。

当地村民与苗族代耕农的土地纠纷,触及"谁是中国土地的拥有者"[1] 这一根本性问题。从产权的角度来看,农村土地属农村集体所有,那么村集体则有权让渡土地的使用权和承包权。然而,现行的《中华人民共和国农村土地承包法》中明确禁止土地买卖。从产权的意义上说,即便是农村集体也无法享有对辖区土地的绝对产权,这使民间社会的土地"割让"行为处于一种尴尬的境地。对当地村民来说,维护村落成员的集体利益合情合理。然而,对苗族代耕农而言,一旦失去代耕的田地则意味着在移居地失去了基本的生存权利。可以说,苗族代耕农与当地村民的土地纠纷为地方司法系统出了一个难题。

三 失地移民的再次定居

随着农业税的取消和农村土地的升值,农村社会出现了一批"谋地

---

[1] 何·皮特:《谁是中国土地的拥有者——制度变迁、产权和社会冲突》(第二版),林韵然译,社会科学文献出版社,2014。

型乡村精英"①。特别是在市场经济的冲击下，一些村干部成为"精致的利己主义者"②，善于利用职务之便和体制漏洞实现自身的利益。村落社区的公共资源名义上为村集体全员所有，但掌握村落权力的村干部以及权势群体对公共资源往往具有较大的控制权。可以说，大部分当地村民并不反对苗族代耕农在移居地定居代耕。苗族代耕农遭遇的土地纠纷，主要由"谋地型乡村精英"和奉行利己主义的村干部引致。

定居在阳西县程村镇灯心塘的苗族代耕农遭遇的土地纠纷最为激烈。1993年，杨兴高、杨贵发带领17户共100多人从云南省文山州广南县红石岩乡迁徙到阳西县程村镇定居代耕。他们从程村镇的沙岗村、庙山村永久性承包了268亩代耕田地，并将自己的移民社区命名为"灯心塘"。按合同规定，每亩田地的公粮任务是137.5斤，购粮任务是149斤。从其签订的《承包水田合同书》中可以清晰地看出合同双方的权利和义务。

承包水田合同书

甲方：田主人，广东省阳西县程村镇程村管理区沙岗村、庙山村

乙方：承包人，云南省广南县五珠区红石岩乡老叶菁村

甲方沙岗村、庙山村有水田坐落在荔潭管理区土名羊坑垌总面积268亩。每年一亩负担公粮137.5市斤，全年合计36850市斤。购粮每年一亩负担149市斤，全年合计39932市斤。

乙方老叶菁村因需田耕种，经甲乙双方代表到羊坑垌踏明水田面积界线清楚，乙方代表向甲方提出承包要求。承包条件如下：

1. 承包日期从一九九四年一月一日起，甲方水田全部交由乙方永远耕种管理。

2. 为了照顾乙方初来乍到，在一年内未能全部耕种，一九九四年公粮任务由甲方负责缴交9212市斤，其余部分由乙方负责缴交。

3. 一九九四年以后，乙方承包水田面积268亩全部耕种，全年

---

① 臧得顺：《"谋地型乡村精英"的生成——巨变中的农地产权制度研究》，社会科学文献出版社，2011。
② 龚春明：《精致的利己主义者：村干部角色及"无为之治"——以赣东D镇乡村为例》，《南京农业大学学报》（社会科学版）2015年第3期。

合计公粮 36850 市斤，购粮 39932 市斤，由乙方全部负责缴交。如以后公粮、购粮任务增加或减少均与甲方无关。

4. 水田附近所属沙岗村旱地全部由乙方建房屋或耕种使用。

5. 为防止台风袭击，乙方住宅基地附近树木甲方不得砍伐。

6. 本合同在签订之日生效。

以上合同由甲乙双方共同商量制定，甲乙双方共同遵守执行，任何一方不得违反，恐口无凭，立此为据。

甲方代表人：叶发居　叶木齐

乙方代表人：杨兴高　杨贵发

一九九三年十月十五日

在之后的十余年时间里，定居灯心塘的苗族代耕农按合同规定完成国家的公购粮任务，并与当地村民维持一种较好的社会关系。2006 年开始，国家全面取消农业税，苗族代耕农本以为可以从沉重的公购粮任务中解脱出来。然而，事情的发展并不像他们想象的那般美好，当地村干部依然要求他们缴纳土地租金。原来的公购粮要折合为现金交给当地村民，268 亩田地一年要缴纳 16582 元田地租金。对苗族代耕农来说，代耕的田地是他们在移居地社会获得合法居住权利的重要依据。为守住代耕的田地，他们只能答应对方的要求。

灯心塘的苗族代耕农本以为缴纳土地租金便可以化解矛盾。然而，到 2006 年下半年，当地村干部多次找到他们，要求解除承包合同并收回代耕的田地，企图将其重新发包给出价更高的土地开发商。2007 年 12 月，沙岗村和庙山村正式向法院提起诉讼，要求收回苗族代耕农承包的田地。他们提起诉讼的理由有以下三点。第一，承包期间，被告方并没有全部耕种所承包的田地，约有一半的田地抛荒。耕种的农户大部分已不是原先的承包人，作为代表人的被告只是耕种极少的几亩水田。第二，承包期间，被告方不依合同的约定履行义务，从不缴纳购粮部分租金，2007 年度的公粮租金也没有缴纳。第三，合同书中约定的承包期限是"永远"，按有关法律规定，是无效条款。沙岗村和庙山村的诉求得到法院支持。定居灯心塘的苗族代耕农也认识到自身签订的土地承包协议不受法律保护，无奈之下，只能放弃代耕田地另谋出路。

虽然结束了代耕生活，但他们并没有返回家乡云南，而是继续在移居地寻求新的生存空间。在市场化的社会环境下,即便失去代耕的田地,苗族移民也可以通过进入当地的劳务市场来谋求生存。杨文光说:"云南老家我们是不打算回的,回云南老家还不如在这里生活。阳江这里工厂多,打工也方便,随便进厂打份工或者是上山采挖药材,一天都能赚到一两百块钱。我们既然已来到阳江,肯定是不会再回云南了。"在失去移民社区的境况下,定居灯心塘的苗族代耕农只能自谋出路。杨文荣、杨文光、杨文朱三兄弟带着全家人来到乐安附近租房居住,三兄弟夫妇全部到阳江的山地中采挖药材。经过三年时间的努力,杨氏三兄弟经济条件有所改善。2012 年,杨氏三兄弟以 7 万多元的价格在乐安村飞龙村民小组买到一栋三层的旧宅。随着经济条件逐渐好转,三兄弟开始筹划再建一处住宅。2014 年,杨氏兄弟共同出资 6 万多元,从乐安村飞龙村民小组买了一块 400 平方米的果园地用于修建房屋。经过几年的努力奋斗,杨氏三兄弟得以在异乡重新定居。

  苗族代耕农所遭遇的土地纠纷,在很大程度上缘于农村土地产权主体的模糊性。有学者认为,中国农村土地的集体所有制是一种"残缺产权"或"模糊产权"。农民不能完整地享有所有权,使现行的集体所有制和农户拥有承包经营权的双层所有制为农村权力阶层以"所有者"的名义侵犯农民土地的使用权留下了制度空间。[①] 荷兰学者何·皮特认为,农村土地的集体所有制是中国政府在土地制度上采取的"有意的制度模糊"。这种"有意的制度模糊"可能会导致土地纠纷,却有它积极的一面。"制度的不确定性是体制运行的润滑剂——中国当前正处于经济转型时期,正是因为法律条款在土地权属问题上所具备的不确定性,农地产权制度才得以顺利运行。"[②]

  土地不同于一般的生产资料,因为它直接关涉到农民基本生存问题。因此,任何对土地问题的讨论,都必须以农民基本的生存权为出发点和落脚点。在处理苗族代耕农的土地纠纷时,不能简单地以现行的法律体系对其进行裁判,而必须将其还原到当时的社会情境中进行综合考虑。在不同类型的地权纠纷中,援引较多且具有当然合理性的是生存权原则。

[①] 参见刘守英《中国农地制度的合约结构与产权残缺》,《中国农村经济》1993 年第 2 期。
[②] 何·皮特:《谁是中国土地的拥有者——制度变迁、产权和社会冲突》(第二版),林韵然译,社会科学文献出版社,2014,第 31 页。

詹姆斯·C. 斯科特（James C. Scott）认为："在当地资源允许的条件下，社区内的所有成员都可以享有既定的生存权利。这种生存权是以关于人的需要层次性的普遍观念为道德基础的，它认为对维持肉体生存资料的需求天然地优先于对乡村资源的其他一切要求。在纯逻辑意义上说，倘若生存权处于优先地位，那就很难证明在财富和资源占有上的任何不平等具有其合理性。"① 可以说，生存权是社会个体对其所在社会提出的最低要求，如若这一基本权利都无法得到保障，无疑意味着将某些社会个体置于生存的边缘。政府部门在处理土地纠纷问题时，必须对农民群体基本的生存权予以充分考虑。对苗族代耕农群体来说，土地是他们生存的根基，失去土地无疑意味着失去了最基本的生存保障。

---

① 詹姆斯·C. 斯科特：《农民的道义经济学：东南亚的反叛与生存》，程立显、刘建等译，译林出版社，2001，第 226 页。

第十章　土地交易下的社会融入

在特殊的时代背景下，来自文山州的苗族移民得以进入阳江定居代耕，他们主动融入移居地社会并与当地村民建立起较好的社会关系。然而，土地制度和户籍制度成为苗族代耕农社会融入的制度壁垒，一些苗族代耕农甚至主动放弃了他们的代耕田地和移民社区。尽管在社会融入过程中遭遇各种制度障碍，但他们并未离开移居地返回云南家乡，而是通过购置旧宅和买地建房的形式在移居地获得新的生存空间。他们希望通过购置土地或房屋的方式获得在移居地社会的合法入住权。与此同时，他们也积极争取在移居地入籍落户，希望从制度上真正改变自己外来移民的社会身份。

一　购置旧宅与村落定居

在传统乡村社会，土地和房产是农民的重要生产生活资料。除非家庭出现经济危机，否则农民不会轻易出售自己的土地和房产。与此同时，乡村的土地和房产交易受到"同族四邻先买权"的限制，一般只在宗族内部或村落内部交易流通。有学者将传统乡村的土地和房产交易视作一种人格化的交易，即交易双方之间事先就存在某种血缘的或地缘的关系，而这种关系会带到交易中来。[①] 近代以来，随着乡村社会的剧烈变迁，乡村社会的这种传统交易规则在一定程度上遭到破坏。[②]

20世纪50年代之后，中国乡村社会的地权结构发生了结构性变革。农村土地（包括宅基地）所有权归村集体，个体农户不再拥有对土地的所有权。农村土地的集体所有制，在很大程度上限制了农村土地和房产的交易行为。《中华人民共和国土地管理法》明确规定："任何单位和个

[①] 参见赵晓力《中国近代农村土地交易中的契约、习惯与国家法》，《北大法律评论》1998年第2辑。

[②] 参见黄宗智《华北的小农经济与社会变迁》，中华书局，2000，第280页。

人不得侵占、买卖或者以其他形式非法转让土地。土地使用权可以依法转让。"① 农村房屋所附着的宅基地,同样在禁止买卖或转让的土地之列。随着市场经济的发展,中国乡村社会严重分化,乡村土地的价值也表现出较大差距。一方面,发达地区城郊农村的土地和宅基地价值日益凸显;另一方面,偏僻落后农村地区的土地和宅基地则遭到闲置或废弃。可以说,处在不同区位中的农户,对宅基地使用权确权的制度效应敏感度不同,这进一步导致他们对宅基地流转产生不同的响应行为。② 总体而言,随着城镇化的快速推进,将农村房屋和宅基地出售转让给外来户的行为日益普遍。有研究指出,在当前乡村振兴背景下,封闭式宅基地使用权与人口流动性增强的环境变迁不相适应,允许外来农民在非户籍所在地有偿使用宅基地,是优化宅基地资源配置的制度改革方向。③

近十余年来,随着阳江地区的城镇化快速推进,当地农村人口大量转移到城镇居住,这致使当地一些农村地区"空心化"现象非常严重。在笔者所调查的阳江市双捷镇、白沙街道以及儒洞镇的一些村落,有相当数量的房屋被闲置或废弃,甚至有些村落已成为无人居住的荒村。在这种社会条件下,转移到城镇的居民愿意将农村空置的房屋转让出去。刘守英在研究中指出,农村房屋和宅基地入市交易,不仅解决了工业化、城镇化进程中农民的财产收入增长问题,同时也解决了进城人口的居住问题,还降低了城镇化的成本。④ 苗族代耕农能够在阳江农村买房定居,与当地村落的空心化背景有密切关系。尽管相关法律政策禁止农村土地和宅基地进行市场化交易,但在民间社会,土地和宅基地的市场化交易却是普遍存在的事实。在阳江农村社会,房屋和宅基地交易普遍以民间认可的"砂纸契"⑤的形式进行。

曾在阳西县儒洞镇下河村代耕的高氏父子2003年在该村买下一座旧

---

① 《中华人民共和国土地管理法》(2019年修正版)。
② 参见吴郁玲等《农村异质性资源禀赋、宅基地使用权确权与农户宅基地流转:理论与来自湖北省的经验》,《中国农村经济》2018年第5期。
③ 参见王若男等《乡村振兴背景下宅基地使用权的资源再配及治理路径——基于定量定性混合研究方法》,《中国土地科学》2021年第7期。
④ 参见刘守英《直面中国土地问题》,中国发展出版社,2014,第37页。
⑤ 砂纸契是阳江农村地区民间进行房产和宅基地交易的一种契约形式。因契约书写在一种防潮性较好的砂纸上,故在当地称为砂纸契。

宅。下河村本是个仅有十余户人口的小村落，近十年间，大部分村民都已到当地城镇定居，村落中仅剩下两户年事已高的村民。高氏父子在此买房定居后，在阳江代耕的苗族亲友也陆续来到这个村落购买旧宅。下河村共有12座房产，现在有9座房产被苗族代耕农购买。房产的转让在某种程度上意味着入住权的转让，可以说，苗族代耕农已成为当地空心村的新主人。从下面几份房屋交易契约中，我们可以大致看出民间社会房产交易的一般情况。

阳西县河洞村高峰买房契约

兹有下河村王养出卖房屋一座，两廊共五间。高峰需买房，经双方协议达成买卖。协议如下：

1. 王养卖房一座两廊共五间，连地塘地、草架地共同高峰要叁仟肆佰元卖价。

2. 高峰同意以叁仟肆佰元买王养的房屋和地塘地、草架地。

3. 经双方协商，王养卖的房屋、地塘地、草架地，上卖空间，中卖房屋，下卖宅基地，一卖永卖，永无取回之权。

4. 高峰同意后，交钱交屋，地到手，永无反顾。

卖主：王养　　　介绍人：黄文　　　写契人：杜文兴

买主：高峰　　　见证人：黄成

二〇〇三年正月十六日

阳西县河洞村高树祥购买宅基地契约

甲方：阳西县儒洞镇河洞村委会大坟村陶宁

乙方：云南省文山州高树祥

甲方现有屋地东至吴众屋地，南至吴高门口，西至竹林，北至许球旧屋背门口，约169平方米。经双方协商如下：

一、甲方屋地永久性卖给乙方，乙方必须一次性付清屋地款叁仟元整（3000元）给甲方。

二、付清款后，屋地由乙方自行处理使用，甲方不得以任何理由无理取闹影响乙方。

三、如有纠纷，甲方必须与乙方协商解决。

本协议一式两份，甲乙双方各执一份，希共同遵守。

甲方：陶宁　　　　乙方：高树祥

河洞村委会（盖章）
2012 年 10 月 21 日

阳西河洞侯礼忠购房契约

甲方：阳西县儒洞镇河洞村委会下河村 20 号　　王养　王喜

乙方：云南省文山壮族苗族自治州广南县者太乡者太村　　侯礼忠

一、甲方现有房坐落于河洞村委会下河村王养屋前面至王伍屋后面滴水留 3 米巷，后面至屋滴水，左面至 3 米地，右至公巷。

二、甲方卖给乙方的房屋肆万伍仟元整（45000.00 元），乙方必须一次性付清给甲方。

三、乙方付清买屋款给甲方，房屋由乙方永久所有，甲方不得以任何理由无理取闹。

四、如房屋出现其它纠纷，由甲乙双方协商解决。

甲方签名：王养　王喜　　　　乙方签名：侯礼忠

阳西县儒洞镇河洞村委会（盖章）
2011 年 2 月 23 日

买地建房和购置旧宅是苗族代耕农实现定居的重要一步，同时也需要他们付出较为高昂的经济成本。特别是对贫困的苗族代耕农家庭来说，他们缺少足够的经济能力完成买地建房或购置旧宅的经济行为。对此，苗族代耕农做出策略性的安排。他们往往两三户亲友共同出资购置一座房产，待经济条件好转后再考虑分开另行购置房产。

现居阳西县儒洞镇下河村的侯礼忠和侄子侯志高便以合资购置房产的形式实现了再定居。侯氏原本在平冈镇的廉村代耕，土地承包合同到期后，他们不得不放弃代耕田地另谋出路。侯氏家族与最早定居下河村的高氏家族有姻亲关系，经亲友介绍，侯氏家族成员也陆续来到下河村买房定居。当地村民出售旧宅的机会可遇而不可求，一旦有人出售必须果断将其买下。2011年,下河村的一户村民出售一栋二层的旧楼房,售价45000元。刚刚结束代耕生活的侯氏家族经济拮据,为了尽快安家落脚,侯礼忠叔侄便共同出资将其买下。当时,侯礼忠出资35000元,侄子侯志高出资10000元,叔侄两户人家各住一层。买房子时叔侄双方即约定,日后谁有经济能力就再购置一套房产,届时双方再清算房款。

侯氏叔侄共同购置的下河村旧宅

从以上几份房屋交易契约可以看出,在农民的观念中,宅基地归农户个体所有,农户可以对其进行出售转让,甚至有些契约中出现"上卖空间,中卖房屋,下卖宅基地"等对房屋产权的朴素表述。在农民的观念中,宅基地是和房屋捆绑在一起的,房屋和宅基地的所有权自然归他们。相关政策明确规定"禁止城镇居民在农村购置宅基地"[1],对农村居民跨村落、跨区域购置房产和宅基地的行为却并未做出明确规定。农村的房产和宅基地交易,是农民自发调节人地关系的一种有效形式。然而,目前的农村土地和宅基地管理制度,在一定程度上限制了农民跨村落的房产交易行为。

从现行的法律政策来看,农村宅基地产权归村集体所有,并不允许出售给村集体之外的成员。有学者将现行农村宅基地法律和政策规定的

---

[1] 《国务院关于深化改革严格土地管理的决定》(国发〔2004〕28号)。

主要特征概括为"一宅两制"①,即房屋归农民私有,宅基地为集体所有。农村宅基地使用权人,必须是村集体经济组织成员。房产和宅基地联系在一起,出售房产即意味着将宅基地的使用权一同出售。在阳江农村地区,宅基地使用长期处于民间自发自为的状态,当地村民修建住宅大多未经相关政府部门审批。笔者调查时接触的诸多民间房产交易中,大多没有地方政府部门审批的宅基地使用证。宅基地使用证的缺失,为农村民间的房产交易提供了某种便利。既然没有宅基地使用证,买房者便不再纠结房产交易是否合乎法律规范。

在出售旧宅的过程中,一些村民甚至把村集体分配的土地作为房产的附属物一起出售。有学者在华中农村地区也发现了这种"搭地售房"②或"买房搭地"③的交易方式,由此可见这种特殊的房产交易方式绝非个例。之所以出现这种情况,主要有两个原因:一方面,乡村外来移民在购置房产时要求原户主将土地一起送与他们耕种;另一方面,在偏远农村地区,土地处于废弃抛荒状态,土地转让的价格非常低廉。实际上,在 2000 年前后,农民仍要缴纳一定的农业税,实行"搭地售房"的交易方式,则可以将户主承担的农业税一同转让出去。从下面两份房屋交易契约中,可以看到"搭地售房"的具体形式。

卖屋合同

甲方:梁荣升(广东省阳江市江城区双捷镇乐安管理区山仔村)

乙方:吴金权(云南省文山州广南县八宝镇关山村)

经甲乙双方友好协定,甲方愿意将他一旧瓦房卖给乙方。卖地面积为整一栋及房前 5 米,房后至 1 米,房的左右则至 8 米,以及房右侧的猪、牛栏和两坡竹子。经双方协定,甲方同意将耕种田地交给乙方永久耕种(其中田 4 亩、地 8 分),如果国家征收甲方交给乙方耕种的田地,所得到的钱双方平分。注意,其中甲方没有协定

---

① 陈锡文、赵阳等:《中国农村制度变迁 60 年》,人民出版社,2009,第 70 页。
② 郭亮:《地根政治——江镇地权纠纷研究(1998—2010)》,社会科学文献出版社,2013,第 65 页;刘锐、贺雪峰:《从嵌入式治理到分类管理:宅基地制度变迁回顾与展望》,《四川大学学报》(哲学社会科学版)2018 年第 3 期。
③ 龚春霞:《地权的实践》,北京大学出版社,2015,第 103 页。

第十章　土地交易下的社会融入

交给乙方耕种的土地，如果国家征收，所得现金归甲方拥有，和乙方不相干。双方友好协定房价为肆仟叁佰元整（￥4300元）。

如果双方没有异议，双方友好协定签订此合同。本合同一式两份，双方各拥有一份，如果有其他问题，一切按照合同为准。

乙　方：吴金权　　　　　　甲　方：梁荣升

见证人：马金银　　　　　　见证人：杨进兰

2004年6月24日

契约

兹有双捷镇乐安村委会新屋村三巷4号村民梁朝仙立卖杜断旧屋一座，坐落在茅田村路边即新屋谭水祥大庙坑大田头侧。东至自碑量出五十公分为界，南至自碑空地为界，西至自碑量出五十公分为界，北至路边为界。上至天庭，下至地府。梁朝仙子女全部已在阳江市区建有新居，不愿再管理该屋。经全家人协商，一致同意将该屋及屋后空地卖断给云南省文山壮族苗族自治州广南县五珠乡红石岩村民委员会一菁小组杨兴科、杨文青管理使用，双方议定屋价款共是人民币捌万元整。签约之日，杨兴科、杨文青已把屋价款全部交给梁朝仙亲手接足，分文不欠。以后该屋和屋后空地及屋内所有附属设施的一切权属均为买者所有，与卖者永无瓜葛。日后此地或有价值连城，卖者亦不得反悔；或有产权不清，界至不明，卖者亦必须理妥。恐口无凭，特立书和该屋契约交给杨兴科、杨文青，子孙万代收执为据。

立卖人：新屋村民梁朝仙

见证人：陶文进、杨发民、杨文光

代笔人：陈登明

公元二〇一一年十一月十二日订立

阳江市江城区双捷镇乐安村民委员会（盖章）

从现行法律制度来看，农村宅基地归村集体所有，其交易转让行为只能在村集体成员内部进行。然而，房屋和宅基地具有一体化的特征，房屋买卖必须附带宅基地的流转。在市场化的社会环境中，村落社会的土地和宅基地交易日益频繁。朱冬亮通过对福建农村土地制度的研究发现，宅基地使用权的商品化导致了村落成员权的丧失。[①] 阳江的农村地区也出现了类似的状况。当地的许多村落已成为名副其实的"空心村"，衰败的村落已不再是村民争夺资源的竞技场，转移到城镇定居的村民大多愿意将闲置的土地和房产转让出去。相关研究表明，珠三角地区的代耕农因土地升值而遭到当地村民的排斥与挤压。[②] 而阳江的苗族代耕农之所以能够幸存下来，与当地村落的空心化状态不无关系。

二 买地建房与家园重建

在村落结构和村落秩序急剧转型的背景下，传统农村地权交易中的"同族四邻先买权"逐渐被忽视。特别是《中华人民共和国农村土地承包法》的颁布赋予了农民相对稳定的土地承包权[③]，并允许农民对土地的经营权进行流转，在很大程度意味着农民对自己手中的土地有了更大的自主权。何·皮特在分析中国土地制度时指出，中国政府对农村土地产权制度进行了"有意的制度模糊"[④]。在频繁的土地政策调整中，农民意识到了自己的土地产权的"模糊性"。为了将不确定的土地承包经营权转化为一笔现实的、可支配的财富，农民情愿将自己的土地转让出去。

农民土地观念的转变，对乡村社会结构产生了深远的影响。实际上，从依赖土地谋生到利用土地谋利，看似不经意的改变，却孕育着巨大而深刻的变革，李培林认为这是农民从"重农保根观念"到"工商创业精神"的裂变。[⑤] 在这一转变过程中，农民的守土观念和入住权意识在很大程度上减弱了，农民追求的是更为现实的物质财富，而不再是空洞的

[①] 参见朱冬亮《社会变迁中的村级土地制度——闽西北将乐县安仁乡个案研究》，厦门大学出版社，2003，第226页。
[②] 参见黄志辉《无相支配：代耕农及其底层世界》，社会科学文献出版社，2013。
[③] 《中华人民共和国农村土地承包法》（2009年修正）第二十条规定："耕地的承包期为三十年。草地的承包期为三十年至五十年。林地的承包期为三十年至七十年；特殊林木的林地承包期，经国务院林业行政主管部门批准可以延长。"
[④] 何·皮特：《谁是中国土地的拥有者——制度变迁、产权和社会冲突》（第二版），林韵然译，社会科学文献出版社，2014，第5页。
[⑤] 李培林：《村落的终结——羊城村的故事》，商务印书馆，2004，第21页。

土地占有关系。从这一意义上说，象征着村落成员资格的入住权已经成为一种可交易的商品。

在实现再定居的过程中，买地建房比购置旧宅花费更多。2010年前后，乐安附近的地价一平方米在100元左右。当地村民一般是将土地进行整块出让，一块土地的出让价格动辄数万元甚至十几万元。经济条件有限的苗族代耕农只能几户人家共同筹资购买，然后再根据出资额对土地进行分配，并搭建简易棚屋作为临时居所。曾在阳江市白沙街道岗华村代耕的张建国、熊明张等人，在2010年土地承包合同到期后，带领亲友来到乐安境内的牛栏塘村和沙牛塘村买地建房。张建国和其他3户亲友共同出资买下一块山地用于建房，每户各分得一块100余平方米的宅基地。经济条件较好的家庭，往往花费数十万元修建起两三层的楼房。经济条件较差的家庭，则只能在新购置的宅基地上搭建简易棚屋，待有一定积蓄之后再修建楼房。

土地转让合同书

甲方：乐安村委会牛栏塘村民郑大强

乙方：云南省文山壮族苗族自治州广南县篆角乡下寨村民委良上新寨小组50号（张建国、吴金光、陶忠银、杨学宽）

甲乙双方协商同意，甲方将打火岭（土名）自留地一块转让断给乙方，面积936平方米，东至旧村道为界，南至旧村道为界，西至原有荔枝树出1.5米为界，北至原有荔枝树出1.5米为界。经甲乙双方协议如下：

一、甲乙双方协议此地价格为人民币壹拾壹万贰仟叁佰贰拾元（112320元），土地转给乙方后，权属乙方所有。如国家征收该地，补偿费及一切附着物都属乙方。

二、付款方式：签订之日一次性付清。

三、如有土地界至不清，引起纠纷，甲方负责理顺，甲方负责原有道路畅通。

四、合同从签订之日起生效，甲乙双方不得反悔，违约方负责另一方的损失。

五、合同一式三份，牛栏塘村、甲乙双方各执一份。

甲方签名：郑大强

乙方签名：张建国　吴金光　陶忠银　杨学宽

2012 年 9 月 16 日

双捷镇乐安村牛栏塘经济合作社（盖章）

合同书

甲方：阳江市双捷镇乐安村委会沙牛塘村　易道建、易道向

乙方：云南省文山州广南县空山村陈家杠小组　熊明张

甲乙双方协商同意，甲方将矿仔砖氹和自留地一块转让给乙方，面积以东南西北为准，东至易孔兴地为界；西至小路边为界；南至吴永彬屋地为界；北至易孟寿地为界。甲乙双方协议如下：

甲乙双方议定此地价格人民币叁万陆仟伍佰元整（￥36500元）。土地转让给乙方后，权属归乙方所有。如国家征收该地，补偿归乙方。

付款方式：签订之日一次性付清。

如有土地界至不清，引起纠纷，甲方负责理顺，甲方负责原有道路畅通。

此合同从签订之日起发生法律效力，甲乙双方不得反悔，违约方负责另一方的一切损失。

合同一式四份，村委会、自然村、甲乙双方各执一份。

甲方签名：易道建　易道向

乙方签名：熊明张

双捷镇乐安管理区沙牛塘经济合作社（盖章）

阳江市江城区双捷镇乐安村委会（盖章）

2010 年 10 月 25 日

契约

兹有双捷镇乐安村委会牛栏塘村村民郑胜利，有块土地，坐落在红砵岭，经家人协商一致同意转让断给云南省文山壮族苗族自治州广南县黑支果乡天生桥村民委员会棋树湾小组王开书、张开华、

李兴荣、王开发用来建宅。该地四至：东至小路边；南至村路边；西至郑胜侵、郑德辉地边为界；北至郑圩地边为界。面积共捌佰肆拾玖点柒平方米，经双方协商价款为拾万伍仟元整人民币（￥105000元）。现王开书等四人当证人面一次性将款交给郑胜利亲手足收，交款后该地地权永属王开书等四人，子孙后代长期管理使用。此地如国家征用或有天价都归王开书等四人所有，再与郑胜利无关，共守信用，恐口无凭，特立字为据。

　　转让人：郑胜利

　　承让人：王开书　张开华　李兴荣　王开发

　　见证人：易道相　张建国

　　时间：2013年3月28日

　　　　　　双捷镇乐安村委会牛栏塘经济合作社（盖章）

　　在国家的视野中，土地具有不可让渡性。[1] 按现行的法律政策，农村土地为村集体所有，不允许农户个体进行土地的买卖交易。农户只能对承包经营的土地进行一定期限内的流转，而且不能随意改变土地的使用性质。然而，对农民群体而言，他们仍把自己承包经营的土地视作自己的私有财产。特别是国家一再强调确保农村土地承包关系长期稳定，这在某种程度上刺激了农户的土地私有产权意识。

　　《中华人民共和国农村土地承包法》明确规定，土地承包经营权流转合同应包括"流转的期限和起止日期"等内容。由上述土地交易的合同文本可以看出，民间社会的土地交易并没有考虑相关的法律政策。实际上，在大多数农民群体的观念中，自己承包经营的土地仍然具有某种个体私有财产的意味。农民群体对所谓的"所有权""承包权""经营权"等法律概念也并没有完整清晰的认识。在其土地交易的合同文本中，仍普遍使用"转让""卖断"等带有土地所有权转移意味的民间概念。而当地的村民小组和村委会也默认了这种土地交易行为并在其合同文本上加盖公章。由此可见，至少在村的层面承认了这种土地交易行为的合法性。

---

[1] 参见张宏明《土地象征——禄村再研究》，社会科学文献出版社，2005，第267页。

虽然哪些村落、哪些村民出让土地和房产具有不确定性，但苗族代耕农在选择定居地点时会首先考虑和苗族同乡亲友聚居在一起。梯姆斯（D. Timms）曾指出："居住地的选择和再选择，可以看作缩短个人与他所渴望模仿的族群间距离和扩大他与所渴望离开的群体间距离的一种策略。"① 移民群体的再定居问题，实际上是一个选择何种生活方式的问题。与苗族同乡亲友聚居在一起，便于他们开展群体内部的文化生活和社会交往。在实现再定居的过程中，移民群体的社会网络发挥着重要作用。实际上，苗族代耕农购置土地和房产，多是在同乡亲友的介绍和见证下完成的。

王应荣于1995年带领20多户苗族代耕农到阳江平冈镇寨山村定居代耕，其代耕的田地位于交通不便的大山之中。最初他们只签订了6年的土地承包协议，协议到期后他们便没有续签，而是采取耕种一年即交一年稻谷的承包形式。2000年之后，移民社区中的年轻人纷纷进厂务工，安心种田的人越来越少。最终，他们主动放弃了代耕田地，到外面重新寻找交通便利的定居地点。王应荣与在广西队代耕的陶文进为姻亲关系。经陶文进介绍，王应荣在乐安村飞龙村民小组以138000元的价格购置了当地村民的一栋旧宅。此外，王应荣给三位介绍人每人600元介绍费，并请乐安村委会领导吃了一顿饭，算是请他们见证房屋交易的酬劳。2011年，王应荣全家搬到乐安村飞龙村民小组定居生活。

在王应荣的带动和介绍下，与其一起代耕的其他苗族亲友也陆续来到这里置地建房。现在，已有20多户苗族代耕农在此地修建房屋。移民社区中的苗族代耕农通过购置土地又重新聚合到一起。失去田地的苗族代耕农大多愿意来乐安买房置地，这在很大程度上是因为他们有同乡亲友在此地定居。黄晓星等通过对珠三角地区代耕农的研究发现，汉族代耕农群体采取了个体化的生存策略，他们未能形成具有凝聚力的移民社区，因此也难以应对当地村民的排斥与挤压。② 而苗族代耕农群体的生存策略恰恰与之相反，他们通过亲属网络和共同的族群认同感，构建出一个联系紧密的社会网络，以此来应对自身在移居地社会所处的劣势

---

① D. Timms, *The Urban Mosaic*, Cambridge University Press, 1971, p. 98.
② 参见黄晓星、徐盈艳《双重边缘性与个体化策略——关于代耕农的生存故事》，《开放时代》2010年第5期。

地位。

在移居地定居的近 30 年时间里，苗族代耕农的居住社区也经历着建构、消失与再建构的过程。张鹂指出："移民社区不是一个自然的、固定的、永恒的地方。实际上，移民社区在特定的时空中，通过政治的和经济的斗争，不断地被制造与再造。"[①] 通过购置旧宅或买地建房，苗族代耕农不断建构出新的生存空间，努力使自己融入异乡社会并过上稳定的定居生活。

一般来说，乡村外来移民比当地村民力量弱小，因此会遭到当地村民的排斥与挤压。随着苗族代耕农群体不断向双捷镇乐安村一带会集，外来移民与当地村民在力量对比上发生逆转。现在，仅分布在乐安村辖区内的苗族移民就有 1200 余人，这个数字已超过当地户籍人口的 1/3。乐安村共有 615 户 3168 人，但这些人口零散分布在 21 个村民小组之中，平均每个村民小组仅有 29 户 150 多人。[②] 加之当地村落中的"精英"大多转移到城镇之中，留在村落中的多是老人和经济条件较差的村民，在这种村落结构中，苗族代耕农显然具备了一定的生存优势。用他们的话说就是："现在我们云南人在乐安的有很多，有事情的话很快就能召集几百人。现在我们苗族老乡多了，经济条件也比以前好多了，他们当地村民也不敢小看我们。和当地村民交往时，他们对我们也很尊重。"苗族移民的不断会集，不仅使其群体规模进一步扩大，同时也使其社会网络和社会根基进一步巩固。在移民群体达到一定规模时，他们完全可以在本群体内部完成社会交往活动，从而尽量避免对外部社会形成过度依赖。

实际上，移民群体可借助土地占有关系来实现自身的社会融入。科大卫（David Faure）和萧凤霞（Helen F. Siu）在研究中指出："卖或租这样的行为，随着时间的流逝，会使最初的几个租佃者发展壮大为一个村落，进而使地主和租佃者之间的基本关系发生改变。可以说，这一改变使土地关系在法律上的解释变得无效。"[③] 从历史维度看，一个地区的

[①] Li Zhang, *Strangers in the City: Reconfigurations of Space, Power, and Social Networks Within China's Floating Population*, Stanford University Press, 2002, p. 18.

[②] 其中，户数最多的有 116 户（茅田村），户数最少的则仅有 4 户（新兴村）。

[③] David Faure and Helen F. Siu, *Down to Earth: The Territorial Bond in South China*, Stanford University Press, 1995, p. 4.

大部分居民都可以称作外来移民,其区别只是迁入时间的先后而已。特别是在广东的乡村地区,大部分村落居民都把自己的祖先追溯到中原地区。

  历史上,阳江市乐安村一带可以说是人烟稀少的"空地",同时也是外来移民群体的聚集地。早在20世纪50年代之前,便有外来移民群体进入这一区域定居。在其现在管辖的21个村民小组中,有4个村民小组是1968年由政府安置的茂名高州水库移民。另外,有6个村民小组是20世纪60年代开始由茂名信宜地区陆续迁来的代耕农。这些移民群体因为进入较早,均已取得当地户籍。而苗族代耕农晚来一步,加之政策方面的诸多限制,他们的户籍尚保留在云南文山。乐安村委会的一名村干部说:"乐安这里外来移民很多,以前这里户口很乱。1990年统一整理户口时,外来移民的户口也都落在这里。这些云南移民来得比较晚,没赶上整理户口,他们的户口到现在都没解决。这些云南人老实勤快,也不做违法犯罪的事,我们村委会也不反对他们在这里定居生活。至于他们能不能在这里落户,要看以后的国家政策,我们村委会没有权力解决他们的落户问题。"由此可以看出,乡村外来移民群体入住权的获得,不仅在于当地村民赋予他们成员资格,更重要的是,地方户籍管理体系要将他们纳入其中。

  与具有较强宗族势力的同姓村落不同,乐安村各村民小组分布零散,彼此之间缺少强有力的联系纽带,并未发展成为具有较强凝聚力的村落实体。可以说,正是这种碎片化的村落结构,才使这些外来移民能够在此定居生活。有学者指出,"外人"不仅是一种社会事实,同时也是人为建构的符号,其地位和处境最终还是由他的力量所决定。[1] 当外来群体的力量足够强大时,他们可以构建出自己的社会网络,甚至会颠覆原有的社会网络,进而与当地村民展开社会竞争。实际上,苗族代耕农出现伊始便作为一个移民整体出现在移居地社会。因此,他们所具有的力量也要远比个体性的移民强大。随着苗族代耕农不断发展壮大,当地村民也不得不正视这些来自异乡的移民群体。

---

[1] 参见陈柏峰《村落纠纷中的"外人"》,《社会》2006年第4期。

三 户籍限制与生活困境

在影响移民群体社会融入的诸多因素中,户籍制度是一条难以逾越的制度壁垒。李强指出,户籍制度是一种社会屏蔽制度,是影响中国城乡流动的最为突出的制度障碍,它使中国的人口流动不再遵循一般的推拉规律。[①] 实际上,不仅进城务工的农民工群体会受到户籍制度的限制,农村外来移民群体同样受到户籍制度的限制。对苗族代耕农而言,他们虽然在移居地建立了相对稳定的生存家园,但在移居地入籍落户却成为困扰他们的最大难题。在当前的户籍制度下,个体的成员权利被限定在特定的地域范围内。一旦超越了户籍限定的地域范围,个人就会失去相应的成员权利。户籍制度给苗族代耕农的生活带来诸多不便,特别是在办理相关证件时,他们只能返回家乡去办理。

苗族代耕农虽然力图融入移居地社会,但户籍制度却成为阻碍他们社会融入的制度壁垒。文山州苗族群众迁入阳江定居代耕之初,一些村干部曾口头答应他们解决落户问题。但此事却一拖再拖,时至今日仍未能得到解决。苗族代耕农对此怨言颇多,大更村的杨正法说:"当时是当地村干部招我们来的,并且将土地永久性承包给我们。当时说是只要我们能过来,三五年内就能解决户口问题。但现在快30年过去了,我们的户口还是没有解决。不能在这里落户,我们的生活就永远不踏实。"实际上,确有一批早期迁入的代耕农解决了入籍落户问题。然而,随着农业税的取消和时代的变迁,代耕农失去了原初的存在意义,其入籍落户问题也被搁置一旁,成为一个难以解决的历史遗留问题。

在传统农业社会,土地与户籍之间具有较高的一致性。封建统治者为征收赋税和对民众进行有效管理,往往采取人—地结合的治理策略,即把人固定在特定的地域范围内。可以说,获得土地是获得村落成员资格的重要条件。然而,有迁徙传统的苗族人并没有将自身局限在固定的土地上,而是习惯在无主土地上自由迁徙以拓展新的土地资源。实际上,

---

[①] 参见李强《影响中国城乡流动人口的推力与拉力因素分析》,《中国社会科学》2003年第1期。

在政府治理鞭长莫及的山区地带，户籍身份并无实质意义。在迁徙之初，苗族代耕农一心想寻找土地以摆脱生存危机，并未考虑到户籍身份将会给日后的生活带来何种影响。

随着苗族代耕农日益融入移居地社会，其户籍身份问题也日益凸显。在当代中国社会，户籍制度是一套系统而复杂的制度体系，其中包括一系列社会管理的资源分配手段。有学者指出："户籍身份的一个重要功能，就是不仅把个人与家庭或组织单位连在一起，而且还总是把个人与一定的地域连在一起，并界定一个人在何处能享受权利，而在何处不享有权利。某种意义上，户籍就是对个人立户、居住和生活权利的合法性认可，它限定个人在某一地域享有成员资格的权利。"① 所以，个人的户籍身份一旦确定，其享有的权利也被限制在相应的地域。特定区域中的外来群体如果不具备相应的户籍身份，就无法享有居住、就业、教育、医疗、社会保障以及政治参与等各项权利。

可以说，户籍制度不是简单地对社会成员进行登记和管理，而是一种人群划分和资源分配制度。户籍制度规定个人在居住地享有权利和义务，户籍身份也成为个人行使成员权利的主要依据。由于苗族代耕农的户籍保留在迁出地，他们无法拥有移居地社会的成员资格，同时也无权参与到当地社会的资源分配体系之中。苗族代耕农所遭遇的土地纠纷，在很大程度上缘于他们不具备当地的户籍身份。个别村干部要求收回苗族代耕农田地的一条重要理由便是他们是外来移民而不是本地村民。受户籍制度的限制，阳江各级政府尚未将苗族代耕农纳入统一的服务管理体系。苗族代耕农建立的移民社区，在某种意义上成为基层社会治理的真空地带。

实际上，在日常生活中，如果不涉及行政管理问题，人们很难意识到户籍身份的重要性。特别是对一些脱离土地束缚的年轻人来说，户籍身份对其生存的限制越来越少。也正因如此，苗族代耕农群体对其入籍落户问题不甚重视。然而，一旦遇到相关行政管理问题，其异地户籍身份则会给他们带来诸多麻烦。特别是在办理相关证件时，苗族代耕农只能回到云南文山州迁出地去办理。在田野调查时，笔者经常发现有苗族

---

① 陆益龙：《户籍制度——控制与社会差别》，商务印书馆，2003，第437页。

代耕农返回迁出地领取结婚证或为子女办理入户登记。苗族代耕农对此抱怨道："现在办结婚证、小孩上户口都要回云南老家去办理，去一次就要花几千块钱。"对普通的苗族代耕农家庭来说，返回迁出地办理证件要支付较高的交通成本。

由于长期游离于地方政府的服务管理体系之外，苗族代耕农的婚育行为未能得到有效控制，早婚早育、超生多生的现象非常普遍。青年男女十七八岁便开始谈婚论嫁，而按现行的婚姻法，他们远远达不到最低结婚年龄。青年男女一旦结婚，则意味着进入生育阶段。年轻夫妇未达法定结婚年龄，便无法领取结婚证，其生育的子女也难以及时进行户口登记。

在缺少政府监管的情况下，苗族代耕农的生育行为处于放任自流的状态。早婚早育虽然符合苗族人的传统价值观念，却在无形中加重了他们的生活负担。在办理户籍时，计划外的生育行为会遭到一定的经济处罚。一些苗族代耕农家庭因经济条件有限，无法给子女办理户籍登记手续，致使其子女不能及时登记入户。笔者在田野调查中发现，个别苗族代耕农家庭的子女因尚未登记入户而无法入学读书。

随着市场化和城镇化的迅速推进，人口的跨区域流动日益频繁，中国户籍制度也日益宽松。然而，户籍制度改革主要针对城镇进行，农村户籍制度改革相对保守。现行户籍制度只是单向度地为农村人口进入城市提供了政策导引，而对于农村人口（或城镇人口）如何进入农村却缺少相关政策指引。

能否取得当地的户籍，决定了移民群体能否进入地方政府的服务管理体系。只有取得当地的户籍，移民群体才能有效保障自身的入住权和相应的成员资格。苗族代耕农意识到，只要他们不具备当地户籍，就始终被当地居民视为"外来户"，即便在此地修房建村，其入住权也难以得到有效保障。因此，入籍落户成为苗族代耕农心头的一件大事，一些永久性移民社区尝试通过各种手段实现入籍落户。在田野调查过程中，他们经常向笔者询问有无可能入籍落户，并希望笔者能帮助解决入籍落户问题。可以说，在移居地入籍落户已成为苗族代耕农的一块心病，他们渴望在户籍身份上真正成为阳江本地人。

苗族代耕农很少有机会接触到政府的管理者，对办理入籍落户的相关手续也知之甚少。他们虽然渴望在移居地入籍落户，但在庞大而复杂的政府机构面前却感到无所适从。在这种情况下，他们只能寄希望于当地政府或某些外部力量主动为其解决入籍落户问题。2019年，广西队的陶剑龙到乐安村委会工作之后，全力推动乐安苗族代耕农入籍落户事宜，并联合各移民社区负责人写了入户申请提交给双捷镇派出所。

苗族代耕农的入籍落户问题涉及一定的利益纠纷，因此，基层政府对这一问题持审慎的态度。当前的户籍制度将苗族代耕农挤压到制度的夹缝之中，他们现在既无法返回迁出地，也未能取得移居地的户籍身份。对苗族代耕农群体来说，户籍制度已经成为他们享受社会福利和平等公民待遇的一项制度性障碍。有学者指出："户口制度是移民在当地缺乏政治权利和长期打算的主要根源。当前土地集体所有制使移民无法获得进入当地社区的机会，从而也加剧了移民和当地人之间的差距。"[1] 近年来，我国不断推进户籍制度改革，各省区市也逐步放宽了落户的条件限制，这为解决苗族代耕农等乡村移民群体的户籍问题提供了较为有利的政策条件。

四 社会融入与制度壁垒

由于不具备移居地的户籍身份，苗族代耕农无法参与所在村落和基层政府的各项政治活动，同时也不能享受当地政府提供的各种公共服务和社会福利。这使苗族代耕农与当地社会的整合出现融入与排斥共存的局面，有学者将这种类型的整合模式称为"二元整合"[2]。从社会治理的角度来看，二元整合的出现意味着行政管理系统与民间社会实践相背离。

与城市社会中的移民群体相比，村落社区中的外来群体有更为独立的生存空间和更为丰富的生存资源。就这一点来说，他们比城市社会的移民群体更具有生存优势。然而，他们在社会融入过程中却遭遇更多制

---

[1] 姚洋：《社会排斥和经济歧视——东部农村地区移民的现状调查》，《战略与管理》2001年第3期。
[2] 风笑天等：《落地生根：三峡农村移民的社会适应问题》，华中科技大学出版社，2006，第136页。

度壁垒。在传统农业社会,村落是稳定的人群共同体和利益共同体。为独享村落资源,村落成员严格限制外来群体的进入。张佩国从资源竞争的角度对村落成员资格进行了阐释,认为村落成员资格产生于村民的资源占有意识。"在人地关系较为紧张的情况下,村外之人取得村民资格意味着要从有限的'蛋糕'中分取一份,村籍就必然成为一项严格的地方性制度。"① 尽管苗族代耕农在异乡村落定居生活近 30 年,但由于不具备当地村落社会中的血缘与文化,他们自然地被当地村民视为不同于自身的"外来人"。

人口流动是人类社会的一个普遍现象,移民群体试图通过改变居住地来改善自身的生存境况。移民群体流动和定居过程中必然涉及自身的成员资格和社会资源的分配问题。从某种意义上说,成员资格是一种人为建构出来的资源分配体系,社会群体可以借此维持对本集团生存资源的控制与分配。美国社会学家迈克尔·沃尔泽(Michael Walzer)认为,成员资格的产生源于社会分配的需要。他指出:"成员资格之所以重要,是因为一个政治共同体的成员对彼此而非别人,或者说在同一程度上不对别的任何人,承担义务。他们彼此承担的第一种义务便是安全与福利的共同供给。这种要求也可以反过来:共同供给是重要的,因为它使我们认识到成员资格的价值。"② 在迈克尔·沃尔泽看来,我们在成员资格方面所做的一切,建构着所有其他的分配决定,而不具备成员资格的人则被排除在共同体的安全和福利之外。

虽然传统村落具有较强的排外性,但这并不意味着村落外来群体完全失去了获得村落成员资格的机会。村落社会也存在一定的准入机制。科大卫指出,村落虽然是一个受限的共同体,但这个共同体并不是封闭的。村外之人仍可通过婚姻、雇用、诉讼甚至是武力的方式进入并取得相应的入住权。③ 在村落社会,不同群体存在"差序格局"的社会阶序。

---

① 张佩国:《近代江南乡村地权的历史人类学研究》,上海人民出版社,2002,第 95 页。
② 迈克尔·沃尔泽:《正义诸领域:为多元主义与平等一辩》,褚松燕译,译林出版社,2002,第 79 页。
③ 参见 David Faure, *The Structure of Chinese Rural Society: Lineage and Village in the Eastern New Territories*, Hong Kong, Oxford University Press, 1986, pp. 2 – 44。

在这种社会阶序体系下，村落社会成员出现了中心—边缘的区分，社会成员依据离中心的远近形成差序，而村落中的外来移民群体无疑处在村落社会阶序的外围。

从成员资格的维度来看，苗族代耕农仍处于一种融而未合的阈限状态。苗族代耕农渴望获得当地的户籍身份并努力融入当地社会，为此，他们在定居的过程中出现了向往社会统合的强烈向心力。帕克等在研究心理与流动关系时指出："只要人还依附于大地，还依附于大地上的各个地点，只要怀乡病或朴素的乡土感情还控制着人类并迟早会引导他回归他最熟悉的家园和地点，人类将永远不会实现他的另一个特有的雄心，即自由流动，超脱于凡俗世界之外，像纯粹的精灵那样生活在自己的精神和想象世界之中。"[1] 尽管苗族人具有迁徙的习性，但他们同样渴望过上稳定的定居生活。尽管遇到户籍身份的困境，但苗族代耕农还是积极参与到移居地社会的各项事务中去。在他们看来，只有接受当地的领导，并与当地村民形成一个休戚相关、守望相助的共同体，才能被当地村民接受并获得当地社会的成员资格。

在信仰上融入移居地社会的信仰祭祀圈，是移民群体实现社会融入的重要因素之一。[2] 乐安村民信奉关帝，在乐安村委会近旁，当地村民建有一座关帝庙。每年农历七月中旬，乐安村委会都会组织聚餐、歌舞表演等祭拜活动。在祭拜活动开始之前，村干部要前往各村民小组挨家挨户进行募捐。募捐时，当地村干部把在其辖区内定居的苗族代耕农也纳入其中。一般情况下，每家会捐出几十元到一百元不等的金额。苗族代耕农虽不信奉关帝，但在表面上还是加入了这一信仰祭祀圈。村干部来向他们募捐时，他们还是会给出一定的捐款，以此表明他们对移居村落的认同。

尽管苗族代耕农与当地村民之间存在土地纠纷，但这些土地纠纷大多由别有用心的少数"谋地型乡村精英"所挑起，就整体层面来说，苗族代耕农与当地村民间维持着一种相对友好的社会交往关系。特别是当村落集体利益受到外部力量的侵犯时，苗族代耕农与当地村民会团结在

---

[1] R. E. 帕克、E. N. 伯吉斯、R. D. 麦肯齐：《城市社会学——芝加哥学派城市研究》，宋俊岭、郑也夫译，商务印书馆，2012，第142页。

[2] 参见陈其南《家族与社会》，（台北）联经出版社，2004，第79页。

一起共同应对。

2013年春，阳江市政府拟在乐安村辖区内选址修建殡仪馆。这一计划刚刚传出，便遭到乐安村民的强烈反对。乐安村民担心，修建殡仪馆既污染周边环境，同时又会破坏当地的风水。受影响较大的乐安村民积极到村委会和镇政府反映，甚至有几个村民小组积极组织人员展开各种形式的抵抗。为了壮大声势，当地村民联合定居乐安的苗族代耕农一起加入抵抗修建殡仪馆的行动。对苗族代耕农来说，参加这场抵抗行动责无旁贷，因为他们也是这里的村民并且以后还要在此地长期定居。广西队的陶剑灵讲到他们参与这场抵抗行动的缘由时说："我们的户口不在这里，在这里建殡仪馆可以说不关我们的事。但我们要在这里长期定居生活，就要一起参与这件事。我们不但要参与，还要想出一个好的解决办法。我们要利用这次机会，让当地村民佩服我们，支持我们在这里落户定居。"在定居乐安的苗族代耕农看来，参加这次反对修建殡仪馆的抵抗行动，在某种程度上能够巩固他们在当地社会的地位，同时也能为他们入籍落户奠定群众基础。

由这些事件可以看出，苗族代耕农在实现社会融入的过程中会逐渐产生新的地方归属感和地方认同感。在苗族代耕农看来，阳江已成为他们新的生存家园。而当地社会也逐渐接受了这些勤劳朴实的移民群体。在人口流动日益频繁、个体意识不断增强的现代社会，本地人与外地人的区分也日益模糊。实际上，20世纪80年代以来，中国村落集体意识逐渐弱化，人与人之间的结合方式也不再是传统的血缘和地缘的结合。社会个体会根据自身的需要采取不同的结群策略，在这一过程中，本地人与外地人建立的社会关系可能会超越那些传统的、先在的社会关系。

在近30年的异乡生活中，苗族代耕农经历了种种心酸与苦难，同时也取得了一定的成就。可喜的是，近年来当地政府越来越重视苗族代耕农的生活困境和制度困局，并开始着手解决苗族代耕农的入籍落户问题。乐安村委会从2017年7月开始，正式聘请广西队负责人陶剑龙为村干部进入村委会工作，并委托他负责辖区内苗族代耕农群体的服务管理工作。与此同时，乐安村委会将辖区内12个苗族移民社区的1200多名苗族代耕农纳入统一的服务管理体系。近年来，阳江市相关部门开始着手解决苗族代耕农的生存和发展问题，地方政府为部分移民社区拨了一定的经费，用于支持他们进行村容村貌改善。目前，阳江市相关部门已将苗族代耕农纳入地方的乡村振兴工作进行统筹规划。可以说，这一转变为苗族代耕农真正融入地方社会创造了难得的契机。

结　语

苗族代耕农的故事还在延续，在接下来的代耕生活中可能会遇到各种难以预测的社会问题。如果把苗族代耕农的迁徙活动比作一部戏剧，那么，当前这部戏剧正处于各种矛盾频繁上演的高潮阶段。因此，以现有材料很难预料苗族代耕农群体的未来发展，给本研究做出一个具有前瞻性和终结性的结论也尤为困难。在此，只能根据既有的经验事实，做一些有限的分析判断。

一　土地交易下的家园重建

传统村落社会是以血缘、地缘为纽带形成的人群共同体。为独享村落资源，村落成员严格限制外来群体的进入。然而，近代以来，村落土地卖给村外之人的现象已经非常普遍。黄宗智指出："土地之卖给村外的人，不止反映出村庄共同体解散的趋势，也更深刻地反映出宗族关系的崩溃。"[①] 随着村落土地的外流，村落结构和村籍意识也发生了很大变化。在市场经济的冲击下，村落社会的边界由封闭转向开放，村落社会已不再是联系紧密的人群共同体，而是成为一些学者所说的"半熟人社会"和"无主体熟人社会"。[②] 随着农业农村现代化的发展，农村发展环境发生结构性转变，农民与土地之间的黏度也在发生相应的变化。[③]

20世纪50年代末以来，农户手中的土地收归集体所有，农户享有的只是土地的承包经营权。国家在法律上禁止农村土地的交易行为，然

[①] 黄宗智：《华北的小农经济与社会变迁》，中华书局，2000，第275页。
[②] 参见贺雪峰《论半熟人社会——理解村委会选举的一个视角》，《政治学研究》2000年第3期；夏支平《熟人社会还是半熟人社会？——乡村人际关系变迁的思考》，《西北农林科技大学学报》（社会科学版）2010年第6期；吴重庆《从熟人社会到"无主体熟人社会"》，《读书》2011年第1期。
[③] 参见刘守英《城乡中国的土地问题》，《北京大学学报》（哲学社会科学版）2018年第3期。

而在村落社会的运作过程中，民间私下的土地交易活动仍然大量存在。特别是在20世纪80年代之后，随着家庭联产承包责任制的推行，农民在土地承包经营权问题上有了更大的自主性。随着市场经济的发展和土地政策的调整，人与土地之间的情感联系逐渐弱化。在市场经济的洗礼下，农民开始把自己承包的土地作为一种私有财产进行交易，以从中换取现实的经济收益。国家虽然禁止农村的土地交易行为，却大力支持农村土地经营权的流转。在民间的土地交易过程中，人们经常有意或无意地混淆这两种概念，以土地流转之形式达成土地交易之目的。

对生活在贫困山区的农民而言，农民之间自发的土地交易行为，有利于实现人地资源的优化配置，进而为改善贫困人口的生存环境提供解决方案。村落社会中的土地交易不仅是土地权利的转移，同时也涉及村落共同体的重构。在传统村落社会，哪些是本村人、哪些是外村人有明确的界限。然而，在土地商品化的浪潮下，村落社会中土地和房产交易日益频繁，地籍与户籍、户籍与定居地之间的一致性也随之被打破，从而使村落社会的入住权失去了原初的意义。在这种情况下，村外之人通过购买土地可以较为容易地取得村落社会的入住权。

相关研究表明，靠近城镇的农村土地升值使村落中的入住权问题更为敏感。而阳江地处珠三角外缘地带，经济社会发展相对滞后，土地价值尚未凸显，村落入住权中附着的利益也相对有限，这使得苗族代耕农能够在此地定居下来。苗族代耕农的定居并非一步到位，而是在获取土地的过程中逐步实现的。其土地交易过程分两个阶段展开：第一阶段是通过承担国家税赋任务换取永久性或限期性的土地耕作经营权，第二阶段则是通过购置旧宅和买地建房的形式获得土地以及村落社会的入住权。通过不同形式的土地交易，苗族代耕农群体获得了土地，并在异乡落地生根。

目前，学界对于农村土地制度改革问题存在诸多争论，但民间的土地交易实践似乎早已超越这一层面。实际上，土地是恒久的存在，而个体生命只是一个短暂的过程。从这一角度来说，任何社会个体都不能永久性占有土地，而只能利用土地资源维系自身的生存。对以土地维持生活的农民群体来说，土地的生存意义远大于占有意义。苗族代耕农的土地交易行为虽然与相关法律要求不甚相符，但他们通过这种途径成功地摆脱了生存危机。

费孝通曾援引马林诺夫斯基的话指出:"土地的占有不仅是一种法律体系,也是一个经济事实。"① 这一论断与中国社会的土地交易实践非常吻合。在传统农业社会即存在永佃权转为田面权的历史事实。相关研究表明,中国历史上排他、可交易、有保障的土地产权结构,保证了乡村土地的经济使用与有效配置。② 实际上,即便在今天的民间社会,相当数量的农民群体仍将自己承包的土地视作私有财产,这为外来移民群体享有异乡土地提供了机会。从苗族代耕农的定居逻辑中可以看出,他们通过不断累积地面价值巩固了自身的入住权。虽然苗族代耕农的土地权利难以获得法律的认可,但至少当地村民已认可他们使用土地的事实。

人口与土地的配置是一个动态的过程,只有通过人口与土地的双重流动,二者之间才能实现最优配置。实际上,在近年来的扶贫开发工作中,地方政府往往将土地资源匮乏地区的人口进行异地安置,以国家行政手段优化人口与土地之间的配置关系。而如代耕农之类的移民群体,则是通过自发移民的形式实现人口与土地的优化配置。从生存的角度来说,民间社会自发的土地交易行为,不仅能满足农民群体对土地的需求,同时也能优化人口与土地之间的配置关系。

在经济学的视野中,作为生存资源的土地兼具自然与社会的双重属性,它与其他物品一样具有产权意义。单纯从自然资源的角度来说,土地是人类赖以维生的生存资源,人类群体可以利用任何地方的土地资源来维持生存。然而,诚如人文主义地理学家段义孚所指出的,人类对自身所依存的自然环境会产生某种微妙的"恋地情结"③。土地一旦成为人们生存的家园,则不再是冰冷的自然存在物,它承载着人们的历史、生活、情感与信仰,单纯以产权概念来理解乡村土地问题势必会引发诸多社会问题。

在苗族代耕农定居伊始,他们便在附近山地上修建了土地庙,并且每年定期进行祭拜。在他们看来,来到这个地方,他们就是这片土地的

---

① 费孝通:《江村经济——中国农民的生活》,商务印书馆,2005,第154页。
② 参见刘守英《城乡中国的土地问题》,《北京大学学报》(哲学社会科学版)2018年第3期。
③ 段义孚:《恋地情结》,志丞、刘苏译,商务印书馆,2018。

子民，就会受到这个地方土地神的庇护。对他们来说，土地已不仅仅是一种生存资源，同时更是他们赖以依存的精神家园。正如孟德拉斯在《农民的终结》一书中指出的："总而言之，整个技术的、经济的、社会的、法律的和政治的系统赋予土地一种崇高的价值，使它成为一种独特的、无与伦比的财产。父子相继不懈劳动，会进一步增加这种对土地的看重，并会使土地染上个人的和情感的色彩，这是确定无疑的。不过，这种'情感'特征大概是次要的，而它的社会基础则是首要的：后者的消失会带来前者的消失。"① 可以说，苗族代耕农之所以执着地守护着代耕的土地，正是缘于他们对移居地和代耕土地所产生的归属感和家园感。

在传统农业时代，乡土社会给人一种亘古不变的感觉，人们生于斯，死于斯。然而，在充满流动性的现代社会，"乡土"和"家园"已成为具有流动性的概念。有学者指出，在后乡土中国，"封闭稳定的村落共同体已转换为'流动的村庄'"②。人们在迁徙实践中不断转换自己的生存空间，不断地把他乡变成故乡。对移民群体来说，不管身在何处，只要保留自身的文化特性与社会网络，便能够重新建构起自己的生活家园。

二 移民群体的社会整合

在对移民问题的研究中，研究者已不再把移民群体视作社会结构中的被动行动者，而是看到了移民群体在迁徙流动过程中所具有的主体性和创造性。与长期固守一方的农民群体相比，移民群体更具活力和创造力，同时也更乐于接受各种新事物与新文化。迁徙，是苗族人的生存策略，同时也是苗族人的文化特质。苗族文化中缺少安土重迁的乡土观念，苗族人也没有将自身局限在固定的土地上。对生存资源匮乏的苗族人来说，随遇而安、落地生根是一种更为可取的生存策略。为寻找拓展新的土地资源，苗族人频繁地在西南山地中迁徙流动。

频繁迁徙流动不仅培养出苗族人顽强的生存能力，同时也发展出苗族社会特有的文化体系和社会网络。苗族人的频繁迁徙流动并不是漫无

---

① H. 孟德拉斯：《农民的终结》，李培林译，社会科学文献出版社，2010，第45页。
② 陆益龙：《后乡土中国》，商务印书馆，2017，第9页。

目的的流动。恰恰相反，他们对迁徙活动采取了审慎的态度，并且进行了精心的策划和安排。苗族人的迁徙活动一旦开启，其周边的亲友便会借助亲属网络加入迁徙队伍。借助链式迁徙网络，苗族代耕农在迁出地与移居地之间打造出一个迁徙通道。

在面对新的生存环境时，具有相同文化背景的移民群体会迅速地聚合在一起。看似孤立、零散的移民群体，其背后往往有一整套的社会网络作为支撑。诸多研究表明，地缘、血缘、业缘、信仰等因素在移民社会的整合过程中发挥着重要作用。对苗族代耕农来说，家族组织、亲属网络、仪式活动、族群认同等因素都起到重要的整合作用。在这些因素的共同作用下，我们看到了一个联系紧密的苗族代耕农群体。为了生存需要，人类群体会发生离散。同样，为了生存需要，离散的群体也可以重新进行社会整合。特别是在全球化的背景下，流动离散与重新整合成为人类社会的一种常态。

苗族代耕农群体内部的社会整合机制具有一定的层次性和结构性。苗族代耕农群体的社会整合是在家族组织、移民社区以及整个移民群体三个不同层次上展开的。家族是苗族社会的基本单元，家族成员间具有天然的血缘关系，因此家族内部的社会整合较为容易。苗族社会中的家族是一个伸缩性极强的概念，并且同一家族成员可能分布在不同的移民社区。借助血缘纽带和家族文化，分布在不同社区中的家族成员仍保持着密切的联系。

移民社区是苗族代耕农的主要生活空间，也是他们在异乡社会重新建构的利益共同体。一个移民社区内一般包含多个家族，这些家族之间往往具有较密切的姻亲关系，进而使移民社区成为一个具有血缘亲属联系的人群共同体。特别是在涉及对外事务时，移民社区会作为一个利益整体出现。

实际上，在迁入阳江之前，许多苗族移民彼此并不熟识。迁入阳江定居代耕之后，以前缺少联系的苗族移民，利用血缘亲属网络建构了自身的社会网络。在苗族代耕农的社会整合过程中，各种仪式活动发挥了重要作用。特别是婚礼、葬礼等重大仪式，分布在阳江各地的苗族代耕农大多会前往参加。各种仪式活动成为苗族代耕农群体实现社会整合的重要黏合剂。

通过苗族代耕农的社会整合机制可以看出，看似松散的苗族移民并非一群乌合之众。在离散的状态下，苗族移民开启了一种自组织的治理模式，进而使离散的移民群体逐步走向有序和整合。苗族移民群体的社会整合，不仅增强了自身的生存能力，同时也为他们的文化适应与社会融入提供了一个过渡缓冲期。借助有效的社会整合机制，苗族移民凝聚力不断增强，进而逐步摆脱边缘化的社会地位。

在迁徙流动和异地定居的过程中，苗族代耕农的主体性被激发出来，他们有意识地对资源、空间、文化和社会网络进行重新建构。可以看出，尽管苗族代耕农面临各种生存困境，但他们是极具奋斗精神和生存智慧的主体。就生活水平来看，许多苗族代耕农的生活水平已经超过当地村民。相关研究表明，珠三角地区的代耕农大多遭到当地村民的排斥与挤压而被迫离去。[①] 而分布在阳江的苗族代耕农得以在异乡社会生存下来，在很大程度上缘于他们通过社会整合增强了自身的生存能力和适应能力。

三　制度束缚下的融入困境

在长期的山地生活中，苗族人形成了自身的迁徙传统，可以说迁徙成为苗族人的一种生存策略。然而，当前的户籍制度和行政管理体制却与苗族人的这种生存策略不相适应。现在，他们异乡定居生活的主要难题，是当前户籍制度的种种限制。户籍制度是一套系统而复杂的社会制度，其中包括一系列社会管理与资源分配的手段。有学者指出："户口制度在社会治理上成就了中国语境内一种特殊的不平等和'类种族隔离'，也因此成为国家现代化和城市化过程中的巨大障碍。"[②] 在当前的户籍制度下，个体的成员权利被限定在一定的行政区域内。一旦脱离了户籍限定的行政区域，个人就会失去一系列成员权利，甚至沦为社会夹缝中的个体。由于不具备当地户籍，苗族代耕农始终被当地政府视为外地人，这使他们的异乡定居失去了"合法性"基础。

社会个体若要改变自身的户籍身份，不仅需要个人付出较大的努力

[①] 参见黄晓星、徐盈艳《双重边缘性与个体化策略——关于代耕农的生存故事》，《开放时代》2010 年第 5 期。

[②] 范可：《在野的全球化——流动、信任与认同》，知识产权出版社，2015，第 96 页。

和成本，更重要的在于相关政府部门的认定。在中国历史上，政府曾根据社会发展情况对移民群体的入籍问题做出相应的调整。王跃生将历史上的入籍制度划分为"有条件入籍制度""无限制入籍制度""让步入籍制度"三种类型，并认为封建时代政府对移民群体的入籍政策具有刚柔相济的特征。① 在历史上的某些特殊时期，政府为发展生产会鼓励人口迁徙，并通过一定的入籍制度保障移民群体的地权和入住权。② 在封建时代，政府虽然力图维持一种稳定的人地关系，但同时也为移民群体定居异乡提供了制度上的保障。

当前，中国实行日益开放的户籍制度，并鼓励农村人口迁移至城市落户定居。2013 年十二届全国人大一次会议政府工作报告提出："加快推进户籍制度、社会管理体制和相关制度改革，有序推进农业转移人口市民化，逐步实现城镇基本公共服务覆盖常住人口，为人们自由迁徙、安居乐业创造公平的制度环境。"③ 2014 年，《国务院关于进一步推进户籍制度改革的意见》正式发布，要求进一步调整户口迁移政策，"全面放开建制镇和小城市落户限制。在县级市市区、县人民政府驻地镇和其他建制镇有合法稳定住所（含租赁）的人员，本人及其共同居住生活的配偶、未成年子女、父母等，可以在当地申请登记常住户口"④。2021 年广东省政府印发的《广东省新型城镇化规划（2021—2035 年）》也明确提出"全面放开放宽落户限制"，"全面取消城区常住人口 300 万以下的Ⅱ型大城市和中小城市的落户限制，确保外来常住人口落户标准一视同仁"。⑤ 尽管政府逐渐放开了由乡入城的人口迁徙政策，但对由城返乡以及农村之间的人口迁徙活动仍持保守的态度。国家在法律政策上明令禁止城市人口到农村买房定居，同时对异地农村之间的人口自发迁徙活动也未能提供明确的政策指引。

实际上，人口的迁徙流动是多向度的，其中既包括由农村向城市的

---

① 参见王跃生《近代之前流动人口入籍制度考察》，《山东社会科学》2013 年第 12 期。
② 参见梁勇《移民、国家与地方权势——以清代巴县为例》，中华书局，2014，第 55 页。
③ 《政府工作报告——2013 年 3 月 5 日在第十二届全国人民代表大会第一次会议上》，中央政府门户网站，2013 年 3 月 18 日，http://www.gov.cn/2014lhrd/content_2627985.htm。
④ 参见《国务院关于进一步推进户籍制度改革的意见》（国发〔2014〕25 号）。
⑤ 参见《广东省人民政府关于印发〈广东省新型城镇化规划（2021—2035 年）〉的通知》（粤府〔2021〕74 号）。

大规模人口迁徙，同时也包括异地农村之间的人口迁徙等多种形式。在城市化、全球化进程中，中国社会的人口流动日益频繁，居住地与户籍地不一致的现象已相当普遍。2020年第七次全国人口普查数据显示，我国居住地与户籍地分离人口已达到4.93亿人，约占全国总人口的35%。[①] 可以预见，在非均衡的区域发展背景下，由贫困农村到富裕城镇和农村的人口迁徙活动，将成为未来中国人口迁徙的一种重要形式。对此，相关政府部门必须予以高度重视，从制度上解决这类移民群体的生存与发展问题。户籍制度改革并非一个空洞的口号，它直接关涉移民群体能否公平地享受社会福利，能否更为平等地拥有移居地社会的成员资格。苗族代耕农在土地权利、成员资格和社会融入方面遇到的诸多困难，从本质上说大多缘于当前户籍制度的限制。

本书对阳江苗族代耕农的研究，为我们审视人口迁徙问题提供了一个多维的视角。当前，乡村之间的人口迁徙现象日益频繁，如何解决此类移民群体的户口迁移诉求，如何理顺户籍、土地权利与成员资格之间的关系，需要我们在理论上和制度上进一步探索。解决农民的土地问题，不仅需要经济学的理性计算，同时也需要从社会文化的视角进行综合考虑。广大农民群众在长期的生存实践中已发展出颇具智慧的土地利用方式和地权分配方案，相关政府部门在制定政策时应充分尊重农民的生存意愿和实践智慧。

---

① 参见国家统计局、国务院第七次全国人口普查领导小组办公室《第七次全国人口普查公报（第七号）——城乡人口和流动人口情况》，国家统计局，2021年5月10日，http://www.stats.gov.cn/tjsj/zxfb/202105/t20210510_1817183.html。

参考文献

一 中文文献

[1] 阿诺尔德·范热内普:《过渡礼仪》,张举文译,商务印书馆,2010。

[2] 阿瑟·克莱曼:《疾痛的故事:苦难、治愈与人的境况》,方筱丽译,上海译文出版社,2010。

[3] G. H. 埃尔德:《大萧条的孩子们》,田禾、马春华译,译林出版社,2002。

[4] 埃米尔·涂尔干:《社会分工论》,渠东译,生活·读书·新知三联书店,2013。

[5] E. E. 埃文思-普里查德:《阿赞德人的巫术、神谕和魔法》,覃俐俐译,商务印书馆,2010。

[6] 安宝:《离乡不离土:二十世纪前期华北不在地主与乡村变迁》,山西人民出版社、山西经济出版社,2013。

[7] 安东尼·吉登斯:《亲密关系的变革——现代社会中的性、爱和爱欲》,陈永国、汪民安等译,社会科学文献出版社,2001。

[8] 安继民注译《荀子》,中州古籍出版社,2008。

[9] 曹端波:《苗族古歌中的土地与土地居住权》,《贵州大学学报》(社会科学版)2014年第3期。

[10] 陈柏峰:《村落纠纷中的"外人"》,《社会》2006年第4期。

[11] 陈柏峰:《农民地权诉求的表达结构》,《人文杂志》2009年第5期。

[12] 陈达:《南洋华侨与闽粤社会》,商务印书馆,2011。

[13] 陈锋:《"祖业权":嵌入乡土社会的地权表达与实践——基于对赣西北宗族性村落的田野考察》,《南京农业大学学报》(社会科学版)2012年第2期。

[14] 陈其南:《家族与社会》,(台北)联经出版社,2004。

[15] 陈奕麟:《香港新界在二十世纪的土地革命》,《中央研究院民族学

研究所集刊》第六十一期，1986。

[16] 池子华：《中国近代流民》（修订版），社会科学文献出版社，2007。

[17] 杜赞奇：《文化、权力与国家：1900—1942年的华北农村》，王福明译，江苏人民出版社，2008。

[18] 段颖：《diaspora（离散）：概念演变与理论解析》，《民族研究》2013年第2期。

[19] 段友文：《走西口移民运动中的蒙汉民族民俗融合研究》，商务印书馆，2013。

[20] 樊欢欢：《家庭策略研究的方法论——中国城乡家庭的一个分析框架》，《社会学研究》2000年第5期。

[21] 范可：《在野的全球化——流动、信任与认同》，知识产权出版社，2015。

[22] 范芝芬：《流动中国：迁移、国家和家庭》，丘幼云、黄河译，社会科学文献出版社，2013。

[23] 费孝通主编《中华民族多元一体格局》（修订本），中央民族大学出版社，1999。

[24] 费孝通：《江村经济——中国农民的生活》，商务印书馆，2005。

[25] 费孝通：《乡土中国》，人民出版社，2008。

[26] 费孝通：《费孝通全集》（第二卷），内蒙古人民出版社，2010。

[27] 费孝通、张之毅：《云南三村》，社会科学文献出版社，2006。

[28] 风笑天等：《落地生根：三峡农村移民的社会适应问题》，华中科技大学出版社，2006。

[29] 封丹、李鹏、朱竑：《国外"家"的地理学研究进展及启示》，《地理科学进展》2015年第7期。

[30] 弗雷德里克·巴斯主编《族群与边界——文化差异下的社会组织》，李丽琴译，商务印书馆，2014。

[31] 高长江：《萨满教"灵魂治疗"的心灵奥秘——一种脑与心理认知理论整合的视角》，《世界宗教研究》2015年第4期。

[32] 高乐才：《近代中国东北移民研究》，商务印书馆，2010。

[33] 格伦·C.劳瑞、塔里克·莫多德、斯蒂文·M.特莱斯主编《族裔特性、社会流动与公共政策：美英比较》，施巍巍等译，东方出

版社，2013。

[34] 葛剑雄主编《中国移民史》（第一卷），福建人民出版社，1997。

[35] 葛学溥：《华南的乡村生活——广东凤凰村的家族主义社会学研究》，周大鸣译，知识产权出版社，2012。

[36] 龚春明：《精致的利己主义者：村干部角色及"无为之治"——以赣东D镇乡村为例》，《南京农业大学学报》（社会科学版）2015年第3期。

[37] 龚春霞：《地权的实践》，北京大学出版社，2015。

[38] 广田康生：《移民和城市》，马铭译，商务印书馆，2005。

[39] 郭亮：《地根政治——江镇地权纠纷研究（1998—2010）》，社会科学文献出版社，2013。

[40] 郭星华：《社群隔离及其测量》，《广西民族学院学报》（哲学社会科学版）2000年第6期。

[41] 郭星华等：《漂泊与寻根：流动人口的社会认同研究》，中国人民大学出版社，2011。

[42] 郭于华：《"道义经济"还是"理性小农"：重读农民学经典论题》，《读书》2002年第5期。

[43] 汉妮克·明克坚：《从神灵那里寻求引导——现代荷兰社会中的新萨满占卜仪式》，郑文译，《世界宗教文化》2011年第6期。

[44] 何明、木薇：《城市族群流动与族群边界的构建——以昆明市布衣巷为例》，《民族研究》2013年第5期。

[45] 何·皮特：《谁是中国土地的拥有者——制度变迁、产权和社会冲突》（第二版），林韵然译，社会科学文献出版社，2014。

[46] 何廷明、娄自昌校注《民国〈马关县志〉校注》，云南大学出版社，2012。

[47] 贺雪峰：《论半熟人社会——理解村委会选举的一个视角》，《政治学研究》2000年第3期。

[48] 贺雪峰：《地权的逻辑——中国农村土地制度向何处去》，中国政法大学出版社，2010。

[49] 胡俊生：《广东代耕农生存状况调查》，《中国改革》（农村版）2004年第5期。

[50] 胡英泽、张爱明：《外来户、土改与乡村社会——以山西省永济县东、西三原村为例》，《开放时代》2017年第1期。

[51] 黄晓星、徐盈艳：《双重边缘性与个体化策略——关于代耕农的生存故事》，《开放时代》2010年第5期。

[52] 黄秀蓉：《灵魂的世界——美国苗族传统萨满信仰探析》，《西南民族大学学报》（人文社科版）2009年第1期。

[53] 黄秀蓉：《从神选萨满到法力萨满：美国苗人萨满当代传承机制探微》，《民族研究》2016年第5期。

[54] 黄志辉：《无相支配：代耕农及其底层世界》，社会科学文献出版社，2013。

[55] 黄志辉：《珠三角"代耕农"概念廓清：历史、分类与治理》，《华中农业大学学报》（社会科学版）2013年第4期。

[56] 季涛：《支配与逃逸：川西农村凉山移民的生成情状》，知识产权出版社，2018。

[57] 简美玲：《贵州东部高地苗族的情感与婚姻》，贵州大学出版社，2009。

[58] 孔海娥、王贤锋：《"超邻里"的邻里关系的发生及建构——武汉市黄陂区油岗村的四川外来移民关系透视》，《中南民族大学学报》（人文社会科学版）2007年第2期。

[59] 拉德克利夫-布朗：《安达曼岛人》，梁粤译，广西师范大学出版社，2005。

[60] 兰德尔·柯林斯：《互动仪式链》，林聚任、王鹏、宋丽君译，商务印书馆，2009。

[61] 李婧：《壮族"神药两解"观念下的治疗实践》，《南京医科大学学报》（社会科学版）2012年第1期。

[62] 李培林：《村落的终结——羊城村的故事》，商务印书馆，2004。

[63] 李强：《影响中国城乡流动人口的推力与拉力因素分析》，《中国社会科学》2003年第1期。

[64] 李强、刘精明、郑路主编《城镇化与国内移民：理论与研究议题》，社会科学文献出版社，2015。

[65] 理查德·H.托尼：《中国的土地和劳动》，安佳译，商务印书馆，2014。

[66] 梁睿：《论中国城乡二元体制的变迁》，《行政论坛》2011年第5期。

[67] 梁聚五：《苗族发展史》，贵州大学出版社，2009。

[68] 梁勇：《移民、国家与地方权势——以清代巴县为例》，中华书局，2014。

[69] 梁肇庭：《中国历史上的移民与族群性：客家人、棚民及其邻居》，冷剑波、周云水译，社会科学文献出版社，2013。

[70] 林蔼云：《漂泊的家：晋江—香港移民研究》，《社会学研究》2006年第2期。

[71] 刘承韪：《产权与政治——中国农村土地制度变迁研究》，法律出版社，2012。

[72] 刘锐、贺雪峰：《从嵌入式治理到分类管理：宅基地制度变迁回顾与展望》，《四川大学学报》（哲学社会科学版）2018年第3期。

[73] 刘守英：《城乡中国的土地问题》，《北京大学学报》（哲学社会科学版）2018年第3期。

[74] 刘守英：《中国农地制度的合约结构与产权残缺》，《中国农村经济》1993年第2期。

[75] 刘守英：《直面中国土地问题》，中国发展出版社，2014。

[76] 刘小幸：《彝族医疗保健：一个观察巫术与科学的窗口》，云南人民出版社，2007。

[77] 刘志扬：《"神药两解"：白马藏族的民俗医疗观念与实践》，《西南民族大学学报》（人文社科版）2008年第10期。

[78] 陆海发：《西部边疆地区少数民族自发移民问题及其治理——基于对云南红河哈尼族彝族自治州开远市的调查与思考》，《宁夏社会科学》2011年第5期。

[79] 陆海发：《云南K县苗族自发移民问题治理研究》，博士学位论文，云南大学，2012。

[80] 陆益龙：《户籍制度——控制与社会差别》，商务印书馆，2003。

[81] 路易莎·谢恩：《少数的法则》，校真译，贵州大学出版社，2009。

[82] 罗必良等：《产权强度、土地流转与农民权益保护》，经济科学出版社，2013。

[83] 罗伯特 C. 埃里克森：《复杂地权的代价：以中国的两个制度为例》，

《清华法学》2012年第1期。

[84] 罗伯特·汉：《疾病与治疗：人类学怎么看》，禾木译，东方出版中心，2010。

[85] 罗伯特·芮德菲尔德：《农民社会与文化：人类学对文明的一种诠释》，王莹译，中国社会科学出版社，2013。

[86] 罗家德、孙瑜、楚燕：《云村重建纪事——一次社区自组织实验的田野记录》，社会科学文献出版社，2014。

[87] 麻国庆：《分家：分中有继也有合——中国分家制度研究》，《中国社会科学》1999年第1期。

[88] 麻国庆：《永远的家：传统惯性与社会结合》，北京大学出版社，2009。

[89] 马光明：《文山苗族过门礼现状和传承保护途径探索》，《文山学院学报》2019年第4期。

[90] 马克·布洛赫：《法国农村史》，余中先、张朋浩、车耳译，商务印书馆，1991。

[91] 马凌诺斯基：《西太平洋的航海者》，梁永佳、李绍明译，华夏出版社，2002。

[92] 马戎编《西方民族社会学经典读本——种族与族群关系研究》，北京大学出版社，2010。

[93] 马晓燕：《移民适应的行为策略研究——望京韩国人的创业史》，中国政法大学出版社，2013。

[94] 马学良、今旦译注《苗族史诗》，中国民间文艺出版社，1983。

[95] 迈克尔·沃尔泽：《正义诸领域：为多元主义与平等一辩》，褚松燕译，译林出版社，2002。

[96] 米歇尔·福柯：《疯癫与文明》，刘北成、杨远婴译，生活·读书·新知三联书店，2007。

[97] 《苗族简史》编写组：《苗族简史》，贵州民族出版社，1985。

[98] 莫里斯·弗里德曼：《中国东南的宗族组织》，刘晓春译，上海人民出版社，2000。

[99] 尼克拉斯·卢曼：《信任：一个社会复杂性的简化机制》，瞿铁鹏、李强译，上海人民出版社，2005。

［100］R.E. 帕克、E.N. 伯吉斯、R.D. 麦肯齐：《城市社会学——芝加哥学派城市研究》，宋俊岭、郑也夫译，商务印书馆，2012。

［101］帕特里克·曼宁：《世界历史上的移民》，李腾译，商务印书馆，2015。

［102］彭大松：《村落里的单身汉》，社会科学文献出版社，2017。

［103］皮埃尔·布迪厄：《实践感》，蒋梓骅译，译林出版社，2003。

［104］齐亚强等：《我国人口流动中的健康选择机制研究》，《人口研究》2012年第1期。

［105］萨维纳：《苗族史》，立人等译，贵州大学出版社，2009。

［106］山田贤：《移民的秩序——清代四川地域社会史研究》，曲建文译，中央编译出版社，2011。

［107］申群喜等：《珠三角代耕农的生存境况及相关问题研究》，《云南财贸学院学报》（社会科学版）2006年第1期。

［108］石朝江：《中国苗学》，贵州大学出版社，2009。

［109］宋丽娜：《结婚未成年——河南农村的早婚及其社会运作机制》，《中国青年研究》2017年第11期。

［110］宋丽娜：《婚恋转型：新生代农民工的婚恋实践》，社会科学文献出版社，2021。

［111］塔玛·戴安娜·威尔森：《弱关系、强关系：墨西哥移民中的网络原则》，赵延东译，《思想战线》2005年第1期。

［112］泰勒：《原始文化：神话、哲学、宗教、语言、艺术和习俗发展之研究》，连树声译，广西师范大学出版社，2005。

［113］覃明兴：《移民的身份建构研究》，《浙江社会科学》2005年第1期。

［114］谭深：《家庭策略，还是个人自主？——农村劳动力外出决策模式的性别分析》，《浙江学刊》2004年第5期。

［115］陶琳：《云南边疆民族地区自发移民的社会网络与文化融合》，团结出版社，2018。

［116］田阡、阿拉坦：《国家、鬼神、偏方：多元医疗实践的正当性来源——肾结石病在官南寨》，《北方民族大学学报》（哲学社会科学版）2014年第5期。

［117］田阡、李虎：《人往低处迁：武陵山区土家族自愿搬迁移民的理

性选择——基于重庆石柱县汪龙村的调查》,《思想战线》2015年第5期。

[118] 托马斯·索威尔:《移民与文化》,刘学军译,中信出版社,2020。

[119] 汪丹:《分担与参与:白马藏族民俗医疗实践的文化逻辑》,《民族研究》2013年第6期。

[120] 王春光:《移民空间的建构——巴黎温州人跟踪研究》,社会科学文献出版社,2017。

[121] 王慧琴:《苗族迁徙原因新探》,《思想战线》1993年第3期。

[122] 王君:《入住权:清水江流域开发过程中的人群互动与区域权力结构——以加池及其周边村寨为中心的讨论》,《原生态民族文化学刊》2015年第3期。

[123] 王铭铭:《西学"中国化"的历史困境》,广西师范大学出版社,2005。

[124] 王乃雯:《漂泊中的依归:从"家"看苗族人的社会关系》,硕士学位论文,台湾大学文学院人类学研究所,2008。

[125] 王乃雯:《社会网络关系的想像与实践:以作为"跨境民族"与"天主教徒"的滇东南Hmong人为例》,《考古人类学刊》(台湾) 2015年总第82期。

[126] 王瑞静:《整合药礼:阿卡医疗体系的运作机制》,《社会》2020年第1期。

[127] 王若男等:《乡村振兴背景下宅基地使用权的资源再配及治理路径——基于定量定性混合研究方法》,《中国土地科学》2021年第7期。

[128] 王万荣:《苗族历史文化探考》,云南民族出版社,2014。

[129] 王跃生:《20世纪三四十年代冀南农村分家行为研究》,《近代史研究》2002年第4期。

[130] 王跃生:《近代之前流动人口入籍制度考察》,《山东社会科学》2013年第12期。

[131] 威廉·J. 古德:《家庭》,魏章玲译,社会科学文献出版社,1986。

[132] 维克多·特纳:《象征之林——恩登布人仪式散论》,赵玉燕、欧阳敏、徐洪峰译,商务印书馆,2006。

[133] 温士贤：《落地生根：阳江苗族代耕农的土地交易与家园重建》，《开放时代》2016年第3期。

[134] 温士贤：《走出边缘：阳江苗族代耕农的文化适应与社群重构》，《广西民族研究》2016年第5期。

[135] 温士贤：《阳江苗族代耕农的生存策略与制度困局》，《民族研究》2017年第6期。

[136] 温士贤：《流动中的家与社会：一个苗族家庭的迁徙史研究》，《贵州民族研究》2018年第8期。

[137]《文山壮族苗族自治州概况》编写组：《文山壮族苗族自治州概况》，民族出版社，2008。

[138] 乌尔里希·贝克：《风险社会：新的现代性之路》，张文杰、何博闻译，译林出版社，2018。

[139] 吴晓萍：《美国苗族移民的巫师信仰和实践》，《贵州民族学院学报》（哲学社会科学版）2004年第1期。

[140] 吴晓萍、何彪：《穿越时空隧道的山地民族——美国苗族移民的文化调适和变迁》，贵州人民出版社，2005。

[141] 吴重庆：《从熟人社会到"无主体熟人社会"》，《读书》2011年第1期。

[142] 吴重庆：《无主体熟人社会及社会重建》，社会科学文献出版社，2014。

[143] 武宁：《〈超越自然与文化〉与西方人类学本体论研究》，《原生态民族文化学刊》2019年第3期。

[144] 夏支平：《熟人社会还是半熟人社会？——乡村人际关系变迁的思考》，《西北农林科技大学学报》（社会科学版）2010年第6期。

[145] 向安强等：《珠三角农业流动人口中的"代耕农"：困境、问题与破解》，《西北人口》2012年第1期。

[146] 向安强、吴慧萍、马骏：《珠三角农业流动人口"代耕农"及其相关问题透析——以广东省开平市长沙区民强大队"代耕农"为中心》，《湖北民族学院学报》（哲学社会科学版）2013年第1期。

[147] 项飚：《传统与新社会空间的生成——一个中国流动人口聚居区的历史》，《战略与管理》1996年第6期。

[148] 肖冬连：《中国二元社会结构形成的历史考察》，《中共党史研究》2005年第1期。

[149] 辛允星、赵旭东：《羌族下山的行动逻辑——一种身份认同视角下的生存策略选择》，《广西民族大学学报》（哲学社会科学版）2013年第4期。

[150] 徐勇：《村干部的双重角色：代理人与当家人》，《二十一世纪》（香港）1997年第8期。

[151] 许烺光：《驱逐捣蛋者》，王芃、徐隆德译，（台北）南天书局，1997。

[152] 阳江市地方志编纂委员会编《阳江市志（1988—2000）》（上册），广东人民出版社，2010。

[153] 杨洪林：《明清移民与鄂西南少数民族地区乡村社会变迁研究》，中国社会科学出版社，2013。

[154] 杨菊华：《从隔离、选择融入到融合：流动人口社会融入问题的理论思考》，《人口研究》2009年第1期。

[155] 杨菊华、陈传波：《流动家庭的现状与特征分析》，《人口学刊》2013年第5期。

[156] 杨菊华、何炤华：《社会转型过程中的家庭的变迁与延续》，《人口研究》2014年第2期。

[157] 杨小柳、史维：《代耕农的社会空间及管理——来自广东南海西樵的田野调查》，《广西民族大学学报》（哲学社会科学版）2011年第5期。

[158] 杨渝东：《永久的飘泊：定耕苗族之迁徙感的人类学研究》，社会科学文献出版社，2008。

[159] 姚俊：《"不分家现象"：农村流动家庭的分家实践与结构再生产——基于结构二重性的分析视角》，《中国农村观察》2013年第5期。

[160] 姚洋：《社会排斥和经济歧视——东部农村地区移民的现状调查》，《战略与管理》2001年第3期。

[161] 于鹏杰：《城步苗族：蓝玉故里的宗族与族群认同》，社会科学文献出版社，2013。

[162] 余成普：《地方生物学：概念缘起与理论意涵——国外医学人类学新近发展述评》，《民族研究》2016年第6期。

[163] 余成普：《多元医疗：一个侗族村寨的个案研究》，《民族研究》2019年第4期。

[164] 云南大学历史研究所民族组编著《云南省金平屏边苗族瑶族社会调查》，内部资料，1976。

[165] 云南省广南县地方志编纂委员会编《广南县志》，中华书局，2001。

[166] 臧得顺：《"谋地型乡村精英"的生成——巨变中的农地产权制度研究》，社会科学文献出版社，2011。

[167] 詹姆士·斯科特：《逃避统治的艺术：东南亚高地的无政府主义历史》，王晓毅译，生活·读书·新知三联书店，2016。

[168] 詹姆斯·C. 斯科特：《农民的道义经济学：东南亚的反叛与生存》，程立显、刘建等译，译林出版社，2001。

[169] 詹姆斯·C. 斯科特：《国家的视角：那些试图改善人类状况的项目是如何失败的》（修订版），王晓毅译，社会科学文献出版社，2011。

[170] 张杭、栾敬东等：《农村发达地区外来劳动力移民倾向影响因素分析》，《中国人口科学》1999年第5期。

[171] 张宏明：《土地象征——禄村再研究》，社会科学文献出版社，2005。

[172] 张鹂：《城市里的陌生人：中国流动人口的空间、权力与社会网络的重构》，袁长庚译，江苏人民出版社，2014。

[173] 张佩国：《近代江南乡村地权的历史人类学研究》，上海人民出版社，2002。

[174] 张文义：《社会与生物的连接点：医学人类学国际研究动态》，《医学与哲学》2017年第10A期。

[175] 张文义：《现象与现象的链接：中国西南边境多元知识体系的交融与衍异》，《开放时代》2021年第2期。

[176] 张曦、虞若愚等：《移动的羌族——应用人类学视角下的直台村与文昌村》，学苑出版社，2012。

[177] 张小军：《象征地权与文化经济——福建阳村的历史地权个案研究》，《中国社会科学》2004年第3期。

[178] 张晓:《美国社会中的苗族家族组织》,《民族研究》2007年第6期。

[179] 张永健:《家庭与社会变迁——当代西方家庭史研究的新动向》,《社会学研究》1993年第2期。

[180] 赵冈:《中国传统农村的地权分配》,新星出版社,2006。

[181] 赵晓力:《中国近代农村土地交易中的契约、习惯与国家法》,《北大法律评论》1998年第2辑。

[182] 赵旭东:《否定的逻辑:反思中国乡村社会研究》,民族出版社,2008。

[183] 折晓叶:《村庄边界的多元化——经济边界开放与社会边界封闭的冲突与共生》,《中国社会科学》1996年第3期。

[184] 郑宇、曾静:《仪式类型与社会边界:越南老街省孟康县坡龙乡坡龙街赫蒙族调查研究》,中国社会科学出版社,2013。

[185] 郑振满:《明清福建家族组织与社会变迁》,中国人民大学出版社,2009。

[186] 《中国少数民族社会历史调查资料丛刊》修订编辑委员会编《苗族社会历史调查》(三),民族出版社,2009。

[187] 《中国少数民族社会历史调查资料丛刊》修订编辑委员会编《云南苗族瑶族社会历史调查》,民族出版社,2009。

[188] 周爱华、周大鸣:《多元医疗及其整合机制——以青海互助县一个土族村落为例》,《民族研究》2021年第1期。

[189] 周其仁:《中国农村改革:国家和所有权关系的变化——一个经济制度变迁史的回顾》,《中国社会科学季刊》1994年第8期。

[190] 朱冬亮:《社会变迁中的村级土地制度——闽西北将乐县安仁乡个案研究》,厦门大学出版社,2003。

[191] 朱晓阳:《罪过与惩罚:小村故事:1931~1937》,天津古籍出版社,2003。

[192] 左振廷:《关于Hmong人家族组织的文化生态整体性研究》,《广西民族大学学报》(哲学社会科学版)2015年第1期。

二 英文文献

[1] Alejandro Portes and Robert L. Bach, *Latin Journey: Cuban and Mexi-*

can Immigrants in the United States, University of California Press, 1985.
[2] Burton Pasternak, *Kinship and Community in Two Chinese Villages*, Stanford University Press, 1972.
[3] Calvin Goldscheider, *Rural Migration in Developing Nations: Comparative Studies of Korea, Sri Lanka, and Mali*, Westview Press, 1984.
[4] Cecil Helman, *Culture, Health and Illness*, Wright, 1990.
[5] Celia J. Falicov, "Working with Transnational Immigrants: Expanding Meanings of Family, Community, and Culture," *Family Process*, 2007, 46 (2): 157–171.
[6] Charles Tilly, "Migration in Modern European History," in William H. McNeill and Ruth S. Adams (eds.), *Human Migration: Pattern & Policies*, Indiana University Press, 1978.
[7] Clare Wallace, "Household Strategies: Their Conceptual Relevance and Analytical Scope in Social Research," *Sociology—The Journal of the British Sociological Association*, 2002 (36): 275–292.
[8] C. M. Leslie, "The Modernization of Asian Medical Systems," in John J. Poggie and Robert N. Lynch (eds.), *Rethinking Modernization*, Greenwood Press, 1974.
[9] David Faure, *The Structure of Chinese Rural Society: Lineage and Village in the Eastern New Territories, Hong Kong*, Oxford University Press, 1986.
[10] David Faure and Helen F. Siu, *Down to Earth: The Territorial Bond in South China*, Stanford University Press, 1995.
[11] Douglas S. Massey and Nancy A. Denton, *American Apartheid: Segregation and the Making of the Underclass*, Harvard University Press, 1993.
[12] D. Timms, *The Urban Mosaic*, Cambridge University Press, 1971.
[13] Edna Bonacich, "A Theory of Middleman Minorities," *American Sociological Review*, 1973, 38 (5): 583.
[14] E. G. Ravenstein, "The Laws of Migration: Second Paper," *Journal of the Royal Statistical Society*, 1889, 52 (7): 241–301.
[15] G. Becker, *A Treatise on the Family*, Harvard University Press, 1981.
[16] George E. Marcus, *Ethnography through Thick and Thin*, Princeton

University Press, 1998.

[17] Glenn L. Hendricks, Bruce T. Downing, and Amos S. Deinard (eds.), *The Hmong in Transition*, Joint Publication of the Center for Migration Studies of New York and the Southeast Asian Refugee Studies of the University of Minnesota, 1986.

[18] H. A. Baer, *Biomedicine and Alternative Healing Systems in America: Issues of Class, Race, Ethnicity, and Gender*, University of Wisconsin Press, 2001.

[19] Helen F. Siu, *Agents and Victims in South China: Accomplices in Rural Revolution*, Yale University Press, 1989.

[20] Herbert J. Gans, *The Urban Villagers: Group and Class in the Life of Italian American*, The Free Press, 1962.

[21] Jae-Mahn Shim, "Three Plural Medical Systems in East Asia: Interpenetrative Pluralism in China, Exclusionary Pluralism in Korea and Subjugatory Pluralism in Japan," *Health Policy and Planning*, 2018, 33 (3).

[22] James L. Wstson, *Emigration and the Chinese Lineage: The Mans in Hong Kong and London*, University of California Press, 1975.

[23] Jean C. Oi, *State and Peasant in Contemporary China*, University of California Press, 1989.

[24] José A. Cobas, "Ethnic Enclaves and Middleman Minorities: Alternative Strategies of Immigrant Adaptation?" *Sociological Perspectives*, 1987, 30 (2): 143-161.

[25] Kenneth L. Wilson and Alejandro Portes, "Immigrant Enclaves: An Analysis of the Labor Market Experiences of Cubans in Miami," *American Journal of Sociology*, 1980, 86 (2): 295-319.

[26] Kwang Chung Kim and Won Moo Hurh, "Adhesive Socioculture Adaptation of Korean Immigrants in the U.S.: An Alternative Strategy of Minority Adaptation," *International Migration Review*, 1984, 18 (2): 156-183.

[27] Li Zhang, *Strangers in the City: Reconfigurations of Space, Power, and Social Networks Within China's Floating Population*, Stanford Uni-

versity Press, 2002.

[28] Maren Tomford, *The Hmong Mountains: Cultural Spatiality of the Hmong in Northern Thailand*, Lit Verlag, 2006.

[29] Marilyn Strathern, "Land: Intangible or Tangible Property," in Timothy Chesters (ed.), *Land Right: The Oxford Amnesty Lectures 2005*, Oxford University Press, 2009.

[30] Myron L. Cohen, *House United-House Divided: The Chinese Family in Taiwan*, Columbia University Press, 1976.

[31] Myron Weiner, *The Global Migration Crisis: Challenge to States and to Human Rights*, Harper Collins, 1995.

[32] Nan Lin, et al., "Social Support, Stressful Life Events and Illness: A Model and an Empirical Test," *Journal of Health and Social Behavior*, 1979, 20 (2).

[33] Nathan Glazer and Daniel P. Moynihan, *Beyond the Melting Pot: The Negroes, Puerto Ricans, Jew, Italians, and Irish of New York City*, M. I. T. Press, 1963.

[34] Nicholas Tapp, "Hmong Places and Locality," in Stephan Feutchwang (ed.), *Making Place*, UCL Press, 2004.

[35] Nicholas Tapp, *The Hmong in Thailand: Opium People of the Golden Triangle*, Anti-Slavery Society, 1986.

[36] Nicholas Tapp, *The Hmong of China: Context, Agency, and the Imaginary*, Brill Academic Publishers, 2003.

[37] Peter M. Blau, Terry C. Blum, and Joseph E. Schwartz, "Heterogeneity and Intermarriage," *American Sociological Review*, 1982 (47): 45 – 62.

[38] Philippe Descola, *Beyond Nature and Culture*, University of Chicago Press, 2013.

[39] Rodney Needham, "Descent Systems and Ideal Language," *Philosophy of Science*, 1960, 27 (1): 96 – 101.

[40] Samuel L. Popkin, *The Rational Peasant : The Political Economy of Rural Society in Vietnam*, University of California Press, 1979.

[41] Sulamith H. Potter and Jack M. Potter, *China's Peasants: The Anthropology of a Revolution*, Yale University Press, 1990.

[42] W. H. Hudspeth, "The Cult of the Door Amongst the Miao in South-West China," *Folk Lore*, 1922 (33).

[43] Williams Petersen, "A General Typology of Migration," *American Sociological Review*, 1958, 23 (3).

[44] W. R. Geddes, *Migrants of the Mountains: The Cultural Ecology of the Blue Miao (Hmong Njua) of Thailand*, Clarendon Press, 1976.

[45] Yao Lu and Lijian Qin, "Healthy Migrant and Salmon Bias Hypotheses: A Study of Health and Internal Migration in China," *Social Science & Medicine*, 2014, 102 (2): 41-48.

[46] Yuen-Fong Woon, "Family Strategies of Prosperous Peasants in an Emigrant Community in South China: A Three Year Perspective (1988-1991)," *Canadian Journal of Development Studies*, 1994, 15 (1).

后 记

2013年夏，我第一次接触阳江的苗族代耕农群体。至今仍清晰地记得，热情淳朴的苗族代耕农杀鸡做饭热情款待我。他们相信，我的调查研究会给他们的异乡生活带来帮助。当时我自信满满，认为自己的研究可以帮助他们解决一些实际困难。直至今日，我的研究工作尚未对他们产生实质性的帮助。反倒是，他们以自身的奋斗精神和生存智慧，不断滋养着我的研究并时时给我以人生的启示。

不同于其他学科，人类学、民族学的知识生产有赖于研究对象提供的知识与信息。就这一点而言，研究者与研究对象之间并非冷冰冰的研究与被研究关系。特别是在田野工作中，研究者和研究对象之间大多会建立起兄弟、亲友般的关系。每次到阳江调查时，几位苗族大哥都亲切地称我"小温弟"，并热情地安排我的食宿生活和调查活动。本书的完成，以及相关学术论文的发表，首先要感谢这些苗族代耕农慷慨无私的支持。

感谢导师麻国庆教授对我的教诲和培养。麻老师胸襟豁达、学养深厚，是我辈为人为学的楷模。当我把苗族代耕农的情况向麻老师汇报时，他以敏锐的学术眼光认识到这是一个极具研究价值的案例，并鼓励我以此为博士学位论文的研究选题。实际上，早在十余年前，麻老师就曾做过珠三角地区抛荒田代耕问题的调查研究。在论文写作过程中，麻老师多次对我耳提面命，指导我写作思路，将他的学术理念与学术精神传授给我。

感谢中山大学人类学系对我的熏陶与滋养。中山大学人类学系为我提供了硕士、博士阶段的学习机会，使我有幸跟随当前国内一流的人类学、民族学学者学习。在论文写作过程中，经常能得到诸多前辈学者的启发与指导。周大鸣教授、陈志明教授、张应强教授、刘志扬教授、杨小柳教授、余成普教授、张文义副教授等以他们睿智的眼光和厚重的积淀，为论文提出诸多具有启发性和建设性的修改意见。

感谢范可教授、吴重庆教授、田敏教授、杨正文教授在我博士学位论文答辩过程中提出的宝贵意见，使得本研究能够不断聚焦、深化和完善。限于田野材料和自身理论功底，许多宝贵意见未能完全吸收，这为本研究留下了些许缺憾。

2020年，我以博士学位论文为基础申报国家社科基金后期资助项目并获立项资助（批准号：20FMZB010）。在申报国家社科基金后期资助项目过程中，社会科学文献出版社刘荣老师对申报书提出非常细致的修改意见，在此致以诚挚的谢意。同时感谢后期资助项目评审中匿名评审人为书稿修改完善提出中肯意见。

感谢广东省民族宗教研究院的领导和同事，我曾在这里工作六年时间，可爱的同事们给我诸多鼓励和支持。我博士学位论文的调查与写作，主要是在此工作期间完成的。可以说，广东省民族宗教研究院的工作机会，实现了我成为一名科研工作者的梦想。

博士毕业后，我进入华南师范大学跟随朱竑教授从事博士后研究工作。朱老师将我带入文化地理研究领域，其轻松幽默的话语和深刻睿智的思想带给我诸多灵感和启发。感谢华南师范大学文化产业与文化地理研究中心的老师和同学，他们为我提供了一个宽松友爱、奋发向上的学术空间。感谢华南师范大学旅游管理学院的领导与同事给我的关照支持，使我能够逐步转型到旅游管理方面的教学和研究工作。

感谢家人对我工作的支持！感谢父母、岳父母不辞劳苦为我照顾孩子、操持家务，没有他们的支持，我很难全身心投入教学科研工作。作为一名高校的青年教师，我往往为了文章、项目不断压缩陪伴家人的时间。感谢妻子给予的包容与理解，感谢女儿和儿子给我平淡的生活带来快乐。

最后，再次感谢那些充满生存智慧、不断追求美好生活的苗族代耕农，他们的淳朴热情和奋斗精神经常使我感动。在我调查过程中，他们与我分享生活中的喜怒哀乐，毫无保留地讲述自身的生活经历与生存困境。这本书是关于他们的，但他们却很难看到学术文字对他们的表述。对他们而言，仅有学术性的文字记述是远远不够的，他们需要的是社会和政府能够切实解决实际困难。在此，希望各级政府能对这类移民群体予以关注，真正从制度上解决他们的生存与发展问题。

温士贤

2023年1月9日

图书在版编目(CIP)数据

苗族代耕农的文化适应与社会融入研究 / 温士贤著. -- 北京：社会科学文献出版社，2023.5
国家社科基金后期资助项目
ISBN 978 - 7 - 5228 - 1516 - 9

Ⅰ.①苗… Ⅱ.①温… Ⅲ.①苗族 - 农民 - 农业生产 - 研究②苗族 - 农民 - 生活状况 - 研究 Ⅳ.①F326.6②D422.7

中国国家版本馆 CIP 数据核字（2023）第 041858 号

国家社科基金后期资助项目
苗族代耕农的文化适应与社会融入研究

著　　者 / 温士贤

出 版 人 / 王利民
责任编辑 / 刘　荣
文稿编辑 / 程丽霞
责任印制 / 王京美

出　　版 / 社会科学文献出版社（010）59367011
　　　　　　地址：北京市北三环中路甲29号院华龙大厦　邮编：100029
　　　　　　网址：www.ssap.com.cn
发　　行 / 社会科学文献出版社（010）59367028
印　　装 / 三河市龙林印务有限公司

规　　格 / 开　本：787mm × 1092mm　1/16
　　　　　　印　张：15.25　字　数：241千字
版　　次 / 2023年5月第1版　2023年5月第1次印刷
书　　号 / ISBN 978 - 7 - 5228 - 1516 - 9
定　　价 / 99.00元

读者服务电话：4008918866

版权所有 翻印必究